本书系中国社会科学院学科建设"登峰战略"资助计划优势学科"中国边疆史"（DF2023YS20）阶段性成果

高句丽的

政权建构与
族群凝聚

朱尖 著

中国社会科学出版社

图书在版编目（CIP）数据

高句丽的政权建构与族群凝聚 / 朱尖著. -- 北京：中国社会科学出版社，2025.3. -- ISBN 978-7-5227-4789-7

Ⅰ. D69；K289

中国国家版本馆 CIP 数据核字第 20255WS723 号

出 版 人	赵剑英	
责任编辑	李凯凯	
责任校对	赵雪姣	
责任印制	李寡寡	

出　　版	中国社会科学出版社
社　　址	北京鼓楼西大街甲 158 号
邮　　编	100720
网　　址	http://www.csspw.cn
发 行 部	010-84083685
门 市 部	010-84029450
经　　销	新华书店及其他书店

印　　刷	北京君升印刷有限公司
装　　订	廊坊市广阳区广增装订厂
版　　次	2025 年 3 月第 1 版
印　　次	2025 年 3 月第 1 次印刷

开　　本	710×1000　1/16
印　　张	15.75
插　　页	2
字　　数	255 千字
定　　价	89.00 元

凡购买中国社会科学出版社图书，如有质量问题请与本社营销中心联系调换
电话：010-84083683
版权所有　侵权必究

代　序
深化高句丽研究的视角、资料与方法

李大龙

要进一步推动高句丽历史的研究，需要依靠考古发掘获得的新资料以及对传统文献资料的深入发掘和整理，也需要有一个大的视野、新的理论和方法。理论和方法的创新，一方面体现在要不断完善现有的史学理论和方法，另一方面也需要吸纳其他学科，尤其是民族学、法学乃至国际关系问题等学科的理论和方法。

对同一件历史事件，从不同的视角审视会得出不同的结论，因此对高句丽历史的讨论需要有一个共同的平台和标准，只有如此才能得出相对接近的认识。

文献和考古资料是史学研究的基础，高句丽研究自然也不例外。不过，虽然高句丽政权立国于东北亚地区长达7个世纪，但现有的资料尚不能够系统地揭示高句丽政权形成和发展的历史，在一定程度上高句丽历史研究进一步推动更多的是依靠考古发掘获得的新资料。2012年7月29日，在集安市麻线乡麻线村发现的"集安高句丽碑"似乎又一次证明了这一点。不过，类似的重大发现并不多，因此，在等待新的考古资料的同时，传统文献和碑刻资料的深入发掘和整理依然是推动高句丽历史研究的主要手段。

在传统文献资料的发掘与整理中，学界已经有了很多成果。既有对传统文献资料的汇集，如杨春吉、耿铁华等的《高句丽史籍汇要》①，汇集了绝大部分中文文献资料，更多的是对传统文献的校注，如孙文范等校勘《三国史记》和《三国遗事》②，姜维公等的《正史〈高句丽传〉校注》③和刘子敏、苗威的《中国正史〈高句丽传〉详注及研究》④等，也有一些研究性著作，如朴灿奎的《〈三国志·高句丽传〉研究》⑤，高福顺、姜维公等的《〈高丽记〉研究》⑥，及拙著《〈三国史记·高句丽本纪〉研究》⑦等。与传统文献的发掘与整理相对应的是，对已有研究成果的分析和总结也得到了学界的关注。应该说，到目前为止，有关高句丽的文献资料没有被发掘的已经很少，同时值得关注的是，在这些相关著作中，校注类的成果占了很大部分，而研究性成果，尤其是对朝鲜半岛文献和中国传统文献的对勘性研究较少是一个突出的特点，因此，笔者觉得在以下三个方面的努力或有助于进一步推动高句丽历史的研究。

一是对一些基本资料的辨析和利用有待加强。在有关高句丽历史的研究中，对有关史书的记载不加辨析地使用是常见的情况，尤其是对《三国史记·高句丽本纪》的记载，大有将其奉为圭臬的趋势。而对于中国史书的记载，虽然也有了类似朴灿奎《〈三国志·高句丽传〉研究》、张芳《〈魏书·高句丽传〉研究》等对正史《高句丽传》做史源学、史料价值等方面研究的著作，但依然相对较少。实际上，因为各代的专史虽然多为高句丽立传，但受所属阶段的限制，对高句丽的历史并没有一个全面的了解和记述，于是出现了很多有关高句丽历史上的难点和歧义的问题，很多是因为史书记载的差异所致，因此这方面研究的滞后在一定程度上可以说制约了高句丽历史研究的进一步深入。

二是以《三国史记》为代表的朝鲜半岛汉文古籍在高句丽历史研究中具有的价值自然不能低估，但盲目地不加辨析地视为圭臬也会带来严

---

① 吉林人民出版社1998年版。
② 吉林文史出版社2003年版。
③ 吉林人民出版社2006年版。
④ 香港亚洲出版社2006年版。
⑤ 吉林人民出版社2000年版。
⑥ 吉林文史出版社2003年版。
⑦ 黑龙江教育出版社2013年版。

重的后果，因为这种不加辨析的盲目信从会让我们的研究与历史的真实更加疏远。提出这方面的问题倒不是因为笔者撰写了《〈三国史记·高句丽本纪〉研究》，而是读了杨军先生新作《朝鲜王朝前期的古史编纂》①后颇受启发，可以说杨教授的研究印证了笔者的担心。虽然《朝鲜王朝前期的古史编纂》不是一部关于高句丽文献研究的著作，但杨军教授完全从朝鲜史料的分析入手，对朝鲜王朝初期官方和私人史书的成书、作者、特色，尤其是关于朝鲜古史部分的资料来源进行了详细考辨，对一些史观形成的过程和背后原因的分析，有助于我们对朝鲜王朝初期的史书记载有一个客观的态度。长期以来，还原历史真相几乎是历史学研究追求的最高目标，但学界往往忽视了教化功能则是历史学得以存在的基础，无论是古人撰著史书还是今人撰写学术著作，都有意无意地赋予其作品以教化功能，因为其记述历史的文本和研究著作多体现和传递着书写者的思想和认识，对读者的教化功能就在这种或多或少的影响中得以实现。

三是对现有中国和朝鲜半岛的史书记载进行深入细致的对比分析，或许会有一些新的发现。金富轼曾经在《进三国史记表》中说："五经诸子之书、秦汉历代之史，或有淹通而详说之者，至于吾邦之事，却茫然，不知其始末，甚可叹也？况惟新罗氏、高句丽氏、百济氏，开基鼎峙，能礼通于中国。故范晔汉书，宋祁唐书，皆有列传，而详内略外，不以具载。"② 似乎中国史书对高句丽历史的记述对其撰写《三国史记》帮助不大。但通过对《三国史记·高句丽本纪》和中国史书的对比，得出的结论却是"《三国史记·高句丽本纪》一半以上的内容，尤其是高句丽政权和中原王朝，包括边疆割据政权关系的记事多数是抄自中国史书，而且这种抄录是有改变和节略的，不仅造成了记事的不完整，也形成了一些新的问题，因此就这部分内容而言，其史料价值是很低的，我们不能因为该书是出自朝鲜半岛'学者'之手就对其记载深信不疑"③。这一对

---

① 杨军：《朝鲜王朝前期的古史编纂》，社会科学文献出版社2013年版。
② 金富轼著，孙文范等校勘：《三国史记·进三国史记表》，吉林文史出版社2003年版，第1页。
③ 李大龙：《〈三国史记·高句丽本纪〉研究》，黑龙江教育出版社2013年版，第315页。

比的结果不仅说明对史料的互勘是搞清楚历史史实的有效手段，同时也有助于纠正以往习以为常的认识。当然，《三国史记·高句丽本纪》也并非一无是处，所以笔者同时也指出"《三国史记·高句丽本纪》也有不少中国史书没有记载的内容，对于这些中国史书没有记载的内容，按照作者金富轼自己的说法，除参考中国史书外，还参考了'古记'"，① 如果确实如此，那么这部分内容就有很大可能是来自高句丽人自己的记述。果如此，对这部分内容的研究自然就有了非同一般的价值和意义。遗憾的是，十几年过去了，学界似乎对此还并没有给予应有的重视。

从目前国内的高句丽研究情况看，基本属于历史学、考古学的范畴，耿铁华曾对1169篇高句丽相关论文进行了分类："A 考古综述，主要是考古研究的综合介绍及相关内容。B 历史研究，包括高句丽政治、经济、思想、文化、人物、事件等方面的研究。C 文献研究，包括古代文献的校注与研究，也包括今人著作的评述。D 古城遗址研究，包括高句丽都城、山城、交通道路以及相关遗址的研究。E 古墓研究，包括高句丽各种墓葬的调查发掘报告及分类、比较研究。F 壁画研究，包括高句丽壁画古墓的调查发掘以及内容年代和相关历史方面的研究。G 碑碣石刻研究，主要是对好太王碑的考释与研究，也包括石刻、墓志的研究。H 文物研究，主要是对高句丽馆藏文物的研究。I 其它，包括通讯报道、文献目录、研究综述、学者动态等。"② 这一分析，大体上可以证明笔者的上述判断。应该说，我国的高句丽研究之所以能够取得今天的成就，历史学和考古学的理论和方法在其中起到了十分重要的作用，对此毋庸置疑。不过，从高句丽研究的现状看，历史学中重考据、轻理论的传统也构成了当今高句丽研究的"短板"，很多难点和热点问题的解决亟须理论和方法的创新。

理论和方法的创新，一方面体现在要不断完善现有的史学理论和方法，诸如完善中国多民族国家理论，为确定边疆民族或政权的性质提供理论基础等；另一方面也需要吸纳其他学科，尤其是民族学、法学乃至国际关系问题等学科的理论和方法，为探讨高句丽民族的形成和发展，

---

① 李大龙：《〈三国史记·高句丽本纪〉研究》，黑龙江教育出版社2013年版，第315页。
② 耿铁华：《改革开放三十年高句丽研究成果统计与说明》，《东北史地》2009年第2期。

高句丽与中原政权、周边其他政权和民族的关系提供新的理论和方法。如前所述，在确定高句丽政权性质的过程中，由于我们没有一个相对完善的多民族国家中国疆域形成和发展的理论，仅仅依靠现有的国界来确定高句丽政权的归属是困难的，不仅会造成将一个政权的历史割断的尴尬观点，更难以赢得国内外学界的理解和肯定。实际上，我们对中国疆域范围的认定，虽然自1951年开始的"历史上中国疆域"的大讨论迄今也依然没有取得一个为多数学者认同的结果，而源自欧洲的"民族国家"理论尽管在国内外尤其是国内有着重大影响，但并不适用于中国历史的实际，问题的解决还需要依靠新理论和方法的出现。

　　如果从《好太王碑》的重新发现算起，高句丽研究在我国已经有了百余年的历史，有学者将这百余年的研究历史划分为初始期（19世纪80年代至1949年）、冷落期（1949年至20世纪70年代）、勃发期（20世纪80年代至今），[①] 也出版和发表了众多的论著，但依然还存在众多的难点问题。诸如关于高句丽建国过程及其与夫余的关系，高句丽五部或五族分布及其在高句丽政权或民族形成中的作用，高句丽王系，高句丽政权的结构及其统治秩序，高句丽语言及文化等，关于这些问题虽然我们可以给出一个脉络，但都依然需要进一步地细化和弥合认识中的分歧，而要达到这一目的则需要引进其他学科的理论与方法。高句丽建国神话的留存，为我们探讨高句丽建国过程及其与夫余的关系提供了有利线索，但神话内容的解析则需要借鉴文学、民俗学的理论和方法。关于高句丽早期历史的研究近年来得到了学者的关注，先后发表了不少论文，笔者也曾经尝试着通过"五族"到"五部"发展的线索探讨高句丽政权将境内族群整合为"高句丽民族"的过程，利用的就是民族理论学界关于民族形成和发展的理论，[②] 遗憾的是，并没有得到高句丽研究学者们的关注。

　　总之，高句丽政权虽然是"介在中国东北隅"的边疆政权，但其立

[①] 马大正、杨保隆、李大龙等：《古代中国高句丽历史丛论》，黑龙江教育出版社2001年版，第294—301页。

[②] 李大龙：《关于高句丽早期历史的几个问题》，《东北史地》2006年第4期；《由解明之死看高句丽五部的形成与变迁——以桂娄部为中心》，《东北史地》2009年第3期。

国时间长达7个多世纪，不仅和自汉至唐的历代中原王朝、割据时期的割据政权发生着密切关系，而且也和朝鲜半岛的新罗、百济等有着密切交往，灭亡之后其部众又被内迁到了中原地区，或融入突厥、渤海、新罗等族群之中，是我们探讨东亚政权或民族发展历史的一个很好对象。但是，由于史书记载的匮乏，要想清晰地描述高句丽的历史，不仅需要一个大的视野和更多学者的参与，而且更需要多学科的理论与方法。

目 录

绪 论 ………………………………………………………………（1）

第一章 "句骊蛮夷"：高句丽族群的起源与早期融合 ………（25）
第一节 如何认识"句骊" ……………………………………（26）
一 史料中的"句骊" ………………………………………（26）
二 如何理解"句骊" ………………………………………（31）
第二节 高句丽的"五族"、"高句丽县"与"句骊"的
关系 …………………………………………………（33）
一 高句丽的"五族" ………………………………………（33）
二 "五族""句骊"与"高句丽县"之间的辩证关系 ………（35）

第二章 政权建构：高句丽族群的核心凝聚与形成 …………（43）
第一节 解构卒本夫余 ………………………………………（44）
一 卒本夫余史料记载 ……………………………………（45）
二 卒本夫余的年代与性质 ………………………………（46）
第二节 朱蒙时代的族群凝聚 ………………………………（51）
一 高句丽政权建立前朱蒙所统部众和归化人口 ………（51）
二 高句丽政权建立后朱蒙对周边部族的兼并 …………（54）
三 关于侯"驺"身份的再探讨 ……………………………（58）
第三节 琉璃明王继位迁都与族群的壮大 …………………（68）
一 琉璃明王继位之时高句丽内外局面 …………………（68）
二 琉璃明王时期高句丽族群的壮大 ……………………（72）
第四节 大武神王的扩张与高句丽族群的形成 ……………（81）

一　大武神王继位与对外扩张 …………………………………… (81)
　　二　高句丽族群的形成 …………………………………………… (88)
　第五节　高句丽族群形成过程中的构成要素 ………………………… (92)
　　一　王族势力集团 ………………………………………………… (94)
　　二　世居族群人口 ………………………………………………… (95)
　　三　征服与归顺集团 ……………………………………………… (95)
　　四　汉人 …………………………………………………………… (96)

第三章　政权发展：高句丽族群的进一步融合 …………………………… (98)
　第一节　太祖大王时期高句丽族群的融合 …………………………… (98)
　　一　太祖大王与东汉关系 ………………………………………… (99)
　　二　太祖大王对周边部族的兼并整合 …………………………… (101)
　第二节　山上王对政权的稳固与族群维护 …………………………… (102)
　　一　发歧（拔奇）与延优王位之争 ……………………………… (103)
　　二　山上王营建丸都城 …………………………………………… (105)
　第三节　曹魏征讨高句丽以及中、西川王对高句丽族群的
　　　　　恢复 ……………………………………………………………… (111)
　　一　毌丘俭对高句丽的征讨与刻石纪功问题 …………………… (111)
　　二　中川王、西川王对高句丽疆土与族群的恢复 ……………… (119)
　第四节　美川王与故国原王南部拓展与族群的壮大 ………………… (120)
　　一　美川王袭取乐浪和带方二郡 ………………………………… (120)
　　二　故国原王的朝鲜半岛征战 …………………………………… (123)
　第五节　小兽林王至好太王时期对朝鲜半岛政权和族群的
　　　　　整合 ……………………………………………………………… (124)
　　一　小兽林王与故国壤王时期的休养生息与南部拓展 ………… (124)
　　二　好太王称霸朝鲜半岛以及对族群的整合 …………………… (128)
　　三　4世纪后期东北亚各族群政治力量博弈与嬗变 …………… (131)

第四章　政权灭亡：高句丽族群的流散与逐步消失 …………………… (136)
　第一节　高句丽政权的灭亡 …………………………………………… (136)
　　一　高句丽政权灭亡前的历史背景 ……………………………… (136)

二　高句丽政权的灭亡 ……………………………………（144）
　第二节　高句丽族群的流散与消亡 ………………………（151）
　　一　政权终结之时高句丽人口状况 ……………………（151）
　　二　迁入中原地区的高句丽人口 ………………………（153）
　　三　流入新罗的高句丽人口 ……………………………（159）
　　四　流入渤海的高句丽人口 ……………………………（165）
　　五　战死的高句丽人口 …………………………………（169）
　　六　高句丽故地遗民 ……………………………………（172）
　　七　流入突厥、倭等其他地区的高句丽人口 …………（173）
　　八　高句丽族群的消失 …………………………………（174）

结语　关于高句丽政权建构与族群凝聚研究的几点思考 …（176）

附录一　改革开放以来高句丽研究评析
　　　　——以研究成果的数据统计和内容分析为中心 …（183）

附录二　论严尤的民族观与边疆思想 ……………………（207）

主要参考文献 ………………………………………………（228）

后　记 ………………………………………………………（240）

绪　　论

一　研究缘起

选择"高句丽的政权建构与族群凝聚"这一课题，主要有以下三方面的考虑。

其一，"高句丽的政权建构与族群凝聚"这一课题，虽然前期有一定量的研究成果，但依然有进一步探讨的空间。无论是高句丽政权还是民族（族群）史研究成果都比较多，尤其是高句丽族群的研究在以往的东北民族史、高句丽民族史，以及高句丽通史著作或相关研究中多有涉及，但是研究争议较大。就目前学界研究成果看，大多对高句丽后期以及其政权灭亡之后移民和遗民具有共识，而对于高句丽早期"源流"问题依然争议颇多，无论是文献学的分析，还是考古学的实证，都不同程度地对高句丽族群早期起源和组成历史有着不同的见解。此外，将高句丽政权建构与族群发展结合起来的研究不多，尤其二者之间是什么样的关系，探讨得还不够。争议的存在，就意味着研究空间的存在，如何正确地认识不同史料的记载背景和史家的史观问题，如何把握不同时空环境下文献资料层累造成的史实认知问题，如何更新观念在史料的解读和新资料的发现上有所突破。这些都需要进一步地梳理分析与研究。

其二，"高句丽的政权建构与族群凝聚"资料需要"精耕细作"，并进行一定程度的合理性解读。自 2011 年起，笔者开始学习高句丽史，对高句丽文献有着一定程度的了解和把握，对不同版本的文献资料进行整理、对比，并结合考古资料思考，带着一些问题进一步阅读前辈学者的研究成果并加以理解。同时与老师和同学不断探讨，越来越觉得高句丽历史文献中的记载还需要系统地整理分析，加以甄别。比如目前学界在研究高句丽史多依托朝鲜半岛史书《三国史记》等文献记载，进行引用分析，很多时候未加辨别，作为"信史"对待。对中国正史《高句丽传》中关于高句丽极为简略的记载，未加辨析地直接使用。还有一些研究为了丰富高句丽早期历史内容，将正史中高句丽早期记载内容与《三国史记》中建国传说等信息进行"无缝对接"和"人为建构"，这种对接和建构是否成立，目前并无足够的考古学依据。在考古方面，由于高句丽早期历史的考古发掘不成体系，发掘成果也不能完全说明问题，很难用"二重证据"方法去说明和验证。而且相关争议问题也越来越多，越来越突出。所以，很有必要进行一次更系统的梳理，尽可能搜集资料，采取精耕细作的方式进一步研究，从文献中发现与以往不同的问题，进而进行合理性解读与分析。

其三，"高句丽的政权建构与族群凝聚"研究，需要更新观念，发现新问题，提出新方法。目前高句丽研究，尤其是族群研究出现了瓶颈期。如何在未来的研究中突破，是我们需要考虑的问题。首先，研究方法、理论的创新将是突破口之一。本书是在笔者博士后期间开展"政权建构与族群凝聚"相关理论的资料搜集和知识储备基础上，对高句丽政权和族群问题进行的联动性思考。无论是何种政权和族群，都有着由小到大，不断发展，并在发展壮大中结成各种联系的过程。尽管在发展过程中会有分裂和离散，但总的趋势是涵盖较大范围的政权不断出现，由此带动族群在更大范围内的凝聚和融合。活动在东北亚地区的高句丽族群，其通过前高句丽时期（句丽时代）的族群初步融合，到政权构建实现高句丽的核心族群凝聚，再到政权发展实现高句丽族群的多维度融合与进一步的凝聚，最后政权消亡，实现更高阶段的族群重组与深度凝聚。高句丽政权的产生、壮大成就了高句丽群体的形成壮大，并不断地在融合凝聚中开展自我认同，以及不断被认同，形成了称之为高句丽的这一特殊群体。通过这一理论的建构和方法的创新，或许能够为朦胧且混乱的高句丽族群变迁史研究，尤其是早期族群史、政权发展史研究，带来些许突破。

二 研究对象——高句丽族群解析

本书的研究对象主要还是"高句丽族群",以政权建构和族群凝聚作为研究线索,进而通过一种新的思路和方法明晰高句丽族群的形成和发展演变问题。本书中的"高句丽族群"是一个较为宏观的文化层面的概念,包括高句丽政权建立之前高句丽县时代下的人群共同体,也包括高句丽政权建立之后不断壮大凝聚的高句丽人群实体,同时亦包括高句丽政权灭亡之后无论是"移民"还是"遗民",依然保留着一定的族群识别的高句丽群体。之所以使用这一概念,有两方面的考虑:一方面,使用"高句丽族群"能够很好地涵盖不同阶段,无论是民族、酋邦、政权,还是其他性质的"人群共同体";另一方面,使用"高句丽族群"可以更为明确本书对高句丽这一共同体性质的界定,笔者不愿使用目前学界多使用的"民族"或者"少数民族",因为这些词汇属于西方概念或现代概念,并且出现时间较短,无法和古代长时间存续又有着特殊性的高句丽进行合理对接。笔者也认为"高句丽族群"自形成起就是一个多元的共同体,有着共同的文化认同,随着政权的发展一直是不断融合壮大的过程,并非用一个现代概念"民族"可以准确概括。需要强调的是,本书所使用的"高句丽族群"概念指的只是高句丽或句丽这一专有名词出现之后,在这一名称涵盖之下或者以此为名有着一定的自我认同和被认同的群体,并不包括更早或更晚的与此有一定源流关系的群体。故本书探讨的高句丽族群的形成与发展演变并未进行更大范围的上溯和下探,仅是以政权的建构和维系为时间轴,在高句丽这一专有名词出现之前向上通过时间界定进行了一定程度的探源,在高句丽政权灭亡之后向下亦是阶段性逐流。

三 "高句丽的政权建构与族群凝聚"的价值与创新

第一,本书是对高句丽族群的形成与发展演变进行的一次系统的研究。以往学界在开展政权、民族史和东北区域史的过程中,对"高句丽民族"问题多有研究和梳理,亦有学者开展高句丽民族形成[①]、高句丽民

---

① [韩]李玉:《高句丽民族形成与社会》,教保文库1984年版。

族与国家的演变①、高句丽移民②的专题研究。但是，目前关于高句丽人抑或民族从起源到发展壮大再到流散消失的系统研究成果还鲜有出现。故本书将是一次较为系统的全面梳理和研究，当然本书只是一个初步尝试。

第二，本书照顾到了高句丽政权发展阶段的族群凝聚问题。以往学界在研究高句丽民族源流时，往往都将关注点注意到了"头"和"尾"。大量的研究成果集中在高句丽民族起源、早期民族构成、五部与五族、高句丽灭亡后的人口流向、高句丽的移民（遗民）等问题。诚然，高句丽民族起源和政权灭亡后的人口流向与生存状况问题，是高句丽民族变迁史的重要组成部分。但是，高句丽政权从建立之初、不断壮大，到崛起，再到政权的衰败，这一过程中高句丽人口和族群在不同阶段处于何种状态，应该进行一定的分析与研究。尤其是政权在这一过程对高句丽族群的凝聚、形成、壮大所起到的作用，应该成为一个重要的研究课题。本书专门设置了一个章节详细梳理了大武神王之后至好太王时期，高句丽人群体发展壮大的过程。当然，由于好太王之后高句丽族群问题相关资料极少，这一部分的内容难以系统梳理，故在本书中没有体现。

第三，本书尝试用较为新颖的研究视角展开研究。本书将"政权建构与族群凝聚"这一视角贯穿全书，具体分为政权建立前期、政权建立初期、政权发展期、政权消失期四个阶段。对"高句丽族群"这一特殊群体开展研究，从政权建构与发展的角度去探讨高句丽族群的形成与演变过程。

第四，本书一些观点和认识的创新。首先，对高句丽起源问题作了重新的认识，指出判断高句丽民族起源是需要进行一定的时间阶段限定，否则将会陷入无尽的追溯中，本书认为高句丽主体民族起源于句骊胡（句骊蛮夷）。③ 其次，本书认为并非高句丽族建立了高句丽政权，

---

① 杨军：《高句丽民族与国家的形成和演变》，中国社会科学出版社2006年版。
② 苗威：《高句丽移民研究》，吉林大学出版社2011年版。
③ 这里需要作一说明，高句丽在文献中有不同写法和叫法，其一，"丽"字在个别文献里也写作"骊"；其二，高句丽在较晚的文献中叫作"高丽"。为了行文的统一，文章中除了必要的文献引用和特别强调，则统一称作"高句丽"。

高句丽族群形成的前身"句骊胡"并不是严格意义上的高句丽族群，高句丽这一族群是在高句丽县尤其是高句丽政权建立发展壮大之后逐步形成的，时间大致在大武神王时期，政权对高句丽族群的形成起了决定性作用。再次，"城邑"国性质是高句丽政权和族群壮大的根本，以城邑为中心的居住方式，以农耕为基础的经济结构，决定了高句丽能够成为一个稳固和持续发展的政权。最后，在一些细节之处，诸如学界争议的高句丽侯"驺"身份、毌丘俭"刻石纪功"等问题亦作了探讨，提出新看法。

四 学术史的梳理

高句丽历史研究，自好太王碑发现至今已经历近一个半世纪的时间，① 在这一过程中多有学者对高句丽研究史进行回顾和梳理。这些研究史涉及宏观整体高句丽史或者东北边疆民族史、断代史高句丽部分的梳理，② 也包括具体高句丽碑刻③、遗址④、归属⑤、民族史（民族

---

① 关于好太王碑的发现时间，至今说法不一。清末至民国时期多有学者记载和研究，目前有这样几种说法：刘承干同治末年（1872—1874）说，顾燮光光绪元年（1875）说，叶昌炽、欧阳辅光绪六年（1880）说和张延厚、金毓黻光绪初年说四种观点。20世纪80年代有学者进行考证，以王健群、刘永智和耿铁华为代表，但观点却不一致：王健群提出光绪初年，具体来说是元年（1875）或二年（1876）前后，刘永智提出光绪六年（1880）前后为妥，耿铁华提出光绪三年（1877）说。

② 孙进己：《高句丽历史研究综述》，《社会科学战线》2001年第2期；张威威：《韩国对"高句丽史"问题评论综述》，《国际资料信息》2004年第9期；马大正：《东北边疆历史研究的回顾与思考》，《北华大学学报》（社会科学版）2005年第1期；刘洪峰：《唐史研究中所涉及高句丽史事研究综述》，《通化师范学院学报》（人文社会科学版）2010年第6期；陈潘：《高句丽史研究综述》，《哈尔滨学院学报》2012年第2期；白玉梅：《日本高句丽研究史综述》，硕士学位论文，东北师范大学，2013年；华阳：《吉林省高句丽研究综述》，《东北史地》2015年第3期；范恩实：《2010年以来国内学界高句丽史研究综述》，邢广程主编《中国边疆学（第六辑）》，社会科学文献出版社2016年版，第348—381页。

③ 李德山：《好太王碑研究综述》，《古籍整理研究学刊》1989年第5期；朱尖：《集安新出土高句丽石碑国内外研究综述》，姜维东主编，李晓光副主编《东北亚研究论丛（七）》，东北师范大学出版社2014年版，第35—46页；朱尖：《二战前好太王碑的研究状况与特点——纪念好太王碑建立1600年》，李乐营、梁启政、孙炜冉主编《高句丽与东北民族研究（2014）》，吉林大学出版社2015年版。

④ 张殿甲：《鸭绿江中上游高句丽、渤海遗址调查综述》，《北方文物》2000年第2期。

⑤ 韩忠富：《国内高句丽归属问题研究综述》，《社会科学战线》2001年第5期。

起源)①、考古②、社会性质③、五部④、墓葬⑤、服饰⑥、对外关系⑦、王系问题⑧、遗产保护利用⑨、王城墓葬⑩等方面。具体以高句丽人源流问题进行学术史回顾的综合梳理文章，目前还鲜有出现，多是以民族起源研究作为对象的梳理。这里笔者根据研究情况的梳理和归类，拟从高句丽族群起源、高句丽族群发展融合、高句丽族群流向三个方面展开梳理和评介。

(一) 高句丽族群起源问题的研究

所谓高句丽族群起源问题的研究，主要指的是学界比较关注的高句丽民族起源、高句丽族源等方面的研究，研究的主要内容是高句丽这一群体起源于哪一个族群或民族，哪一个族群或民族是高句丽民族的主源、哪些又是组成高句丽民族的支流等问题。就目前研究看，对于高句丽族群起源的认识，有多种看法，存在很大的分歧。

---

① 李淑英：《高句丽民族起源研究述要》，《通化师范学院学报》(人文社会科学版) 2006年第3期；何海波：《国内高句丽族源研究综述》，《长春师范学院学报》(人文社会科学版) 2008年第7期；马文超、彭丹：《国内高句丽民族史研究综述》，耿铁华主编《高句丽与东北民族研究 (2010)》，吉林文史出版社2011年版，第83—92页；王禹浪、程功、刘加明、郭丛丛：《近十年来中国高句丽民族历史问题研究成果综述 (2000—2012)》，《哈尔滨学院学报》2012年第12期；武宏丽：《高句丽族源问题研究综述》，姜维东主编《东北亚研究论丛 (五)》，东北师范大学出版社2012年版，第297—306页。

② 肖景全、郑辰：《抚顺地区高句丽考古的回顾》，《东北史地》2007年第2期。

③ 何海波：《国内高句丽社会性质研究综述》，《长春师范学院学报》(人文社会科学版) 2009年第1期。

④ 何海波、魏克威：《国内高句丽五部研究综述》，《长春师范学院学报》(人文社会科学版) 2009年第9期。

⑤ 赵俊杰：《4—7世纪大同江、载宁江流域封土石室墓调查与研究成果综述》，《东北史地》2010年第1期。

⑥ 郑春颖：《高句丽服饰研究的回顾与展望》，《中国史研究动态》2012年第1期；郑春颖：《高句丽壁画墓的研究历程、反思与展望》，《社会科学战线》2017年第2期。

⑦ 刘洪峰：《高句丽与夫余关系问题研究综述》，《黑河学刊》2013年第9期。

⑧ 孙炜冉：《高句丽王系问题研究综述》，《博物馆研究》2014年第3期。

⑨ 朱尖、柏松：《高句丽世界文化遗产旅游研究进展综述》，《资源开发与市场》2015年第1期。

⑩ 王天姿、王俊铮：《本世纪以来我国集安高句丽王城、王陵研究综述》，《哈尔滨学院学报》2015年第3期；王天姿、王俊铮：《高句丽五女山城研究综述》，《黑河学院学报》2015年第5期；王天姿、吴博：《国内近十年高句丽墓葬发掘报告及其相关著作研究综述 (2004—2013)》，《哈尔滨学院学报》2016年第10期。

第一，高句丽源于"濊（秽）貊（貉）"，即高句丽为东北地区四大族系之一"濊（秽）貊（貉）"族系的一支。这一认识是目前较为普遍的认识，占主流。金毓黻在《东北通史》中的第一期"汉族开发时代"的第六点"夫余之伸张"部分，依据《周礼》《汉书·高帝纪》《管子·小匡篇》《史记·匈奴列传》中关于"貉""貊""秽貉""濊"的记载，认为濊貊即貊人之复称，貊亦作貉，居东北方，然则后来之夫余、高句丽，殆皆属此族乎。① 陈连庆在探讨西汉与新莽时期的少数民族士兵中高句丽兵时，指出高句丽是汉代辽东的少数民族，王莽时也征发他们为兵。《后汉书·高句骊传》云："王莽初，发句骊以伐匈奴。"即是例证。高句丽出自貉族，汉初参与楚汉战争的北貉就是他们的祖先。② 张博泉则进一步指出高句丽是殷人形成前的貊人，后来与殷人形成前的濊人一支夫余形成一个语言相同的集团，追溯高句丽原是出自貉的。《后汉书·高句骊传》云："东夷相传以为夫余别种。"别种的"别"应是"另"的意思，从起源看高句丽（貉）与夫余（濊）不同，因称其为夫余别种。高句丽出自濊貊，亦即貊。唐礼言《梵语杂名》，高句丽为"Mukuri"，音译为"亩俱理"。《阙特勤碑文》作"Bokli"（莫离）。《后汉书·东夷传》："句骊一名貊耳，有别种。依小水为居，因名曰小水貊。出好弓，所谓貊弓是也。"高句丽为貊，也被称为濊。③ 孙进己在《东北民族源流》中指出高句丽的族源，既有当地的秽貊各族，又有南徙的夫余人和东徙的汉人，但高句丽族的主源，应该是貊人。④ 王绵厚指出活跃于中国东北和东北亚历史上有七百余年的高句丽民族，是土著于中国东北南部环黄、渤海北岸的鸭绿江两岸山地为中心的秽貊语系的古代民族。⑤ 李殿福从考古学的角度，对高句丽起源展开反思，指出目前在浑江和鸭绿江中游一带所发现的（高句丽）五部文化面貌，尚属于金石并用的青铜文化面貌，作为这个文化面貌主要标志的陶器，是以大口鼓腹罐、小口瓮、钵、豆

---

① 金毓黻：《东北通史》上编，社会科学战线杂志社 1980 年印，第 76 页。
② 陈连庆：《西汉与新莽时期的少数民族士兵》，《史学集刊》1984 年第 4 期。
③ 张博泉：《东北地方史稿》，吉林大学出版社 1985 年版，第 10、79 页。
④ 孙进己：《东北民族源流》，黑龙江人民出版社 1987 年版，第 22—24 页。
⑤ 王绵厚：《高句丽民族的起源及其考古学文化》，《高句丽渤海研究集成·高句丽》卷一，哈尔滨出版社 1997 年版，第 37 页。

为组合，不见鼎鬲。就陶器耳来说，多环状竖耳、桥状耳和瘤状耳。这种器耳，后来被高句丽文化所继承。可看出高句丽文化与本地貊人文化间的渊源关系。因此，见载于西汉以后的高句丽民族的主要族源是生活在浑江中游和鸭绿江中游一带的貊人。① 杨保隆首先指出，高句丽族的出现、形成与发展与我国历史上的大多数民族情况相同，其民族起源不是单一的，应该有主源与非主源的区别。在探讨高句丽民族起源的主源时认为，高句丽族的主源濊貊族解体后东迁的各支后裔：高夷、夫余、沃沮、小水貊（梁貊）、秽等。高句丽族出自秽貊族系，不仅有汉安帝在建光元年（121）诏书中称高句丽为"濊貊"可证，直到5世纪后期，还有南齐官员称高句丽为"东夷小貊"。② 孙玉良则认为，高句丽是濊貊族的一支，主要分布于浑江和鸭绿江流域。汉武帝于公元前108年征服卫氏朝鲜，开辟四郡，分置诸县。当时，浑江流域濊貊人居住地区辟为高句丽县，隶属玄菟郡管辖。自此，后世将该地区的濊貊人称为高句丽人。高句丽族与扶余族，是濊貊族系中分化出来的两个不同部族，故史书中常称高句丽为"扶余别种"，并谓其"言语法则多同"。濊族的主体部分原居于松花江和嫩江流域，是我国东北地区最先接受和传播中原鼎鬲文化的原始民族。历史上所谓北夷高丽、橐离、索离、高夷、句骊等，这些相同的音称，是指扶余或高句丽的先世所建立的部落体。自濊人南下，与貊人融合之后，濊貊遂成两部之共称，而由扶余一支所建之高句丽也得称为貊人。③ 魏存成在《东北古代民族源流述略》一文中指出濊貊族系是我国东北地区古老的重要族系之一。在历史文献中，濊，又作秽；貊，又作貉；濊貊频见于先秦文献中。学术界多认为，汉代之前其分布，濊北貊南，濊主要分布在松嫩平原，貊主要分布在辽东山地。两者关系密切，相互交叉渗透，故汉代又往往统称为濊貊。其发展演变，濊之后为夫余、沃沮和东秽，貊之后为高句丽。其中夫余、高句丽正式建立了政权，政权的名称仍称夫余、高句丽。④

---

① 李殿福：《东北考古研究》，中州古籍出版社1995年版，第95页。
② 杨保隆：《高句骊族族源与高句骊人流向》，《民族研究》1998年第4期。
③ 佟冬主编：《中国东北史》卷1，吉林文史出版社1998年版，第587—589页。
④ 魏存成：《东北古代民族源流述略》，《中国边疆史地研究》2017年第4期。

以上是笔者搜集的学界关于高句丽族群起源于"濊（秽）貊（貉）"的一些探讨和认识，当然并不全面，除了以上学者外，姜孟山①、傅朗云②、许宪范③、李宗勋④、薛虹⑤、武玉环⑥等学者也不同程度地在其论述中表达了这一观点。

第二，高句丽源于高夷，或者说高句丽是由高夷到秽貊演化而来。此认识与高句丽源于"濊（秽）貊（貉）"的认识有一定的相关性，只是进一步向前追溯。存在两种情况，一种是普遍地在探讨高句丽源于秽貊时多少会提到高夷问题，基本将其视为一个族系，通过族系的发展演化角度多有涉及，与上文中的秽貊说有一定的重合；另一种是认为高句丽就是源于高夷，高夷与秽貊没有直接联系，最早晋人孔晁注《逸周书·王会解》有这一记载："高夷，东北夷高句丽。"可以说，这是高句丽源于高夷的最早观点，并对后来的研究产生深远影响。金毓黻在撰写《东北通史》时亦提到："鄙意《魏略》所称之槁离，音近句丽，当即古之高夷，亦即《后汉书》之高句丽。"⑦ 这是金毓黻在高句丽"貊（貉）说"基础上的进一步延伸与拓展，将"槁离""句丽""高夷"与"高句丽"混合理解为同一来源族系。耿铁华早期指出：无论是"秽""貉"，还是"秽貊"，都不是专指高句丽民族的，其中包括夫余等其他少数民族。科学地说，"秽貊"这时是对居住在东北某一地区内若干部族的集合性称谓，其中往往带有中原汉政权及史官们对少数民族不甚尊重的感情。不是秽貊产生出高句丽，而是高句丽、夫余等部族"造就"了"秽貊"，"秽貊"是"流"，而不是"源"。高句丽族起源于我国东北，是东北古老民族之一。他们自称为槁离，周初就同中原发生过某种联系，被称为高夷，后来同北方诸多少数民族一并被称为"秽""貉""秽貊"。他们

---

① 姜孟山：《试论高句丽族的源流及其早期国家》，《朝鲜史研究》1983 年第 5 期。
② 傅朗云：《东北民族史略》，吉林人民出版社 1983 年版，第 42 页。
③ 许宪范：《"高句丽"名称由来及其民族形成》，《延边大学学报》（社会科学版）1985 年第 2 期。
④ 李宗勋：《高句丽族源流略考》，金龟春主编《中朝韩日关系史研究论丛（1）》，延边大学出版社 1995 年版。
⑤ 薛虹、李澍田主编：《中国东北通史》，吉林文史出版社 1991 年版，第 144 页。
⑥ 武玉环：《渤海与高句丽族属及归属问题探析》，《史学集刊》2004 年第 2 期。
⑦ 金毓黻：《东北通史》上编，社会科学战线杂志社 1981 年印，第 78 页。

经历了漫长的原始氏族生活，开拓土地，经营渔猎、农业，繁衍后代，发展壮大成具有许多部落的较大联盟，逐步跨入文明时代的门槛。① 《东北历史地理》一书中进一步指出："高夷即高句丽之先人。按高句丽之名始见于汉。但此高夷似居住此一带已久，因此高夷有可能是高句丽先人之名见于史籍。"② 这一认识则更为直接地将高夷与高句丽之间的前后承接关系进行了明确，但缺乏必要的论证。后来刘子敏则明确指出高夷就是高句丽族的族源所出："高句丽的族源是多元的，其最早的源头应是青铜时代的高夷，而高夷既不是秽，也不是貊。作为以秽人为主源的夫余人以及青铜时代延续下来的貊人残部（小水貊、'貊国'遗裔、梁貊）也是高句丽早期的重要族源，但最早演变为高句丽族的应是分布于今富尔江流域的古高夷人。"③ 刘子敏的认识在强化高句丽族源为高夷的同时，亦强调高夷与秽貊无关。④ 王绵厚在秽貊认识的基础上，进一步阐释指出高夷和高句丽，是从先秦至汉、魏、晋以来相继出现在东北古代的少数民族之一。从中国东北地区自先秦以来形成的三大族系来看，高句丽及其先世"高夷"，应属东北夷秽貊系统的一支。⑤ 高句丽族源的"主体"，是辽东"二江"流域从商周时期的"高夷"，到春秋战国前后的"貊部"，其一脉相承连续发展的历史过程。即从先秦"高夷"到"貊"族的青铜文化，与公元前1世纪高句丽建国后，由夫余南下"貊"地后开始形成的多民族文化共同体即两汉时期高句丽的"五部"文化，从不同历史发展阶段和文化内涵上予以区别。⑥ 除了以上学者的分析之外，还有部分学者在论述族源时一定程度也涉及高句丽源于高夷的观点。薛虹、

---

① 耿铁华：《高句丽起源和建国问题探索》，《求是学刊》1986年第1期。
② 孙进己、冯永谦、王绵厚：《东北历史地理》（第一卷），黑龙江人民出版社1989年版，第196页。
③ 刘子敏：《高句丽族源研究》，《社会科学战线》2002年第5期。
④ 刘子敏在其他相关研究中也表达了类似的认识，可参见刘子敏《高句丽历史研究》，延边大学出版社1996年版，第9—13页；《"高夷"考辨》，《延边大学学报》（哲学社会科学版）1996年第4期；《关于高句丽历史研究的几个问题》，《东北史地》2004年第2期；《评高句丽源于"商人说"》，《博物馆研究》2010年第3期。
⑤ 王绵厚：《秦汉东北史》，辽宁人民出版社1994年版，第241页。
⑥ 王绵厚：《高夷、濊貊与高句丽——再论高句丽族源主体为先秦之"高夷"即辽东"二江"流域"貊"部说》，《社会科学战线》2002年第5期。

李澍田主编《中国东北通史》指出"高句丽族就是古文献中的高夷",①姜孟山认为"高夷即高句丽族"②,傅朗云认为"高句丽很可能出自扶余的马图腾氏族,即马加人……是东北夷的一支,所以又简称高夷"③,等等。

第三,高句丽源于"华夏",即学界所探讨的高句丽源于"商人"和"炎黄"(东夷)的观点。关于这两种说法有学者将其总结为"华夏"说,因为华夏之族乃是炎黄子孙,而商族亦是华夏族。④ 关于高句丽源于"商人"说,最早张博泉在探讨东北夫余、高句丽社会所受殷、周社会的影响时,指出高句丽与殷人有相同的卵生说,有相同的祖先传说,有共同的宗教信仰,认为高句丽即使不是出自殷人,也是与殷人有亲属关系的部落。⑤ 耿铁华则在张博泉认识的基础上,集合以往研究逐步得出更深入的认识,即高句丽民族既不源于秽貊系也不源于夫余系,而是帝高阳的后代,由商人东迁的一支发展而来。通过引证各种文献,耿铁华对高句丽族源的发展轨迹作了梳理。指出大约在冥至王亥时,商人南下,至成汤灭夏桀,入主中原,商人大量地进入黄河流域,不断扩大自己的领土和影响。留在东北的商人,有一支东迁至今浑江、鸭绿江流域,繁衍生息。与中原人交往时被称为高夷,句丽夷蛮,自称高句丽。经历了漫长的石器时代和短暂的铜器时代。公元前108年,汉武帝在高句丽人聚居之地设高句丽县,属玄菟郡管辖。公元前37年,邹牟率部众进入高句丽,建立起高句丽王国。⑥ "炎黄"(东夷)说的提出者为李德山,其通过对高句丽族称的分析认为高句丽之高(句)为介转,其族源地应在山东,

---

① 薛虹、李澍田主编:《中国东北通史》,吉林文史出版社1991年版,第144—145页。
② 姜孟山:《试论高句丽族的源流及其早期国家》,《朝鲜史研究》1983年第5期。
③ 傅朗云:《东北民族史》,吉林人民出版社1983年版,第42页。
④ 刘子敏:《关于高句丽历史研究的几个问题》,《东北史地》2004年第2期。
⑤ 张博泉:《东北地方史稿》,吉林大学出版社1985年版,第79页。
⑥ 参见耿铁华《高句丽族源论稿》(上),《通化师范学院学报》(人文社会科学版)1999年第1期;耿铁华《高句丽族源论稿》(下),《通化师范学院学报》(人文社会科学版)1999年第3期。其他相关论述参见耿铁华《〈高句丽族属探源〉驳议》,孙进己、孙海主编《高句丽渤海研究集成·高句丽卷(一)》,哈尔滨出版社1997年版,第50页;耿铁华《中国高句丽史》,吉林人民出版社2002年版,第43—48页;耿铁华《高句丽民族起源与民族融合》,《社会科学辑刊》2006年第1期。

进而进一步论证夫余民族出自炎帝系，高句丽为夫余别种，可证与其同族的高句丽民族亦出自炎帝系，史料中高句丽多貊联称的原因，就在于它出于山东的夷貊之区，后虽迁居东北，貊名沿用而不废，貊为通名，高句丽为专称。① 后来在《再论高句丽民族的起源》一文中，李德山梳理以往研究的主要观点，提出不足，进而综合文献记载和考古材料进一步论证，高句丽民族应该是起源于东夷的，指出高句丽民族与东夷族系中的介族和莱族存在渊源关系，是符合历史事实的。②

第四，高句丽民族起源于夫余。丁谦在探讨高句丽建国历史时指出："高句丽本有二国，其在辽东之东，南与朝鲜接者，为古高句丽。即《地理志》玄菟郡所治高句丽县地。前汉之帝初，古高句丽王，有养子朱蒙，避难南奔，渡鸭绿江，至朝鲜平安道成川郡地，别建为国，而仍其故号，此重立之高句丽也。二国相距一千余里，无可牵混，蔚宗作《后汉书》，其时古高句丽已夷为郡县，不应立传。惟当于重立之高句丽，纪其缘起可耳。在这一认识的基础上指出尚有三点疑问值得分析，首先便指出朝鲜史《东国通鉴》《好太王碑》，皆以朱蒙为夫余王之养子，而《梁书》《北魏书》则谓出于橐离，似乎两歧，不知古高句丽本夫余同种，亦夫余国之分部，观朱蒙建业后，号其国曰高句丽，并号其都城曰夫余，以示不忘所出。"③ 当然丁谦的这一认识并未直接指出高句丽民族的族源，而是分析高句丽国家建构过程其王族的来源问题。这一问题金毓黻亦有相关认识，在《东北通史》"夫余族之伸张"一节里，专门分析了高句丽族属与起源问题，通过对《周礼·职方氏》《汉书·高帝本纪》《管子·小匡篇》《史记·匈奴传》等文献关于秽貊的记载情况，指出"秽貊即貊人之复称，貊即是貉，居东北方，然则后来之夫余高句丽，殆皆属此族乎"。④ 从章节设置和内容看金毓黻也一定程度认同了高句丽与夫余的同属问题。真正直接指出高句丽人源自夫余的学者是王健群，其在《高句丽族属探源》一文中指出根据历史资料和考古调查表明，夫余应该占有

---

① 李德山：《高句丽族称及其族属考辨》，《社会科学战线》1992 年第 1 期。
② 李德山：《再论高句丽民族的起源》，《东北史地》2006 年第 3 期。
③ （清）丁谦：《魏书各外国传地理考证》，转引自金毓黻《东北通史》（上编），第 77—78 页。
④ 金毓黻：《东北通史》（上编），社会科学战线杂志社 1980 年印，第 79 页。

第二松花江流域的全部地区,其中一部分东移长白山以南,朝鲜半岛北部,建立东夫余国家。东夫余的一部分又南下至东沃沮地方,以后建立了高句丽王国。从中国史书和朝鲜史书以及好太王碑碑文记载来看,高句丽是夫余支系是没有问题的。高句丽人来自夫余,夫余是肃慎系统的通古斯族,即后来的女真族。高句丽人也应该是肃慎人的后代,与女真人为同一族属。① 金岳也认为高句丽源出夫余,依据好太王碑和冉牟墓志关于始祖邹牟出身的记载,同时辅以《论衡》《后汉书》《三国志》《魏书》《梁书》等16部史书加以说明。②

第五,高句丽民族的起源是多元的,这一认识亦是对高句丽族源认识在主源和非主源基础上的延伸,上引学者在探讨高句丽主源问题时,多先认同高句丽族源为多元的,进而再去分析其主源。此外,也有学者直接从高句丽内部族群的分类中,逐个探讨其族源。孙进己在《东北民族源流》中就指出任何一个民族都是多元多流的,但存在一个主源,就高句丽人的族源而言,既有当地的秽貊各族,又有南徙的夫余人和东徙的汉人,最后提出主源是貊人。③ 后来的研究中孙进己从高句丽五部入手,具体对高句丽族群的起源进行了细化分析,指出涓奴部起源于东夷的高夷,桂娄部与绝奴部起源于卒本夫余及北夫余,秽人是高句丽的一个来源,汉人是高句丽的一个重要来源。④ 此外,孙进己从高句丽先人居住区的考古文化分析,提出高句丽族属问题,指出其族属大致可以归为三系,即貊系、夷系、汉系,进而认为高句丽族源应是貊人、夷人和汉人,这应是对高句丽族源的一个新的结论。⑤ 孙泓在孙进己五部族源认识的基础上进一步认为高句丽有多源,对具体的高句丽五部族源进行了归类分别分析,指出涓奴部起源于东夷的高夷,桂娄部与绝奴部起源于卒本夫余与北夫余,顺奴部起源于秽人,灌奴部来源于汉人。⑥ 杨军也提出

---

① 王健群:《高句丽族属探源》,《学习与探索》1987年第6期。
② 金岳:《东北貊族源流研究》,《辽海文物学刊》1994年第2期。
③ 孙进己:《东北民族源流》,黑龙江人民出版社1987年版,第22—24页。
④ 孙进己:《东北民族史研究(一)》,中州古籍出版社1994年版,第197—200页。
⑤ 孙进己:《高句丽的起源及前高句丽文化研究》,《社会科学战线》2002年第2期。
⑥ 孙泓:《高句丽民族形成、发展及消亡》,《全国首届高句丽学术研讨会论文集》(内部资料),吉林省社会科学院高句丽研究中心、通化师范学院高句丽研究所1999年印,第165—174页。

高句丽族源为多元的看法，《从"别种"看高句丽族源》一文认为"高句丽人的始祖朱蒙所部自夫余国迁出独立发展之时，内部就包含夫余、秽、貊三大民族，所迁入的卒本川一带又是夫余人、真番人、句丽蛮夷、汉人与秽人杂居的地区，高句丽族就是朱蒙所部夫余人与上述诸族进行民族融合的产物。从族源上讲，高句丽族是多元的"①。在其同时期发表的《高句丽族属溯源》一文中又指出，高句丽族的族源主要分两支，一支是东北土著民族集团，另一支是从夫余国南迁的民族集团。②

以上几种说法是目前关于高句丽起源较为主流的认识，除此之外还有其他一些说法，但并不具有代表性，比如朝鲜民主主义人民共和国科学院历史研究所著《朝鲜通史》认为高句丽源于"朝鲜人"，这种看法从中国东北和东北亚古代史发展实际看，除了随意扩大"古朝鲜"范围至辽东太子河以外，从高句丽的起源看，完全是本末倒置的。③ 关于高句丽民族起源的认识呈现以下特点：对高句丽民族起源研究都进行了较为深入的挖掘，不仅依托各类文献资料加以分析，更结合了考古资料进行论证，都各自从不同的角度提出自己的证据和观点，为后来的研究提供了丰富的资料获取来源以及研究视角。高句丽族源的认识倾向于多元，虽然有些学者努力提出一个重要主源，但是似乎都没较为清楚的依据，多数是一种推测。

（二）高句丽族群构成与融合问题研究

高句丽族群构成与融合问题研究包括两个部分：其一是高句丽族群构成的研究，主要为高句丽"五部"的研究；其二是高句丽族群融合研究，主要是指高句丽族群在形成和发展的过程中与其他族群的互动融合问题。

在高句丽"五部"研究方面，主要有以下研究关注点。第一，不同史料关于高句丽"五部"记载的解读与比较研究。由于中国正史中的五部记载前后有个别文字差别，尤其与朝鲜半岛史书《三国史记》记载的

---

① 杨军：《从"别种"看高句丽族源》，《东疆学刊》2002年第1期。
② 杨军：《高句丽族属溯源》，《社会科学战线》2002年第2期。
③ 王绵厚：《高句丽起源的国内外代表观点解析——再论高句丽族源主体为辽东"二江"和"二河"上游"貊"部说》，《社会科学辑刊》2006年第1期。

部族名称有着明显的差别，如何认识这些部族，尤其是中国正史与《三国史记》中的记载是何种关系。学者们对此首先展开了探讨。关于《三国史记》中的沸流部，多有学者认为其是中国正史中的"涓奴部"（消奴部），并且认为朱蒙收服沸流国的过程就是桂娄部取代涓奴部的过程。同时还对其他部族进行一一对应，认为《三国史记》中的椽那部、贯那部、桓那部分别为中国正史中的绝奴部、灌奴部、顺奴部。① 杨军指出中国史书记载的高句丽五部，在朝鲜史书中除有一次出现消奴部的名称以外，竟无一提及，原因是存在译音用字上的不同。《三国史记》中高句丽国相有椽那部的明临答夫、沸流部的阴友、贯那部的弥儒、桓那部的于支留，可见，椽那部、沸流部、贯那部、桓那部都在高句丽的五部之内。沸流国王松让原是沸流水一带的统治者，在朱蒙迁徙至此地后降于朱蒙，其部改称多勿，琉璃明王"纳多勿侯松让之女为妃"，可以证明这一点。多勿部即《三国志》中"本涓奴部为王"的涓奴部，随朱蒙自夫余迁徙来的部众居沸流水上，就是后来的沸流部，即《三国志》中取代涓奴部的桂娄部。《三国志》中还提到"绝奴部世与王婚"，《三国史记》有常与王室通婚的是椽那部，中川王后即椽氏，椽那部的明临笏睹曾尚公主，公元190年，于畀留、左可虑"缘以王后亲戚执国权柄"，后"与四椽谋叛"，都可以证明椽那部即绝奴部。"灌"与"贯"音同，贯那部即是灌奴部，则桓那部即顺奴部。② 此外，刘子敏③、耿铁华④等学者也有相关探讨，这里不再一一指出。

第二，高句丽五部形成的时间问题。一种观点认为在高句丽政权建立之前五部已经形成。比如傅朗云、杨旸认为史书记载的高句丽凡有五族：消奴部、绝奴部、顺奴部、灌奴部、桂娄部，或称西部、北部、东

---

① 孙进己、艾武生：《关于高句丽社会性质的几个问题》，《朝鲜史通讯》1982年第4期；孙泓：《高句丽民族形成、发展及消亡》，《全国首届高句丽学术研讨会论文集》（内部资料），吉林省社会科学院高句丽研究中心、通化师范学院高句丽研究所1999年印，第165—174页；姜孟山：《高句丽国家社会性质和五部》，载朴灿奎《高句丽史研究》，黑龙江朝鲜民族出版社2003年版，第19—20页；朴灿奎：《〈三国志·高句丽传〉研究》，吉林人民出版社2000年版，第71—75页。

② 杨军：《高句丽五部研究》，《吉林大学社会科学学报》2001年第4期。

③ 刘子敏：《高句丽历史研究》，延边大学出版社1996年版，第66页。

④ 耿铁华：《中国高句丽史》，吉林人民出版社2002年版，第166—167页。

部、南部、内部，或称右部、后部、左部、前部、黄部。这种划分，表明高句丽族正处于血缘关系向地缘关系过渡，与商王朝划分中、东、西、南、北五土，扶余的主（中土）和别主（四土）有着共同的渊源关系，同样是出于军事的和行政的需要，"五族联盟的性质仍然属原始社会末期的部落联盟，联盟内部实行军事民主制，最初推选消奴部酋长为王，后因消奴部力量削弱，随后被桂娄部代替，桂娄部酋长长期独占联盟首领席位，逐渐演变为国家政权"。① 李殿福认为公元前1世纪前后，已经形成了五个较大的部落联盟，即正史中所记的消奴部、绝奴部、顺奴部、灌奴部、桂娄部，最初从各部中推选，到后来桂娄部独占了军事酋长的职位。② 韩国学者姜仁淑则认为在高句丽国家之前存在一个句丽国，在句丽国时期就已形成了高句丽五部。③ 耿铁华指出高句丽作为北方民族，受地理环境和自然条件影响其社会发展相对缓慢，战国中晚期开始进入青铜时代，逐渐迈进文明门槛。此时高句丽已由血缘关系的家族、部落向部落联盟过渡，并承袭商人的五土管理方式，将家族、部落结合，按地域方位划分为五部。这正是《三国志》所记录的高句丽"本有五族"逐渐形成"五部"的历史。公元前108年汉武帝设四郡之时，高句丽族群已经生活在部落联盟的军事民主制度之下，社会组织已由五个大的地缘部落首领协商组建。汉代郡县制度的管理使高句丽五部成为高句丽县的基层组织，同时促进了五部政治、经济的发展。④

另一种观点则认为五部是高句丽政权建立过程中逐步形成的。张甫白依据《三国史记》朱蒙南下的记载，认为高句丽五部始于朱蒙南下过程中在毛谷屯所遇三人，并与其结成主从关系开始，再到沸流国的降附，才开始出现以朱蒙高句丽的桂娄部为核心，并在政治上结成一体，即五部形成开始。⑤ 李大龙亦认为高句丽建国神话传说蕴含着高句丽五部形成的历史痕迹，朱蒙途中遇到的三人分别代表着三个部落，加上朱蒙率领

---

① 傅朗云、杨旸：《东北民族史略》，吉林人民出版社1983年版，第43页。
② 李殿福：《两汉时代的高句丽及其物质文化》，《辽海文物学刊》1986年创刊号。
③ 姜仁淑：《关于先行于高句丽的古代国家句丽》，文一介译，《东北亚历史与考古信息》1992年第1期。
④ 耿铁华：《中国高句丽史》，吉林人民出版社2002年版，第63页。
⑤ 张甫白：《高句丽五部与统一的民族和国家》，《黑龙江社会科学》1996年第1期。

南下的夫余人以及高句丽县境内的蛮夷共同构成了五部。但是公元前1世纪前后，已经形成了五个较大的部落联盟的说法并不符合史实，将高句丽五部的形成时间后推为朱蒙建国后经过几代王的努力则又稍显晚了些。① 刘子敏则认为五部形成时间更晚，五部制指的是高句丽族的五个地缘部落，它是在朱蒙建国后经过几代王的努力，在征服并兼并了许多分散的部落的基础上逐渐形成的。② 杨军指出高句丽于公元前37年立国，这标志着沸流部的形成，公元前36年建立多勿部，公元22年置椽那部，虽然《三国史记·高句丽本纪》中迟至公元72年才出现贯那部，公元74年才出现桓那部，但公元32年已出现南部使者，南部即灌奴部，亦即贯那部。公元25年，以乙豆智为右辅，至公元27年左、右辅同时出现，以五部为基础的国家政权已基本完备，五部的形成当在此前，所以，五部出现不晚于公元32年。③ 朴灿奎则将高句丽五部形成的时间定格在大武神王时期。④ 此外，还有一些学者针对五部中的某一个部的形成时间和分布区域有所探讨，这里不做过多分析，可参见孙进己、冯永谦、王绵厚《东北历史地理》⑤、刘子敏《高句丽历史研究》⑥、卢泰敦《三国的政治与社会之一：高句丽的前言》⑦ 等著述的详细分析。

关于五部的分布地域问题。这一问题大致有两种看法，即五部中心桂娄部位于今桓仁还是集安，以及其他四部的方位问题。李殿福认为桂娄部在今桓仁县城（纥升骨城）一带，涓奴部在今新宾一带，绝奴部在今通化县一带，顺奴部在今集安县境内，灌奴部在今桓仁县南部和宽甸县北部一带。⑧ 刘子敏认为五部中心桂娄部在集安国内城一带，涓奴部即沸流部在今桓仁、新宾一带，绝奴部在今临江、长白、抚松、靖宇等县

---

① 李大龙：《关于高句丽早期历史的几个问题》，《东北史地》2006年第4期。
② 刘子敏：《高句丽历史研究》，延边大学出版社1996年版，第59页。
③ 杨军：《高句丽五部研究》，《吉林大学社会科学学报》2001年第4期。
④ 朴灿奎：《〈三国志·高句丽传〉研究》，吉林人民出版社2000年版，第77—78页。
⑤ 孙进己、冯永谦、王绵厚：《东北历史地理》（第一卷），黑龙江人民出版社1989年版，第365—367页。
⑥ 刘子敏：《高句丽历史研究》，延边大学出版社1996年版，第59—60页。
⑦ ［韩］卢泰敦：《三国的政治与社会之一：高句丽的前言》，李慧竹译，《东北亚历史与考古信息》2000年第2期。
⑧ 李殿福：《两汉时代的高句丽及其物质文化》，《辽海文物学刊》1986年创刊号。

境一带，顺奴部地处鸭绿江左岸今慈江道一带，灌奴部应在今桓仁县南部和宽甸县北部一带。① 耿铁华认为大体说高句丽五部最初的区域应该是，中心桂娄部在今集安市区及岭前一带，北部绝奴部在今通化市、通化县一带，西部涓奴部在今桓仁、新宾一带；南部灌奴部在今宽甸东北和朝鲜楚山郡一带，东部顺奴部在今朝鲜满浦至江界一带。② 除此之外，由于对琉璃明王迁都所在地认识的不同，个别研究认为桂娄部的中心应该在尉那岩城附近，即今霸王朝山城一带，西部消奴部为沸流部组成其所居之地应在沸流水（今富尔江）上游，北部绝奴部应在尉那岩城之北当为今通化境内的浑江上游地，东部顺奴部当为今集安县东境长白县一带，南部灌奴部当在今集安县西南境内的鸭绿江两岸。③ 姜维东等认为桂娄部应分布于今浑江、富尔江之间，即集安、桓仁、通化一带；消奴部在今富尔江上游地区，并包括梁貊即小水貊在内；绝奴部应在桂娄部之北，约为今吉林省辉发河流域的柳河、海龙、盘石、桦甸一带；顺奴部为高句丽之东部，当指太白山以东沃沮之属而言；灌奴部当位于今集安临江等县及鸭绿江以南清川江以北之地。④

除去以上研究领域外，关于高句丽五部的性质、社会形态和演变情况等问题，诸多学者也不同程度有所涉及。比如日本学者三品彰英把正史中五族看成是《三国史记·高句丽本纪》中出现的那集团，认为它们是具有小国职能的地域性部族，乃至原始小国，而且高句丽国家的早期发展是兼并那集团的过程，认为五部是这一过程中历史性地形成的那联合体的中枢集团。⑤ 韩国学者姜仁淑认为原在句丽地区的原始社会末期居住过五个血缘集团（五族），随着他们进入阶级社会便被强大的涓那部统一，编成为五个地方行政单位（五部），最后形成涓那部王朝的句丽国。⑥ 我国学者许宪范认为高句丽五部在朱蒙南下以前是个血缘的部落王国，

---

① 刘子敏：《高句丽历史研究》，延边大学出版社1996年版，第59—69页。
② 耿铁华：《中国高句丽史》，吉林人民出版社2002年版，第64页。
③ 孙进己、冯永谦、王绵厚：《东北历史地理》（第一卷），黑龙江人民出版社1989年版，第362—367页。
④ 姜维东、郑春颖、高娜：《正史高句丽传校注》，吉林人民出版社2006年版。
⑤ ［日］三品彰英：《关于高句丽的五部》，《朝鲜学报》1954年第6期。
⑥ 姜仁淑：《关于先行于高句丽的古代国家句丽》，文一介译，《东北亚历史与考古信息》1992年第1期。

随着朱蒙高句丽国的建立,这些部落由原来的血缘性质的部落已经改变成为高句丽国的行政区域。① 李大龙则认为五族(五部)是构成高句丽政权的核心力量,高句丽疆域的扩大、对境内众多民族的征服和控制都是依靠五族的力量完成的,因而五族的分布范围也存在一个变化过程,即随着疆域的不断扩大而变化,但最迟在唐代初期已经完成了由五族(血缘部落)到五部(地域部落)的变化过程。②

关于高句丽与周边部族融合方面的研究,学界关注不多,也不像五部研究那样如此集中。杨保隆较早梳理了高句丽融合的过程和方式问题,指出融入高句丽族的非秽貊族系成员——高句丽族在汉武帝时还只是一县之内的一个部族集团,西汉末朱蒙建高句丽国后迅速发展壮大,三国时有"户三万",到南北朝时"民户三倍于前魏时",成为古代中国东北地区的大民族。这除了前述的各支秽貊后裔又凝聚到一起和其在数百年间自身人口增长因素外,就是不断有大量非秽貊族系的古代朝鲜移民后裔、汉人、鲜卑人、肃慎人等加入高句丽族,他们加入的途径,综观史载,有的是因居地被高句丽兼并,有的为主动投奔,还有的是在统治阶级发动的历次战争中陷没或被俘掠去的。③ 耿铁华将高句丽民族融合划分成三个阶段:第一阶段是西周到汉初时期,高句丽民族与进入东北的中原民族和其他少数民族融合的过程;第二阶段是前108年—前37年,汉武帝设四郡到高句丽建国这一段时间,融入高句丽民族中的主要有中原汉人、卫氏朝鲜人、夫余人、秽貊人等;第三阶段是前37年—668年,这是高句丽国家存在的705年,融入高句丽民族的有中原汉人、辽东汉人、乐浪汉人、夫余人、秽貊人、新罗人、百济人、契丹人、鲜卑人、靺鞨人等。④ 杨军在《高句丽民族与国家的形成和演变》一书的上编专门探讨了高句丽民族形成与演变的情况,着重分析了前高句丽时期的高句

---

① 许宪范:《"高句丽"名称由来及其民族形成》,《延边大学学报》(社会科学版)1985年第2期。
② 李大龙:《由解明之死看高句丽五部的形成与变迁——以桂娄部为中心》,《东北史地》2009年第3期。
③ 杨保隆:《高句骊族族源与高句骊人流向》,《民族研究》1998年第4期。
④ 耿铁华:《高句丽民族起源与民族融合》,《社会科学辑刊》2006年第1期。

丽民族融合。① 马文超的硕士学位论文特别探讨了3—5世纪高句丽民族融合情况，全文分三个部分展开，第一部分论述了公元3—5世纪初高句丽诸王与周边地区战事不断，大量掳掠和占有人口，使得高句丽形成了多民族共同发展的局面。第二部分阐述了高句丽多民族融合的过程。第三部分主要论述了公元3—5世纪初高句丽的民族融合对高句丽民族的发展壮大的历史影响。② 李爽对高句丽掠夺人口问题作了专题研究，指出高句丽在同中原、百济、新罗及周边部族的战争中虏获了大量的人口。高句丽统治集团为了实现政治军事利益的最大化，对这些掳掠人口采取了不同的处置方式，使其在高句丽的命运各不相同。总体上，掳掠人口对高句丽国力的增强、王权的巩固起到了不可低估的作用。③ 李宗勋、杨新亮从百济的视角探讨了高句丽与百济之间的交融情况，指出百济与高句丽在朝鲜半岛共处7个世纪之久，两国并非始终处于敌对状态，亦存在交流与融合。早在汉四郡时期两国就有接触和交流，在百济建国之初与高句丽互为兄弟之国。三国争霸时期两国互有攻守，大量兼并民户，直接促进丽济交融。在三国争霸后期，丽济关系趋于缓和，偶有合作，在和平时期广泛而频繁的民间交往自不待言。丽济灭国后，两国遗民在统一新罗的统治下，最终实现融合。④ 宋福娟亦从宏观角度探讨了高句丽与北方民族融合的情况。⑤

除了高句丽民族与其他民族融合的直接研究外，有关高句丽人口问题与汉族构成研究亦是学者们关注的焦点，通过汉族构成的研究也一定程度窥探高句丽与汉族之间的融合情况。诸如秦升阳、李乐营、杨军等关于高句丽人口问题的研究，⑥ 姜维公、祝立业、孙炜冉等关于高句丽的

---

① 杨军：《高句丽民族与国家的形成和演变》，中国社会科学出版社2006年版。
② 马文超：《公元3至5世纪初高句丽的民族融合》，硕士学位论文，东北师范大学，2012年。
③ 李爽：《高句丽掳掠人口问题研究》，《东北史地》2016年第3期。
④ 李宗勋、杨新亮：《百济族源与丽济交融过程之考察》，《清华大学学报》（哲学社会科学版）2018年第6期。
⑤ 宋福娟：《高句丽与北方民族的融合》，《通化师范学院学报》2003年第1期。
⑥ 秦升阳、李乐莹、黄Рaquel元：《高句丽人口问题研究》，《通化师院学报》1997年第4期；李乐营：《长白山：中国古代民族人口交融的锋面地区》，《学习与探索》2004年第5期；秦升阳：《高句丽人口问题研究》，《中国边疆史地研究》2004年第4期；杨军：《高句丽人口问题研究》，《东北史地》2006年第5期。

汉人群体研究。①

（三）高句丽族群流向问题研究

高句丽民族流向问题主要包括两个方面，一方面是移民，即高句丽人口迁移问题的研究；另一方面是遗民，即高句丽政权灭亡之后在故地遗留的人口问题。当然多数著述都是将移民和遗民整合分析的，二词互用。苗威《高句丽移民研究》一书是目前关于高句丽移民的重要专题研究著作，全书共分九章对不同时期的高句丽移民情况作了深入的阐释，尤其对高句丽灭亡之后的移民情况、具体移民案例、人口流向、移民人口数量、移民后裔与融合情况等问题作了深入的阐释与思考。②除了专题研究著作外，大量研究著述涉及高句丽人口流向问题研究，所论及的核心内容包括以下几个方面。

关于高句丽灭亡前后的人口流向研究。孙进己在《东北民族源流》一书中有高句丽移民的专门探讨，指出高句丽亡国时的六十九万户并不都是高句丽族人，而有不少是为高句丽统治的其他族人。在讨论高句丽民族流向时不应该把未融入高句丽的各族人计算在内。进而指出高句丽灭亡后人口流向有四大方面，其一是中原，669年内徙中原的几万人应是高句丽民族的核心主干部分；其二是突厥，流入突厥的高句丽人数量不多，不占主导地位；其三是渤海，数量较大；其四是新罗，成为今天朝鲜族的一部分。③《古代中国高句丽历史丛论》一书第一编第四部分"高句丽灭亡和高句丽人去向"对高句丽灭亡之后的人口流向和具体数量问题作了详细的分析和梳理。认为15万户约合七八十万高句丽人中，迁居中原各地的近30万，投入新罗的约10万，亡入靺鞨（渤海）的约10万以上，散奔突厥的万余人，凡50余万。余下的20余万人，再扣除散居辽东半岛、平壤及其以北地区的"遗人"和战争死亡的人数，上述分流人数与高句丽原人口总数基本一致。因为仅就高句丽人在战争死亡的人数

---

① 姜维公：《历代汉族移民对高句丽经济的影响》，《东北史地》2004年第3期；祝立业：《略谈流入高句丽的汉人群体》，《北方文物》2011年第3期；祝立业：《流入高句丽的汉人群体的分期、分类考察》，《东北史地》2011年第3期；孙炜冉：《高句丽人口中的汉族构成小考》，《博物馆研究》2011年第4期。

② 苗威：《高句丽移民研究》，吉林大学出版社2011年版。

③ 孙进己：《东北民族源流》，黑龙江人民出版社1987年版，第143—145页。

说，现能统计的就有10余万人。据《三国史记》载，唐征高丽，高句丽人在建安之战中死数千人，辽东城死1万多人，安市之战死3万余人，守鸭绿江兵死3万人，金山一带死5万余人，薛贺水败死3万余人。仅上所列已达十万余人，再加上高句丽人在新罗军交战中死亡人数，总数就更多了。① 苗威在《高句丽移民研究》一书中专门有章节论述高句丽移民的流向问题，并且对不同区域流向的高句丽人数量作了推测统计。指出高句丽移民主要流向分五个方面，分别是迁入唐朝内地、流入新罗、流入渤海、流入突厥日本以及流居辽东。在具体人口统计上，迁入内地高句丽人口有155.27万人，迁入新罗的高句丽人有33.85万口，流入百济日本渤海的高句丽人有64万口，安东都护府辖区的高句丽人有68.38万口。② 黄兆宏针对隋唐时期高句丽人迁入河西问题进行了专题研究，认为有近30万高句丽人随着隋唐政权对高句丽征战而迁入中原，分布在今北京、安徽、江苏、河南、湖北、山西、陕西、甘肃、四川等省市。③ 韩国学者金贤淑研究指出高句丽灭亡后有相当数量的高句丽遗民"被编入中国"，被"同化为中国人"，进入新罗的成为今天"韩民族"一脉的人，但数量较少。除了分析高句丽人口流向外，金贤淑还特别强调高句丽遗民的"正统性"问题，对高句丽所谓的"复兴运动"作了较多阐述。④ 除了以上的研究外，杨军⑤、耿铁华⑥、孙玉良⑦、李德山⑧等的研究也不同程度地涉及高句丽人口流向和数量问题的研究。

关于高句丽移民个案或群体的研究。苗威在《高句丽移民研究》中专门设有"高句丽移民个案"的章节，分别对泉男生、泉献诚、高藏、

---

① 马大正、杨保隆、李大龙、权赫秀、华立：《古代中国高句丽历史丛论》，黑龙江教育出版社2001年版，第64页。
② 苗威：《高句丽移民研究》，吉林大学出版社2011年版，第195—231页。
③ 黄兆宏：《隋唐时期高丽人入遣河西问题考述》，《青海师范大学学报》2008年第3期。
④ [韩]金贤淑：《高句丽崩溃后遗民的去留问题》，高句丽研究会《中国的高句丽史歪曲对策研究学术发表会论文集》，汉城2003年。
⑤ 杨军：《高句丽民族与国家的形成和演变》，中国社会科学出版社2006年版，第165—170页。
⑥ 耿铁华：《中国高句丽史》，吉林人民出版社2002年版，第323—330页。
⑦ 孙玉良、孙文范：《简明高句丽史》，吉林人民出版社2008年版，第299—304页。
⑧ 李德山：《高句丽族人口去向考》，《社会科学辑刊》2006年第1期。

高藏后人、高玄、高性文、高慈、高足酉、泉男产、泉男建等移民情况逐个考察。① 拜根兴结合《高足酉墓志》资料分析了高足酉移民唐朝的时间和具体实际问题。② 马一虹结合高震等人墓志文献，分析了这些移民的归属意识变化情况。③ 杜文玉结合《泉男生墓志》等资料，结合文献记载，对移民唐朝的泉氏家族情况作了系统的研究。④ 楼正豪对新见的高句丽移民李隐之墓志进行了考释，并与其子李怀墓志进行比较，指出这对父子关于李氏家族起源的记述存在矛盾，即李隐之墓志中还保留其来自异域高句丽之痕迹，而在唐朝出生的李怀则将自身完全"包装"成华夏之人，这与两人在唐朝所属的身份与地位有直接关系。两方墓志内容，能够使我们进一步探究高句丽移民攀附中国高门士族的心理原因。⑤ 王连龙、丛思飞基于高句丽移民《南单德墓志》的解读探讨了总章元年后高句丽人的生存状况，指出南单德从亡国高句丽移民到唐王朝郡王的跌宕起伏人生经历中，浓缩着众多高句丽人的身影，具有代表意义。⑥ 探讨《南单德墓志》的还有王菁、王其祎，指出该墓志不仅为入唐高句丽移民增添了一族新姓氏，也为研讨中原南氏的变迁与流向提供了新素材。另外，还能为研讨唐代以后始较多出现的南氏人物世系与族属问题提供一个值得思考的案卷，并为进一步研讨入唐高句丽移民的归属意识与民族认同问题以及渐趋融入唐人共同体的历程，为站在以中国为核心视域的角度来探索"朝贡体制"问题下的唐朝与朝鲜半岛的宗藩关系提供典型个案。⑦ 姜清波的博士学位论文《入唐三韩人研究》对在唐高句丽王族、权臣等群体进行了探讨。⑧ 除了以上个案研究之外，苗威还对高肇家族的

---

① 苗威：《高句丽移民研究》，吉林大学出版社 2011 年版，第 129—190 页。
② 拜根兴：《高句丽遗民高足酉墓志铭考释》，《碑林集刊》第 9 辑，三秦出版社 2003 年版，第 27—35 页。
③ 马一虹：《从唐墓志看入唐高句丽遗民归属意识的变化》，《北方文物》2006 年第 1 期。
④ 杜文玉：《唐代泉氏家族研究》，《渭南师范学院学报》2002 年第 4 期。
⑤ 楼正豪：《新见高句丽移民李隐之墓志铭考释》，《延边大学学报》（社会科学版）2017 年第 2 期。
⑥ 王连龙、丛思飞：《战争与命运：总章元年后高句丽人生存状态考察——基于高句丽移民南单德墓志的解读》，《社会科学战线》2017 年第 5 期。
⑦ 王菁、王其祎：《平壤城南氏：入唐高句丽移民新史料——西安碑林新藏唐大历十一年〈南单德墓志〉》，《北方文物》2015 年第 1 期。
⑧ 姜清波：《入唐三韩人研究》，博士学位论文，暨南大学，2005 年。

移民及其民族认同问题①、高句丽移民后裔高仙芝②、高句丽移民高云家世③等问题作了探讨。

关于高句丽遗民的研究，主要是遗留在高句丽故地的高句丽族群研究，突出表现在"小高句丽国"的研究。日本学者日野开三郎在《小高句丽国の研究》中认为，从武周圣历二年（699）至契丹神册三年（918）在辽东存在以高句丽国王的子孙高氏为王的"小高句丽国"。④ 井上秀雄⑤、河内良弘⑥以及我国学者梁玉多⑦认为小高句丽国是存在的。日本学者古田彻认为不存在小高句丽国，指出如果辽东存在过高句丽嫡统国家小高句丽国的话，那么弓裔在高唱复兴高句丽时就不能自称高句丽王。此外，我国学者在探讨渤海国属性时多否认小高句丽国的存在。⑧

---

① 苗威：《高肇家族的移民及其民族认同》，《民族学刊》2011年第5期。
② 苗威：《高句丽移民后裔高仙芝史事考》，《通化师范学院学报》2010年第11期。
③ 苗威：《从高云家世看高句丽移民》，《博物馆研究》2009年第1期。
④ ［日］日野开三郎：《小高句丽国の研究》，《日野开三郎东洋史学论集》8，三一书房1984年版。
⑤ ［日］井上秀雄：《统一新罗と渤海》，《アジア历史研究入门》2，同朋舍1983年版。
⑥ ［日］河内良弘：《东北アジア》，《アジア历史研究入门》4，同朋舍1984年版。
⑦ 梁玉多：《关于"小高句丽国"的几个问题》，刘厚生、孙启林、王景泽主编《黑土地的古代文明——全国首届东北民族与疆域问题学术研讨会论文集》，远方出版社2000年版。
⑧ 朱国忱、魏国忠：《再论渤海王国的族属问题》，《北方论丛》1983年第1期；王健群：《南北国时代论"纠谬"》，《社会科学战线》1995年第2期；王承礼：《中国东北的渤海国与东北亚》，吉林文史出版社2000年版，第29页。

第 一 章

"句骊蛮夷":高句丽族群的起源与早期融合

所谓"句骊蛮夷"指的是文献中关于高句丽历史的追记内容。之所以探讨"句骊蛮夷"时期,主要是因为以往的学者在研究高句丽族群(民族)的起源过程中,不断地进行追溯,将其族源上限上移,出现了不同程度的争议问题。这里笔者认为,判断高句丽族群的产生或者起源,需要有一个时间界限,否则不断将上限前移,就很难说清楚,出现争议也是必然的。鉴于目前辽东地区早期考古资料并不能明显地说明区域历史状况,更无法细化分辨不同族群的区别,我们只能依托仅有的文献资料加以分析判断。那么必要的时间界定,更能清晰说明问题。根据文献可知,最早记载高句丽相关历史的文献《汉书》中有"玄菟、乐浪,武帝时置,皆朝鲜、濊貉、句骊蛮夷"。[1] 这里的"句骊蛮夷"显然是较早出现的族群概念,也是后来高句丽人来源的主体。同时在较早成书的资料中还有高句丽本有"五族"的记载:"本有五族,有涓奴部、绝奴部、顺奴部、灌奴部、桂娄部。本涓奴部为王,稍微弱,今桂娄部代之。汉时赐鼓吹技人,常从玄菟郡受朝服衣帻,高句丽令主其名籍。后稍骄恣,不复诣郡,于东界筑小城,置朝服衣帻其中,岁时来取之,今胡犹名此城为帻沟溇。"[2] 这个五族的时间上限目前很难确定,从《三国志》的追记情况看,这个"五族"至少要在"汉时赐鼓吹技人……高句丽令主其名籍"的西汉时期。这里存在高句丽县设置的时间问题,目前存在争议,

---

[1]《汉书》卷82下《地理志》。
[2]《三国志》卷30《高句丽传》。

一种观点认为是汉武帝时灭朝鲜设四郡的元封四年（前107），另一种观点认为是在汉昭帝时内迁调整后第二玄菟郡的元凤年间（前80—前75）。① 且不说到底是哪种具体时间（下文详细分析），可以明确的是大概在这个时间段中，"高句丽"作为一个专有名词开始在史料中明确记载。但是"高句丽"与"五族"谁先谁后，如果"五族"在高句丽之前，如何称呼高句丽的"五族"，或者说高句丽的五族统称是什么？这一系列问题都需要厘清，只有将这些问题说清之后，才能在时间段框定的基础上，一定程度明白在高句丽前史时期，高句丽人的来源和初步融合的情况。

笔者认为高句丽的前史存在一个"句骊蛮夷"部落时期，可能"句骊蛮夷"发展到一定程度演变成了汉郡县制之下的"侯国"，这一侯国的时间上限在汉武帝时灭朝鲜设四郡的元封四年（前107）之后，下限至汉光武帝八年（32）"始见称王"时期。该侯国的重要组成部分就是"五族"。西汉在句丽侯国所在区域置"高句丽县"管辖句丽侯国，"高句丽县"之名就源自"句丽侯国"，后来在西汉末期句丽侯国不断壮大，逐渐取代高句丽县，被称为高句丽。需要说明的是，"句丽侯国"这一部落形式的侯国，并不是高句丽政权，只是高句丽政权之前的政权组织形式，这一政权组织形式通过发展，过渡为后来不断壮大并产生重要影响的高句丽政权。在这一侯国的政权形式之下，句丽族群得以不断凝聚壮大，构成了后来的高句丽人的主要来源。

第一节 如何认识"句骊"

一 史料中的"句骊"

关于"句骊"文献记载得不多，不同时期的史家在撰史的过程中，存在客观书写、后史前记、高句丽略写句丽等情况，导致关于"句骊"

---

① 关于高句丽县设置于何时的问题，苗威在《乐浪研究》一书中有专门分析和判断，认为汉武帝所设玄菟郡，为学界所称的第一玄菟郡，该时期玄菟郡辖县仅有一个，即沃沮（亦称作"夫租"）县，位置在今天的咸兴。而汉昭帝元凤年间，第一玄菟郡罢归乐浪郡八年之后设置的，即元凤六年（前75）春正月所筑辽东玄菟城，该玄菟城即高句丽县城。参见苗威《乐浪研究》，高等教育出版社2016年版，第130—139页。

第一章 "句骊蛮夷"：高句丽族群的起源与早期融合

的文献较为混乱。但从早期文献记载的句骊资料辨析来看，应该是有一个称为"句骊"的群体"句骊蛮夷"或"句骊胡"存在的。遍检高句丽相关文献资料，《汉书》是最早记载"句骊"的史书。其书《地理志"燕地"》条中载：

> 玄菟、乐浪，武帝时置，皆朝鲜、濊貉、句骊蛮夷。①

该条史料表明在汉武帝灭卫氏朝鲜，设置东北四郡时，其中的玄菟郡、乐浪郡，下辖的民众为"朝鲜、濊貉、句骊"群体，这里的"句骊"显然已经是一个较为重要的群体存在于这一区域，并且与朝鲜、濊貉有着较为明显的区别。当然，这一记载应该是班固站在他的时空环境下去撰写的，因为这里只提到了玄菟、乐浪二郡，并未提及武帝当时另设的真番、临屯二郡。这里所说的情况也有可能是汉昭帝始元五年（前82）撤销真番、临屯二郡合并了大乐浪郡，另复设了第二玄菟郡之后不久。即《后汉书·濊传》所载：

> 至元封三年，灭朝鲜，分置乐浪、临屯、玄菟、真番四郡。至昭帝始元五年，罢临屯、真番，以并乐浪、玄菟。玄菟复徙居句丽。② 自大单单领以东，沃沮、秽貊悉属乐浪。③

当然，这并不影响我们对早期区域族群情况的判断，班固的书写虽然有自己的时空环境，但也进行了追记，可能存在交叉书写的情况。进一步结合《后汉书·濊传》的记载，基本可以说明在元封三年（前108）设置四郡之时句骊可能已经存在，最迟在始元五年（前82）时，肯定有一个句骊的重要族群存在。需要强调的是，以上史料并没有提到"高句丽"。但是在《汉书·地理志》"玄菟郡"条中却提到了高句丽县：

---

① 《汉书》卷82下《地理志》。
② 《三国志》中的"句丽"和《汉书》中的"句骊"在写法上稍有区别，但二者为同指。
③ 《后汉书》卷85《濊传》。

> 玄菟郡，武帝元封四年（前107）开。高句骊，莽曰下句骊。属幽州。应劭曰："故真番，朝鲜胡国。"户四万五千六，口二十二万一千八百四十五。县三：高句骊，辽山，辽水所出，西南至辽队入大辽水。又有南苏水，西北经塞外。应劭曰："故句骊胡。"上殷台，莽曰下殷。如淳曰："台，音鲐。"师古曰："音胎。"西盖马。马訾水西北入盐难水，西南至西安平入海，过郡二，行二千一百里。莽曰玄菟亭。①

该条史料进一步阐释了当时玄菟郡的概况，指出玄菟郡有三个县，首县为高句丽县，将其大致地理环境作了说明。其中应劭解释为"故句骊胡"，应劭为东汉人，专门对《汉书》作了集解。应劭的这一解释强调高句丽县为故句骊胡，至少有四层含义，其一过去存在一个句骊胡的族群，其二高句丽县的区域大致是句骊胡生活范围，其三句骊胡组成了高句丽县的主要人口，其四高句丽县在句骊胡之后。

关于玄菟郡的人口和辖县时的记载，依然是班固在他所在的时空环境下做的书写，因为大规模的人口数量，不可能是汉武帝元封年间的情况，应该是西汉末期的情况。这里所描写的玄菟郡已然是"复徙居句丽"之后的玄菟。因为这一问题在稍晚成书的《三国志》中有较为细致的描述。《三国志·东沃沮传》载：

> 东沃沮在高句丽盖马大山之东，滨大海而居。其地形东北狭，西南长，可千里，北与挹娄、夫余，南与濊貊接。户五千，无大君王，世世邑落，各有长帅。其言语与句丽大同，时时小异。汉初，燕亡人卫满王朝鲜，时沃沮皆属焉。汉武帝元封二年（前109），伐朝鲜，杀满孙右渠，分其地为四郡，以沃沮城为玄菟郡。后为夷貊所侵，徙郡句丽西北，今所谓玄菟故府是也。沃沮还属乐浪。汉以土地广远，在单单大领之东，分置东部都尉，治不耐城，别主领东七县，时沃沮亦皆为县。②

---

① 《汉书》卷82下《地理志》。
② 《三国志》卷30《东沃沮传》。

这条史料表明汉武帝元封二年（前109）玄菟郡初设时，所辖区域并不是上引《汉书》中的三县，而是"沃沮城"。后来由于玄菟郡"为夷貊所侵"，便将郡迁徙于句丽西北，即上引史料《后汉书·濊传》所说的"玄菟复徙居句骊"。那么回过头来看《汉书》中的"高句骊县"记载，应该是"复徙居句骊"之后的情况。关于"高句骊县"与"句丽"先后关系的问题，笔者将在下文继续探讨，这里继续分析"句丽"的史料记载。

《三国志·挹娄传》载：

> 挹娄在夫余东北千余里，滨大海，南与北沃沮接，未知其北所极。其土地多山险。其人形似夫余，言语不与夫余、句丽同。有五谷、牛、马、麻布。人多勇力。无大君长，邑落各有大人。处山林之间，常穴居，大家深九梯，以多为好。土气寒，剧于夫余。①

《三国志·高句丽传》载：

> 汉时赐鼓吹技人，常从玄菟郡受朝服衣帻，高句丽令主其名籍。后稍骄恣，不复诣郡，于东界筑小城，置朝服衣帻其中，岁时来取之，今胡犹名此城为帻沟溇。沟溇者，句丽名城也。②

《三国志·高句丽传》载：

> 国人有气力，习战斗，沃沮、东濊皆属焉。又有小水貊。句丽作国，依大水而居，西安平县北有小水，南流入海，句丽别种依小水作国，因名之为小水貊，出好弓，所谓貊弓是也。③

《汉书·王莽传》载：

---

① 《三国志》卷30《挹娄传》。
② 《三国志》卷30《高句丽传》。
③ 《三国志》卷30《高句丽传》。

先是，莽发高句骊兵，当伐胡，不欲行，郡强迫之，皆亡出塞，因犯法为寇。辽西大尹田谭追击之，为所杀。州郡归咎于高句骊侯驺。严尤奏言："貊人犯法，不从驺起，正有它心，宜令州郡且尉安之。今猥被以大罪，恐其遂畔，夫余之属必有和者。匈奴未克，夫余、秽貊复起，此大忧也。"莽不尉安，秽貊遂反，诏尤击之。尤诱高句骊侯驺至而斩焉，传首长安。莽大说，下书曰："乃者，命遣猛将，共行天罚，诛灭虏知，分为十二部，或断其右臂，或斩其左腋，或溃其胸腹，或紬其两胁。今年刑在东方，诛貉之部先纵焉。捕斩虏驺，平定东域，虏知殄灭，在于漏刻。此乃天地群神社稷宗庙佑助之福，公卿大夫士民同心将率虓虎之力也。予甚嘉之。其更名高句骊为下句骊，布告天下，令咸知焉。"于是貉人愈犯边，东北与西南夷皆乱云。①

以上史料多次出现"句丽"记载，这是高句丽文献相关资料中相对较早的记载。其中《三国志》的《东沃沮传》和《挹娄传》谈到东沃沮、挹娄的语言与句丽大致相同，在阐释玄菟郡内迁位置时，指出徙郡于句丽西北。这里的句丽记载，是《三国志》作者陈寿在追记东沃沮、挹娄早期相关史事，展开说明的内容，分别从语言文化和地理区域的角度进行了说明，显然不是指的高句丽县，更不会是高句丽政权，因为无论是汉武帝还是汉昭帝之时，我们传统认为的高句丽政权尚未建立，这里指的应是句丽族群及其生活区域的。

而《三国志·高句丽传》对高句丽历史具体情况追述中则指出在汉时（西汉）高句丽（应该是"句骊"，这里涉及"句骊"何时称为高句丽的问题，下文讨论）就归当时的玄菟郡管辖，并且高句丽县的县令掌管其户籍，后来有"骄恣"的情况，但仍然受汉朝的"朝服衣帻"。这表明当时的高句丽（句骊）② 在汉朝的统治体系内，并且其首领受到汉王朝的册封，拥有一定的官职。而后续的史料则进一步说明当时已经有一个

---

① 《汉书》卷99中《王莽传》。
② 此时是陈寿撰写《三国志》时的时空环境，当时高句丽县已经存在是无疑的，但是高句丽县令主其名籍的群体，当时是已经称作高句丽或依然是句骊不得而知。

"句丽国"存在，并以大水而居，小水貊作为句丽别种依小水作国，所以称之为小水貊。这又说明了两个问题：其一，早期存在"句丽国"酋邦制国家，或者叫侯国，这种侯国是在族群部落的基础上进一步形成的；其二，该侯国已经在区域产生一定的影响，族群部落内部存在细分（如上引句丽别种小水貊）。

再从《汉书·王莽传》王莽发高句丽兵伐胡的记载看，在王莽新朝时期（9—23），此时的句骊已经称为高句丽，并且作为一个侯国已然发展到一定规模，并且拥有自己的军队。从"归咎于高句骊侯骓"看，当时的高句丽首领应称为侯，再从"貊人犯法，不从骓起"看，其首领名称应该称为"骓（驺）"，或者当时高句丽侯国首领统称为"骓（驺）"。①

二　如何理解"句骊"

以上为"句骊"的文献资料问题，当然在后续的诸史料中依然有"句骊"或者"句丽"的记载，但是成书都较晚，并且存在简称的情况，这里不做进一步的探讨。上引文献可以说是最早的资料记载，虽然成书时间都在《三国史记》所说的建国时间（前37）之后，但其中一些细节的追记，一定程度能够说明问题。

---

① 关于"侯骓"的研究学界争议极大，主要有两大类观点：其一认为侯骓的"骓"不应该是高句丽始祖"邹牟"，主要学者有朴灿奎［《王莽朝高句丽记事的诸史料辨析——王莽朝高句丽记事与高句丽侯骓考（上）》，《延边大学学报》2000年第3期；《高句丽侯骓考——王莽朝高句丽记事与高句丽侯骓考（下）》，《延边大学学报》2000年第4期］、耿铁华（《王莽征高句丽兵伐胡史料与高句丽王系问题——兼评〈朱蒙之死新探〉》，《北方文物》2005年第2期）、王绵厚（《〈汉书·王莽传〉中"高句丽侯骓"其人及其"沸流部"——关于高句丽早期历史文化的若干问题之七》，《东北史地》2009年第5期）、李乐营和孙炜冉（李乐营、孙炜冉：《也谈高句丽"侯骓"的相关问题》，《社会科学战线》2014年第2期）等，其中孙炜冉在后来的研究中调整了自己的观点，认为邹就是高句丽始祖邹牟；其二认为侯骓的"骓"是高句丽始祖"邹牟"，主要学者有刘子敏（《朱蒙之死新探——兼说高句丽迁都"国内"》，《北方文物》2002年第4期；《谈金富轼对王莽朝记事的篡改——兼与耿铁华先生商榷》，《北方文物》2007年第1期）、李大龙（《关于高句丽侯骓的几个问题》，《学习与探索》2003年第5期）、刘炬和季天水（《"高句丽侯骓"考辨》，《社会科学战线》2007年第4期）、孙炜冉（《高句丽诸王研究》，博士学位论文，东北师范大学，2016年）。这里笔者对于"骓"的身份不作过多的讨论，仅从当时的情况看这里的骓是当时句骊侯国的首领，不应该是某个大将或其他某个部落首领，但至于是不是高句丽始祖邹牟，鉴于高句丽早期历史存在建构的情况，下文将深入讨论。

对此，我们应该如何认识史料中的这一句骊（句丽）呢？学界有相关学者进行过专门探讨，日本学者郑早苗指出，认为"句骊"只是"高句骊"的略称，那是很不充分的，这种标记上的差异应该存在意义上的不同。通过分析《汉书》《后汉书》《三国志》中"高句骊"与"句骊"名称和记载之后，得出结论认为高句丽与句丽"异名异音"，各不相同，句丽领有其族其国。① 姜仁淑则直接认为句丽是先行于高句丽的"古代国家"，在高句丽建国之前存在于以浑江流域和鸭绿江中游一带为中心的地区。②

耿铁华研究认为"句骊（句丽）"为高句骊（高句丽）的省称，指出《汉书》中"皆朝鲜、濊貊、句骊蛮夷"，从行文上看，朝鲜、濊貊为两字词，若称高句丽蛮夷虽无不可，却不及句骊蛮夷与朝鲜、濊貊组合更顺畅。另外，班固作书之时，已知王莽曾将高句丽更名为下句丽，舍其高、下只称句丽是可行的。《汉书》中高句丽作为县名、族名、国名，句丽则作族名、国名，这正好说明，高句丽县为汉武帝时设，已成为两汉郡县，史家无省略而表示庄重、严肃。而对高句丽民族、高句丽国，则以其为少数民族，且与王莽政权有冲突被更为下句丽，中原史家才省略为句丽，最早出现省称的《汉书》成书于东汉初年，为明确记录王莽更名高句丽为下句丽，才遵照王莽新朝的档案资料进行记载。以莽新之认识去其高，加上下才可见其褒贬，而名为句丽也表明了时人的认识。故此，句丽作为高句丽的省称、简称或别称，都是可以理解的。正是由于王莽更名高句丽为下句丽，或更名高句丽王为下句丽侯，中原史家才把高句丽省作句丽。从时间上看，高句丽亦称为句丽是在新莽始建国四年（12）。20年后（32），东汉光武帝恢复高句丽王号，班固作《王莽传》时才有高句丽与句骊之称同出一传的情况，所指皆为同一民族建立的同一政权。③

---

① ［日］郑早苗：《关于〈汉书〉〈后汉书〉〈三国志〉中高句丽与句丽的名称问题》，何伟译，顾铭校，《东北亚历史与考古信息》1986年第2期。

② 姜仁淑：《关于先行于高句丽的古代国家句丽》，文一介译，《东北亚历史与考古信息》1992年第1期。

③ 参见耿铁华《高句丽省称句丽考》，马大正、金熙政主编《高句丽渤海历史问题研究论文集》，延边大学出版社2004年版，第117—136页。

结合以上史料的检讨，关于"句骊"可得出以下认识：其一，"句骊"与"高句骊（丽）"有着明显的区别，无论是高句丽县还是冠以"高句丽"名称的政权都应在句骊之后；其二，"句骊"曾是一个重要族群存在东北区域，并且与该区域其他族群存在明显的群体识别；其三，在"句骊"时期应该存在一个侯国，且产生一定影响。①

第二节 高句丽的"五族"、"高句丽县"与"句骊"的关系

除了早期史料中出现的"句骊"外，史料中还涉及高句丽"五族"、"高句丽县"等记载，因为史料记载并没有明确的时间坐标，这就导致这些概念很难理解，尤其是相互之间的关系更是难以厘清。本节笔者试图通过仅有的史料记载进行梳理，提出粗浅认识。必须要指出的是，由于文献的稀缺和考古材料的不足，下文笔者只是提出一些思考和推测。

一 高句丽的"五族"

这里所说的高句丽的"五族"指的是文献中关于高句丽前身的追记问题，由此牵扯出高句丽族群早期的构成，抑或说早期在浑江与鸭绿江区域生活的世居族群，在一定时段的状况。这里主要依托以《三国志》为代表的正史记载，进行梳理解读。

《三国志·高句丽传》载：

> （高句丽）本有五族，有涓奴部、绝奴部、顺奴部、灌奴部、桂娄部。本涓奴部为王，稍微弱，今桂娄部代之。汉时赐鼓吹技人，常从玄菟郡受朝服衣帻，高句丽令主其名籍。后稍骄恣，不复诣郡，于东界筑小城，置朝服衣帻其中，岁时来取之，今胡犹名此城为帻

---

① 这里的侯国，时间界限很难界定，是否能够和《三国史记》记载的朱蒙所建政权无缝对接，尚需进一步探讨。同时还存在高句丽早期历史建构问题，以及朱蒙所建政权的名称问题，下文笔者将进一步讨论。

沟溇。沟溇者，句丽名城也。①

在更晚成书的《后汉书》中亦有高句丽"五族"的记载：

>（高句丽）凡有五族，有消奴部，绝奴部，顺奴部，灌奴部，桂娄部。本消奴部为王，稍微弱，后桂娄部代之。……武帝灭朝鲜，以高句骊为县，使属玄菟，赐鼓吹伎人。②

《后汉书》记载与上引《三国志》内容大致相同，只是"涓"与"消"有字形上的微弱差别，应该是沿袭《三国志》的记载。针对此条记载，唐人李贤注：案今高骊五部：一曰内部，一名黄部，即桂娄部也；二曰北部，一名后部，即绝奴部也；三曰东部，一名左部，即顺奴部也；四曰南部，一名前部，即灌奴部也；五曰西部，一名右部，即消奴部也。

以上关于高句丽"五族"较为完整的记载，其他史料虽有提及，但再无更明确的记载，如《旧唐书·高丽传》有："高丽国旧分为五部，有城百七十六，户六十九万七千；乃分其地置都督府九、州四十二、县一百，又置安东都护府以统之。"③同样在朝鲜半岛史书《三国史记》中也有一些称为部或那的部落名称。这些都只是零星记载。鉴于时间较晚，记载的内涵并未超越前史内容，这里笔者还是依托较早成书的《三国志》和《后汉书》进行分析。从行文看，当时两部著作的成书时间已经在高句丽发展壮大到一定程度，并产生一定影响情况下进行的，这从对高句丽专门立传的角度便可以明确。但是仔细分析，可以发现关于"五族"的记载是对高句丽族群起源相关情况说明的追记。其中"本"和"凡"指的是高句丽过去的情况，这里明确指出高句丽有"五族"，即涓奴部、绝奴部、顺奴部、灌奴部、桂娄部，并强调最初是"涓奴部"为王，是五族首领部落。"今桂娄部代之"中的"今"应指的是撰写《三国志》

---

① 《三国志》卷30《高句丽传》。同样的内容在《旧唐书》卷39《地理志二》"安东都护府"条亦有记载。
② 《后汉书》卷85《高句骊传》。
③ 《旧唐书》卷199上《高丽传》。

的时代，下限为成书时间的西晋太康元年（280）。后来在汉时受到赏赐和官职，并且高句丽的县令管辖其户籍等，再后来稍骄恣，不复诣郡（《说文》解释：诣，侯至也，一定程度表明早期高句丽首领为侯），于是汉在东界筑小城，将授予高句丽的朝服衣帻放置其中，让其按时来取。再从"今胡犹名此城为帻沟溇"看，此前的赏赐和管理也都是追记内容。"沟溇者，句丽名城也"则指的是"句丽"称作城为"沟溇"，这可能指的是句丽对城的称呼或者是发音。

以上史料解读表明了几个问题：第一，高句丽最早是由五族组成的，可以认为这五族是高句丽的早期部落形式，并且这一部落已经发展到一定的水平，有自己的首领（侯）和一定的组织。第二，直到陈寿撰写《三国志》的时期，作为高句丽的组织形式，这五族依然存在着，只是首领发生了变化。第三，汉代（西汉）的郡县时期，玄菟郡对高句丽进行了有效管辖，后来高句丽稍有骄恣，汉适当调整了管辖的方式，这种管辖一直存在。需要指出的是，史料并没有说明在早期"五族时代"，对这一部落综合体如何称呼，只是下文有一个关于"沟溇者，句丽名城也"的记载，出现了"句丽"这一称呼。但是二者并没有必然联系，只是有同指的倾向。关于这一问题下文笔者将专门探讨，认为句丽应该是早于高句丽存在的族群，极有可能就是"五族"的统称。

二 "五族""句骊"与"高句丽县"之间的辩证关系

仅从目前已有的资料看，鲜有文献记载"五族""句骊"与"高句丽县"之间的关系，但是从早期成书的正史中的《高句丽传》看，高句丽的"五族"与"句骊"之间有着密切联系。而高句丽县的问题，只需明确其设置时间，便能够一定程度梳理出与"五族""句骊"之间的关系。

（一）"五族"与"句骊"之间的关系

首先，无论是高句丽的"五族"还是"句骊"都出现在早期的文献资料中。"句骊"最早出现在《汉书·地理志》中，即"玄菟、乐浪，武帝时置，皆朝鲜、濊貊、句骊蛮夷"。[①] 这是对燕地的描述中讲到的内容。

---

① 《汉书》卷28下《地理志》。

这里存在两种情况：其一，这个"句骊"年代较早，在汉武帝灭卫氏朝鲜，置四郡时的元封三年（前108）就已经存在；其二，鉴于班固撰写《汉书》时已是东汉时期，是不是存在班固将不同时期的史料进行了混记，这一情况还是有可能的，因为这条史料里只提到了玄菟、乐浪二郡，并没有临屯和真番二郡，虽然说是武帝时置，但记载的事件很有可能是汉昭帝始元五年（前82）撤销真番、临屯二郡合并了大乐浪郡之后另复设了第二玄菟郡这一阶段的事情。即便是在汉昭帝始元五年（前82）之后的事情，这也表明"句骊"较早存在。对于高句丽"五族"，上文笔者已经对较早的史料进行了辨析，可明确"五族"作为高句丽族群的内部结构长时间存在着，是高句丽族群的重要组成部分。根据文献资料的追记情况，其时间上限，很有可能与"句骊"同时。

其次，高句丽"五族"与"句骊"在记载高句丽的同一文献里出现。虽然文献中"高句丽"与"句丽"同时存在，甚至很多时候将"高句丽"简称为"句丽"的记载，但是从较早的追记看，存在"句丽"这一较早的族群称呼，这一点笔者在前文已经分析，这里不再赘述。而"五族"是高句丽早期族群组成形式，也是文献中的追记情况。由于"五族"属于高句丽前史中的部落内部组成要素，鉴于中原王朝并不清楚，所以较早记载高句丽的《汉书》中未记载五族的情况，到了《三国志》成书之时，高句丽已然发展壮大，中原王朝在记载东夷的史料中专门对其进行立传，这就表明高句丽已经发展到一定的程度，自然中原王朝对其也就有了专门的了解，所以记载其"本有五族"。这也就明确了史书中将句骊和五族一起记载的缘由，这些内容都属于对高句丽前史的追记。同一史料中二者同时出现，而且年代有可能相近，那么二者关系自然密切。

虽然，五族与句丽一同出现在较早的记载高句丽的同一文献中，但遗憾的是，并没有明确的信息能够显示，五族与句骊之间有必然的联系。不过我们换个角度去看，句骊与高句丽是密不可分的，而"五族"是高句丽传中对高句丽前期情况的记载，那么句骊与五族自然就建立了联系。

（二）高句丽县的年代及其与"句骊"关系

上引《汉书》已有"高句丽县"的记载，根据《汉书》成书时间东汉建初八年（83）看，此处高句丽县的记载也是追记的情况。鉴于史料最早记载为"高句丽县"，所以高句丽县的出现时间，是探讨"高句丽"年代的基础。根据相关史料记载，可知高句丽县伴随着玄菟郡的设置而出现，但是由于玄菟郡出现过数次的迁徙和改制，其中史料出现了多次的混乱，需要加以甄别。

在西汉时期，史料记载的玄菟郡出现两次设置，且所指有所不同。首先是汉武帝元封三年（前108）所设玄菟郡，即元封三年在卫氏朝鲜故地设置真番、临屯、乐浪、玄菟四郡，通常学界将此玄菟郡称为第一玄菟郡。其次是汉昭帝元凤六年（前75）在合并武帝所设四郡为乐浪郡之后，又重置了玄菟郡，学界称为第二玄菟郡。关于这两个玄菟郡的史料记载相对较多：

（1）《史记·朝鲜列传》：元封三年夏……以故遂定朝鲜，为四郡。①

（2）《汉书·朝鲜传》：元封三年夏……故遂定朝鲜为真番、临屯、乐浪、玄菟四郡。②

（3）《汉书·武帝纪》：元封三年夏，朝鲜斩其王右渠降，以其地为乐浪、临屯、玄菟、真番郡。③

（4）《汉书·地理志》：玄菟郡，武帝元封四年开。④

（5）《汉书·地理志》：乐浪郡，武帝元封三年开。⑤

（6）《汉书·五行志》：先是，两将军征朝鲜，开三郡。⑥

（7）《三国志·东夷传·东沃沮》：汉武帝元封二年，伐朝鲜，杀卫满孙右渠。分其地为四郡，以沃沮城为玄菟郡。⑦

（8）《后汉书·东沃沮传》：武帝灭朝鲜，以沃沮地为玄菟。⑧

---

① 《史记》卷115《朝鲜列传》。
② 《汉书》卷95《朝鲜传》。
③ 《汉书》卷6《武帝纪》。
④ 《汉书》卷28下《地理志》。
⑤ 《汉书》卷28下《地理志》。
⑥ 《汉书》卷27中《五行志》。
⑦ 《三国志》卷30《东沃沮传》。
⑧ 《后汉书》卷85《东沃沮传》。

(9)《后汉书·濊传》：至元封三年，灭朝鲜，分置乐浪、临屯、玄菟、真番四（部）（郡）。①

(10)《汉书·昭帝纪》：六年春正月，募郡国徒筑辽东玄菟城。②

(11)《汉书·天文志》：其后汉兵击拔朝鲜，以为乐浪、玄菟郡。朝鲜在海中，越之象也；居北方，胡之域也。……其（元凤）六年正月，筑辽东玄菟城。③

(12)《汉书·地理志》载：玄菟郡，武帝元封四年开。高句骊，莽曰下句骊，属幽州。户四万五千六，口二十二万一千八百四十五。县三：高句骊，辽山，辽水所出，西南至辽队入大辽水。又有南苏水，西北经塞外。上殷台，莽曰下殷台。西盖马，马訾水西北入盐难水，西南至西安平入海，过郡二，行二千一百里。莽曰玄菟亭。④

(13)《后汉书·高句骊传》载：武帝灭朝鲜，以高句丽为县，使属玄菟，赐鼓吹伎人。⑤

通过上引相关史料的陈述，从史料（1）—（9）大概可以了解汉武帝设四郡时间的记载存在元封二年（前109）、三年（前108）、四年（前107）三种说法，并有设置先后的问题，很有可能是元封二年伐朝鲜，元封三年（前108）四郡同时于该年设置，或者元封三年先设真番、临屯、乐浪三郡，元封四年设第一玄菟郡。另外，从史料（7）和（8）也可以看出此时的玄菟郡，是以沃沮地为其领地，以沃沮城为其郡址的。从史料（10）和（11）可知汉昭帝在元凤六年（前75）筑了辽东玄菟城。从史料（12）和（13）又可以看出汉武帝元封四年设玄菟郡是领有高句丽县的。所以，第一与第二玄菟郡的史料记载存在一定的混乱抑或是舛误。针对这些史料学者的研究也是一直处在争论之中，而这些问题的确定对于西汉对东北管辖、古朝鲜的范围界定、高句丽早期历史等相关问题的

---

① 《后汉书》卷85《濊传》。
② 《汉书》卷7《昭帝纪》。
③ 《汉书》卷26《天文志》。
④ 《汉书》卷28下《地理志》。
⑤ 《后汉书》卷85《高句骊传》。

认识，是至关重要的。

关于第一玄菟郡的地理位置与领地问题，目前存在多种分歧。有学者将其总结为两种不同看法，第一种认为今鸭绿江中游，第二种认为今朝鲜咸镜南北道地方。① 笔者认为无论怎么划分，其主要的分歧在于，第一玄菟郡统辖范围是否仅是沃沮之地或者高句丽之地，还是二者兼有，乃至更大范围。学者的研究与分歧，恰恰这三种情况都存在。第一种认为第一玄菟郡应包括沃沮之地和高句丽之地，乃至更大的范围，② 第二种认为高句丽故地，③ 第三种认为沃沮（东沃沮）之地。④

---

① 朴真奭等：《朝鲜简史》，延边大学出版社1998年版，第35页。
② 学者主要根据上引史料（7）、（8）和（13）的记载，认为沃沮之地和高句丽故地都属于第一玄菟郡。持此说者主要是日本学者稻叶君山（《汉四郡问题考察》，《朝鲜》1928年第154期）、今西龙（《真番郡考》，《朝鲜古史研究》，图书刊行会，1970年）、三上次男（《朝鲜的古代文明与外来文化》《秽人及其民族性》，载《古代东北亚史研究》，吉川弘文馆，1966年）、田中俊明（《高句丽的兴起和玄菟郡》，姚义田译，《东北亚历史与考古信息》2，1996年）、首藤丸毛（《玄菟临屯真番三郡之我见》，兴国云铎译，顾铭学校，《东北亚历史与考古信息》1，1986年）、和田青（《玄菟郡考》，《东亚史研究·满洲编》，东洋文库，1959年）、青山公亮（《汉代的乐浪郡及其边缘》，刘力译，《东北亚历史与考古信息》3，1985年）等。中国学者金毓黻（《东北通史》上编，社会科学战线杂志社翻印1980年版，第66页）、谭其骧（《〈中国历史地图集〉释文汇编·东北卷》，中央民族学院出版社1988年版，第16页）、周振鹤《西汉政区地理》，人民出版社1987年版，第214页）、木芹（《中华民族历史整体发展论》，民族出版社1995年版，第56页）等学者认为第一玄菟郡应是一个大的范围。
③ 持此观点的学者较少，仅依据上引史料（13）得出结论，主要是基于某种政治因素，或者通史编撰未作具体探讨。如韩国学者李丙焘认为汉武帝设四郡中的乐浪、临屯、真番三郡是取地于卫氏朝鲜故地，而玄菟郡则是设置于属于朝鲜半岛版图上的"秽貊"之地，亦即高句丽之地（《菟郡和临屯郡考》，《史学杂志》41，1930年）；任邱（《中国史》第二编，北平文化学社1933年印行，第53页）、章嵌（《中华通史》二册，商务印书馆1933年版，第425页）在通史编撰时直接认为在今朝鲜咸镜南道，治高句丽。
④ 认为沃沮（东沃沮）之地的主要依照上引史料（7）、（8）的记载并结合相关资料分析得出。其主要的学者和代表作是那珂通世（《朝鲜乐浪玄菟带方考》，《那珂通世遗书》，大日本图书1915年）、白鸟库吉（《汉的朝鲜四郡疆域考》，《白鸟库吉全集第三卷》，岩波书店1970年）、樋口隆次（《朝鲜半岛的汉四郡疆域及沿革考》，《史学杂志》22之12、23之2—5，1911—1912年）、津田左右吉（《关于撤销真番郡转移玄菟郡情况和高句丽的建国年代》，《津田左右吉全集》第12卷，岩波书店，1963年）、大原利武（《玄菟郡考》，《朝鲜》206，1932年）、池内宏〔《关于真番郡的位置》（上）（下），《史学杂志》57之2—3，1948年〕、李健才（《玄菟郡的建立和迁移》，《东北地方史研究》1990年第1期）、王绵厚（《秦汉东北史》，辽宁人民出版社1994年版，第78—79页）、刘子敏（《秽族考》，《北方民族》2000年第1期）、苗威（《乐浪研究》，高等教育出版社2016年版）、赵红梅（《玄菟郡研究》，博士学位论文，东北师范大学，2006年）、范恩实（《第一玄菟郡辖区侧证》，《北方论丛》2011年第1期）等。

笔者认同第三种说法，范恩实研究指出"沃沮"说与现有史料冲突最少，并从侧证的角度，对同时期汉武帝对西南诸郡的设置情况展开对比分析，指出汉武帝在西南夷地区置边郡，是以"族群"（或称"族类"更为近之）为基础的，并以该"族类"人群中之最大部族地为郡治所在。从这个意义上说，如果我们承认沃沮（秽）与高句丽（貊）的区别，至少汉代不曾将他们列为同一族类，便不应考虑将两者归入同一郡下。另外，作者还从管理及运转诸端讨证，亦皆合情入理，因此，以之为定论当不误。① 鉴于以往学界的分析较为充分，这里笔者不做过多分析。

结合以往的研究，提出两点思考。第一，成书较早的《三国志·东沃沮传》中"后为夷貊所侵，徙郡句丽西北，今所谓玄菟故府是也"的记载，并没有提到高句丽，而写作"句丽"，并且《汉书·昭帝纪》记"（元凤）六年春正月，募郡国徒筑辽东玄菟城"，《三国志》中的"玄菟故府"，应该就是《汉书》中的"辽东玄菟城"。虽然后来《后汉书》有"徙郡于高句骊西北"的记载，并不能说明此时已经存在高句丽县，甚至说《后汉书》中的高句丽很可能都是后史前移的情况。此外《后汉书》所记载的"至昭帝始元五年，罢临屯、真番，以并乐浪、玄菟。玄菟复徙居句骊"②，一定程度说明此时没有高句丽只是句丽，即便此时的"句骊"是高句丽的简称，也不能说早已存在高句丽县，完全有可能是筑辽东玄菟城时，将该城定为玄菟郡的首县高句丽治所，高句丽县初次出现。史料中的"徙郡句骊西北"和"玄菟复徙居句骊"指的应是将玄菟郡转移到句丽聚集区的西北方位，并在此设置高句丽县，很有可能句丽族群的西北方位应该就是其核心区不远的地方，或者统治中心所在地，结合上引史料的本涓奴部为王的记载，可能这一区域就是涓奴部所在地。第二，以往学界在探讨第一玄菟郡辖县的过程中，多依据《后汉书·高句骊传》的记载"武帝灭朝鲜，以高句骊为县，使属玄菟，赐鼓吹伎人"。这一记载是在说明高句丽早期被管辖情况时所作的陈述，明显是一个较为笼统的记载，作者要说明的核心问题是高句丽县对高句丽的管辖问题。而所谓"武帝灭朝鲜，以高句骊为县，使属玄菟"这句话在

---

① 范恩实：《第一玄菟郡辖区侧证》，《北方论丛》2011年第1期。
② 《后汉书》卷85《濊传》。

比《后汉书》成书更早的《三国志》中却未有这样的记载，只是说"汉时赐鼓吹技人，常从玄菟郡受朝服衣帻，高句丽令主其名籍"。

关于第二玄菟郡的范围问题。苗威研究认为，史料（10）的"辽东玄菟城"应理解为辽东地区的玄菟城。"辽东城"是确实存在的，就是古辽东郡的首府襄平，不过，襄平城在战国时即已存在，并且在高句丽占领辽东郡之前并无"辽东城"之称，只是在高句丽将其疆域扩张到辽东郡之后才将"襄平"改称为"辽东城"。那么，"筑辽东玄菟城"只能理解为是修筑辽东郡地区的"玄菟城"。如此，玄菟城当然不是沃沮地区的"玄菟城"了。这个"玄菟城"的具体所指是第二玄菟郡的治所高句丽县县城。进而认为史料（12）班固所说的设郡时间为"武帝四年开"是错误的，因为第二玄菟郡同第一玄菟郡不是同一时间设置的，也不在同一地区，正确的说法应该是：第二玄菟郡为昭帝元凤六年（前75）或稍后所开。① 其统辖也便是史料（12）所说的"县三"了。

明确了高句丽县的设立时间，再去看高句丽县与当时句丽的关系。仅从字面看，高句丽与句丽有二字相同，自然关系密切。这里主要探讨高句丽与句丽前后关系问题。

句丽不完全是高句丽的简称，这里存在前后关系的问题。之所以这么认为，从两条史料就能够大致明确。第一，《汉书·地理志·燕地》中载："玄菟、乐浪，武帝时置，皆朝鲜、濊貉、句骊蛮夷。"② 这明确表达了，当时在武帝时（也有可能在汉昭帝调整四郡时），存在称之为"句骊"的蛮夷，从字面看，因属于群居部落的状况，并没有达到太高的文明程度。而且这一"句骊"不应该是高句丽的简称，因为同书《地理志·玄菟郡》中有明确的"高句骊"县的记载，《王莽传》中有"高句骊侯驺"的记载，显然在班固的认知中，句丽和高句丽不同，句丽早于高句丽存在。第二，同样在《汉书》中在说明玄菟郡所辖三县时，有："高句骊，辽山，辽水所出，西南至辽队入大辽水。又有南苏水，西北经塞外。应劭曰：'故句骊胡。'"③ 应劭这一注解更是明确了高句丽县和句

---

① 苗威：《乐浪研究》，高等教育出版社2016年版，第70页。
② 《汉书》卷28下《燕地》。
③ 《汉书》卷28下《玄菟郡》。

丽的关系，句丽在高句丽之前，高句丽一定程度源于句丽。

　　以上可以明确，高句丽县出现在汉昭帝元凤年间，大致在元凤六年春正月之后，应该是募郡国徒筑辽东玄菟城时，将该城定为玄菟郡的首县高句丽治所，高句丽县初次出现。史料中的"句骊"作为一个群体概念在高句丽县之前，高句丽县初设之地应该就是"句骊"人群的集中区域，高句丽县的名称源于"句骊"，至于"高"字的来源可能与方位有关，因为同时期的其他二县"西盖马"和"上殷台"也都有一个前缀字，高、西、上这三个字应该有这样特殊的含义，鉴于不属于本研究探讨的核心内容，这里不作过多论述。

第 二 章

政权建构:高句丽族群的核心凝聚与形成

政权建构指的是一个政权建立的过程问题,一般而言政权的建立即代表一部分拥有共同利益和追求的群体,通过合作达成对旧政权的颠覆或者创立全新政权的过程。这一过程必然使得这些拥有共同利益和追求的群体紧紧地凝聚在一起。对于高句丽政权而言亦是如此。仅从已有的史料看,高句丽政权建立初期无论是朱蒙从北夫余南逃的追随者乌伊、摩离、陕父,还是路遇的三人麻衣、衲衣、藻衣,都是高句丽政权建构的核心组成部分。当然高句丽政权建构并非一个时间点,换句话说,并非朱蒙一王时代,而是一个过程。一方面,目前学界关于高句丽建国时间有着不小的争议,[①] 这就要求我们在分析高句丽建国时期的历史时要辩证地去看待,依据史料对当时的情况作客观分析;另一方面,高句丽政权建构本身就是一个过程,也不能用一个时间节点去概括,需要对整个政权产生的背景和建立之后初期的发展情况综合讨论。

---

① 关于高句丽政权建立时间,目前国内外学界有三种主要的认识:第一种是认同《三国史记》的记载,承认朱蒙建国;第二种是认为高句丽政权建立时间较晚,多不认同《三国史记》等史料关于高句丽前三王的记载,进而认为大致在太祖大王时期高句丽才真正建立政权;第三种是认为高句丽政权建立时间早于朱蒙时期,将其上推至汉四郡建立之前,乃至西汉建立之前。笔者以为,高句丽建国时间的判断需要比对正史和朝鲜半岛,并结合考古资料综合考虑。从正史看,在西汉前期并无高句丽政权的任何记载,最早出现在汉四郡之时,并且前文已述,可能在汉昭帝玄菟郡内迁之时,此外,赞同高句丽建国时间早的学者,多依据较晚成书的个别记载去倒推高句丽政权的上限,也是不够客观的;从朝鲜半岛史书看,高句丽早期历史尤其是建国历史多是神话传说和史实混杂出现,尤其关于早期历史存在建构与粉饰的嫌疑,应该辩证看待;从考古资料看,目前关于高句丽早期历史的考古材料不成体系,很难能够说明问题。

鉴于目前史料中只有《三国史记》有关于高句丽政权建立时间的明确记载，但是这一记载并未有其他文献可以佐证，并且高句丽政权建立前后的一段历史都有着很强的神话色彩，神话传说与史事混杂，很难分清其中的具体问题。尤为重要的是，这一段历史的记载主体皆为高句丽，难免会让人产生怀疑，很有可能是高句丽人在政权壮大之后，人为地对前史进行合理性的建构和粉饰。故本章在探讨高句丽政权建构与族群凝聚，以及高句丽族群形成时，采取过程分析的方式进行，只有这样才能够将高句丽人早期的凝聚和形成尽可能表达清楚。这里笔者主要以《三国史记》和《好太王碑》中所记载的前三王为依据，通过对中国正史的比对和史料的辨析，去明确高句丽政权建构过程中的核心族群凝聚和"高句丽族群"共同体的形成。

之所以选择前三王作为高句丽政权建构的阶段，主要有以下两个方面的考虑：第一，如前文所述前三王的历史神话传说和史事混杂出现，由于正史始建国元年（9）之前并无明确清晰记载，始建国元年之后的记载也较为笼统，需要总结考虑。第二，笔者认为，高句丽建国时间应该存在较晚的可能，朱蒙时代所建政权或者所继承政权，应该不能称为高句丽政权，并没有足够的证据能够说明这一阶段的政权名称叫作高句丽，直到王莽时期更名高句丽为下句丽之时，才有明确的资料显示这一群体或者这一政权称为高句丽，这是高句丽政权称为高句丽的时间下限。较早玄菟郡所谓高句丽县的记载，从玄菟郡人口数量看，应该是汉昭帝内迁之后的玄菟郡，并不是汉武帝之时的玄菟郡。朱蒙时期的政权更有可能称为"卒本夫余"，由于其政权在高句丽县内，后来改称为高句丽，尤其到了琉璃明王时期对高句丽县的袭取，以及大武神王挫败夫余并获得东汉王朝认可"始见称王"时，高句丽政权的建构才最终完成，同时高句丽族群作为一个共同体也在这一时期完成自我认同和被认同，族群识别基本清晰，并最终形成。

第一节　解构卒本夫余

前文通过中国史书的记载对"句骊""高句丽县"和高句丽"五族"的逻辑关系作了说明。这些史料只是依据中国史书的零星记载进行的辨析，不得不承认的是很多地方，依托不同的时空环境进行了推测和整合。记载高句丽文献除了正史外，朝鲜半岛史书亦有比较详细的内容。但是，半岛史书普遍成书时间较晚，鉴于其史源的特殊性，还需对其史料加以重视。这其中与高句丽早期历史紧密相关的"卒本夫余"也是如此。

一 卒本夫余史料记载

"卒本夫余"这一概念在中原正史中没有出现，但在朝鲜半岛史书中多有记载，而且内容基本是关于高句丽早期建国历史的情况，不得不引起我们的重视。关于卒本夫余的记载主要出现在《三国史记》的《百济本纪》和《地理志》中。

《百济本纪》始祖温祚王元年（前18）载：

> 其父邹牟，或云朱蒙。自北夫余逃难，至卒本夫余。夫余王无子，只有三女子，见朱蒙，知非常人，以第二女妻之。未几，夫余王薨，朱蒙嗣位……①

《地理志》亦载：

> 按古典记：东明王第三子温祚以前汉鸿嘉三年癸卯，自卒本夫余至慰礼城，立都称王。②

两则史料都提到了卒本夫余的问题，但侧重点不同。前者将卒本夫余记为朱蒙建国的目的地，后者则记为温祚建国的出发地。尤其前者记载的是朱蒙自夫余（北夫余）南下继承卒本夫余的大致经过。需要强调的是，《三国史记·地理志》百济条中的叙述中提到了"古典记"，而且还有"前汉鸿嘉三年（前18）癸卯"这种中原王朝的纪年方法，显然《古典记》应该是按照中原王朝正统的年号来记载高句丽历史的一部历史

---

① ［高丽］金富轼著，孙文范等校勘：《三国史记》卷23《百济本纪》始祖温祚王元年（前18）条，吉林文史出版社2003年版。以下引用省略著者及版本信息，特此说明。
② 《三国史记》卷37《地理志·百济》。

文献，且出现时间早于《三国史记》。从这个意义上来讲，其信史意义相对更大。应该说，卒本夫余的记载并非空穴来风。除了《三国史记》的记载之外，在《三国遗事》中也有关于卒本夫余的记载。

《三国遗事·纪异》载：

> 东明帝继北夫余而兴，立都于卒本州岛，为卒本夫余，即高句丽之始祖。……高句丽即卒本夫余也。或云今和州又成州等皆误矣。卒本州岛在辽东界。①

以上是朝鲜半岛史书关于卒本夫余的直观记载。由于这些资料不见于中原正史中，如何看待这一时段的朝鲜半岛史书所记载的信息尤为重要。结合零碎的资料解读卒本夫余，对于清晰认识高句丽早期历史具有一定的意义。

二 卒本夫余的年代与性质

关于卒本夫余的年代与性质问题，孙进己等在《东北历史地理》中便列出"卒本夫余及朱蒙所建之高句丽"条目进行探讨，依据上引关于"卒本夫余"记载的文献，认为朱蒙之前即有卒本夫余，朱蒙之部最初应称卒本夫余，后改称高句丽。同时指出卒本夫余所在地应位于当时朱蒙所渡之沸流谷，即今天的富尔江之河谷。② 在孙进己写给桓仁地方史研究会《对桓仁高句丽历史地理的几点看法》一文中则进一步说："卒本夫余应当有城，此城当沿用甚久，其城应在浑江附近，卒本夫余在朱蒙前已存在……"③ 梁志龙在《沸流杂考》一文中指出沸流是夫余的音变，认为沸流作夫余应和卒本夫余有关，一定程度认可了卒本夫余的存在。④ 王从安、纪飞在《卒本城何在》一文中则更为直接地认为卒本夫余的存在，

---

① 一然著，孙文范等校勘：《三国遗事》卷1《纪异2》北夫余条、高句丽条，吉林文史出版社2003年版。以下引用该书时省略著作、出版信息，特此说明。
② 孙进己等：《东北历史地理》第一卷，黑龙江人民出版社1989年版，第262—263页。
③ 由于此文并没有发表，而是相关研究中进行了注引，这里笔者转引而来。参见王从安、纪飞《卒本城何在》，《东北史地》2004年第2期。
④ 梁志龙：《沸流杂考》，《北方文物》1997年第4期。

指出其应该早于高句丽国,并进一步探讨了被学界忽略的卒本夫余的都城卒本城,认为富尔江与浑江交汇处第二个交汇处,即富尔江汇入浑江流经1华里许,又从浑江分出,流经约2公里再次汇入浑江处,在第二个交汇处弯龙背第一村民组所在地(俗称江脸)的喇哈城遗址有可能是卒本城遗址。① 王志敏、王贵玉等也认同卒本夫余的存在,并将位于吉林省通化县境内浑江沿岸的江沿遗迹群所在地,认为是卒本夫余初居地。② 王绵厚根据文献资料和理性解读并辅以考古资料,认同了卒本夫余存在的合理性,指出西汉望江楼积石墓及西临"上哈达遗址"和龙头山石盖墓等代表的青铜文化晚期遗存,包括富尔江流域大梨树沟等地的相应遗存,应是《三国史记》中称为"卒本川"上的"卒本夫余"及其先世的考古学文化遗存。当朱蒙南下"卒本川"(浑江)后,其文化内涵中反映出兼有"北夫余"和土著"句丽"部族(小水貊)的双重特征,其中夫余文化因素,反映了朱蒙出自"北夫余"的习俗影响,而在墓制和葬俗上,则表现出以浑江流域之土著貊族,即高句丽早期文化为主的特征。"卒本夫余"作为朱蒙南下卒本川后自称的民族政权,其下限应在西汉册封"高句丽王"或"高句丽侯"之后。从《汉书·王莽传》记载推断,不会晚于公元9年(王莽始建国元年)以前。自此以后如《三国史记》等对"卒本夫余"的记载,只是一种历史的追述。③

祝立业发表文章《论句骊胡、卒本扶余与高句丽的关系——以玄菟郡内迁为背景的考察》,指出:汉武帝灭朝鲜、设四郡之后,对东北边疆的控制由盛转衰,政治、军事力量渐呈退却之势,出现了真空期,在这一空当之中,受多重文化影响下的辽东山地古族群进一步开化、整合,全新的族群共同体已经呼之欲出。其间朱蒙集团南下建立了卒本夫余,在吞并原"句骊胡"部族"沸流部"时,"借壳"古"高句丽"。"本涓

---

① 王从安、纪飞:《卒本城何在》,《东北史地》2004年第2期。
② 王志敏:《通化江沿遗迹群调查》,《东北史地》2006年第6期;王贵玉、王珺、王志敏:《通化江沿遗迹群所在地当即卒本夫余初居地》,《东北史地》2006年第6期。
③ 王绵厚:《高句丽建国初期的"卒本夫余"与"涓奴""桂娄"二部王族的兴衰递变——关于高句丽早期历史的若干问题之五》,《东北史地》2007年第5期;王绵厚:《试论桓仁"望江楼积石墓"与"卒本夫余"——兼论高句丽起源和早期文化的内涵与分布》,《东北史地》2009年第6期。

奴部为王，稍微弱，今桂娄部代之"的过程，也是从卒本夫余改称"高句丽"的过程，此后以朱蒙为始祖的新的高句丽族群共同体伴随着高句丽政权逐渐形成。① 该认识基本将高句丽早期历史进行了一个逻辑的梳理，对此笔者既有赞同又有看法不一致之处。赞同在于认可卒本夫余的存在，并认为是朱蒙所建。但所谓借壳古"高句丽"一说，并无充足的依据，笔者以为此时并无"古高句丽"一说，只有"句骊胡"和"高句丽县"，以高句丽为名的政权是在稍晚以后出现的。

另外，还有相关史料也能一定程度证明卒本夫余存在的可能性。

第一，史料中直接提到高句丽在"卒本"建国。《三国史记·高句丽本纪》东明圣王元年（前37）条载：

> ……与之俱至卒本川，观其土壤肥美，山河险固，遂欲都焉。而未遑作宫室，但结庐于沸流水上居之。②

同书《地理志》亦载：

> 按《通典》云朱蒙以汉建昭二年自北夫余东南行渡普述水至纥升骨城居焉。号曰句丽以高为氏。古记云："朱蒙自夫余逃难至卒本"，则纥升骨城卒本似一处也。③

《地理志》的记载源于《通典》和《古记》，金富轼在注引时也提出了疑问，认为纥升骨城和卒本应该为同一位置。这几条史料都清晰地表明高句丽建国之地为卒本，这一卒本可能就是卒本夫余的核心位置，亦称之为"卒本川"。

第二，从《好太王碑》中描述的王系世次看，可以侧证高句丽早期建立的政权应为卒本夫余。《好太王碑》载：

---

① 祝立业：《论句骊胡、卒本扶余与高句丽的关系——以玄菟郡内迁为背景的考察》，《社会科学战线》2017年第12期。
② 《三国史记》卷13《高句丽本纪》东明圣王元年（前37）条。
③ 《三国史记》卷37《地理志·高句丽》。

第二章　政权建构：高句丽族群的核心凝聚与形成

惟昔始祖，邹牟王之创基也。出自北夫余，天帝之子，母河伯女郎。剖卵降世，生而有圣德。……于沸流谷忽本西，城山上而建都焉。不乐世位，因遣黄龙来下迎王。王于忽本东冈，履龙首升天。顾命世子儒留王，以道兴治。大朱留王，绍承基业。逮至十七世孙，国冈上广开土境平安好太王，二九登祚，号为永乐太王。①

其中提到了前三王和"逮至十七世孙，国冈上广开土境平安好太王"共四位王的问题，但对于"十七世孙"的世次延续问题学界存在很大的争议。学者们一般都比较认同《好太王碑》记载的真实性，而对较晚成书的《三国史记·高句丽本纪》提出质疑。基本有两种认识：其一认为存在重复记载的可能，即认为所谓"十七世孙"应该从诸王的数量来看，而非辈分。《三国史记·高句丽本纪》将广开土王记载为第十九位国王，从《好太王碑》的理解看应该是自第一位王开始至广开土王应为第十七位王。那么《高句丽本纪》应该是存在两位王重复记载的情况。② 其二认为存在遗漏记载的可能，即认为"十七世孙"应该从辈分来推算，进而认为《三国史记·高句丽本纪》遗漏了五代王的记载，进而按照辈分关系增加了五代王，这样从第一代王朱蒙开始到广开土王正好推算为第十七代。③ 针对这两种认识，朴真奭撰文给予了批驳，认为这两种说法都有值得商榷的地方，④ 进而认同罗振玉"十七世孙"还应按照辈分来推算，

---

① 释文参见耿铁华《好太王碑新考》，吉林人民出版社1994年版，第323—330页。
② 杨通方：《高句丽不存在山上王延优其人——论朝鲜〈三国史记〉有关高句丽君主世系问题》，《世界历史》1981年第3期。该文通过对《三国志·高句丽传》《三国志·毌丘俭传》及《三国史记·高句丽本纪》中的高句丽诸王记事对比分析得出结论认为：位宫是东川王忧位居的另一个名字，而不是山上王延优的另一个名字，山上王延优与故国川王伊夷谟二人，实即故国川王一个人的名字，应该把位宫这一名字从山上王归还到东川王忧位居的头上，把原来分别记在山上王延优与故国川王伊夷谟二人身上的历史事件，合并在故国川王伊夷谟一个人身上。
③ ［朝鲜］孙永钟：《关于高句丽初期部分史实的年代问题》，刘宇摘译，《东北亚历史与考古信息》1987年第1期；孙永钟：《对歪曲高句丽王系和王号的批判——以〈高句丽史与东亚〉的相关叙述为中心》，李云铎译，《东北亚历史与考古信息》2001年第1期。孙永钟认为，朱蒙的儿子、孙子以及曾孙，即正史《魏书·高句丽传》和《北史·高句丽传》中提到的闾达（闾谐）、如栗及莫来三人，另外加上解爱娄（所谓的爱娄王）及其儿子，共五位王正是《三国史记·高句丽本纪》所漏记的。
④ 朴真奭：《关于高句丽存在山上王与否的问题——与杨通方同志商榷》，《世界历史》1989年第2期。

但是起始之王应从第三代王朱留王算起的观点。① 这样推算的话，《三国史记·高句丽本纪》中的王系世次就准确无误了，也就不存在所谓重复记载和遗漏记载的情况了。针对这一问题孙炜冉指出，班固在撰写《汉书·王莽传》高句丽侯驺的记事存在一定的后史前移情况，给后世造成了几千年的误读。高句丽在建武八年（32）之前所谓的王只不过是其自封而已，并不具有法理意义，之所以史料中称其为高句丽王，或者复其王号的记载，主要是史料成书时高句丽已然在海东地区名声大噪，并且已经以高句丽作为政权名称多年，其国王也被中原王朝所认可，故史家将当时情况前移至所记载的前代史实中，以致对后世产生了误导。琉璃明王三十三年（14）秋八月，有"袭取汉高句丽县"的记载，此后其政权名称开始叫作"高句丽"。②

　　通过以上学者的研究梳理，应该存在这样一种可能性，即在高句丽前二代王时期政权的名称应该为"卒本夫余"，之所以高句丽称自己为卒本夫余，主要是因为在建立政权初期，政权的实力和威望比较弱小，故攀附在实力较强的政权上，为自己的发展赢得政治筹码。然而，随着卒本夫余不断壮大，琉璃明王时期，卒本夫余与其所攀附的夫余之间产生了摩擦，尤其到了大武神王时期卒本夫余已然与夫余开始展开对抗，并取得了巨大优势。发展壮大的卒本夫余自然不需要继续攀附夫余，尤其在袭取高句丽县之后，大武神王又受到了东汉的册封，故更其政权名为高句丽。

　　除以上所论及的情况，另一种情况是在朱蒙来到沸流水之前，当时这一区域的部落势力为了依靠强大的夫余势力，建立一个与夫余同名的卒本夫余也是完全有可能的。因当时夫余为东北第一大族，实力最强，是汉王朝在东北地区的首蕃，周边族众多攀附于他，当时存在很多以夫余为名的政权名称，如东夫余、南夫余，卒本夫余应该也是如此。这一推测与《三国史记·百济本纪》中朱蒙为卒本夫余女婿的记载相吻合。无论卒本夫余出现在朱蒙之前还是由朱蒙所建立，通过以上的分析可以

---

① 罗振玉：《好太王陵碑跋》，收录于刘承干《海东金石苑补遗》卷1。转引自王健群《好太王碑研究》，吉林人民出版社1984年版，第205—206页。
② 孙炜冉：《高句丽诸王研究》，博士学位论文，东北师范大学，2016年。

基本肯定的是，高句丽早期政权的名称为"卒本夫余"。这一时期"卒本夫余"的部族构成，应是由追随朱蒙南下"卒本川"的少数夫余王族和浑江流域的土著之"小水貊"及富尔江上的"沸流部"等组成。由于小水貊和沸流部世居辽东二江之貊地，族系相同，在"卒本夫余"中人数众多，文化传统深厚，所以在"卒本夫余"的文化中，辽东"二江"（浑江、富尔江）流域的"貊系"文化一直占主导成分，并成为以后高句丽早期"五部"文化的母体发源地。卒本夫余文化是形成高句丽早期"五部制"和"五部文化"的基础。①

第二节　朱蒙时代的族群凝聚

一　高句丽政权建立前朱蒙所统部众和归化人口

在高句丽建国传说中有这样的记载：金蛙有七子，常与朱蒙游戏，其伎能皆不及朱蒙。其长子带素言于王曰："朱蒙非人所生。其为人也，勇。若不早图，恐有后患，请除之。"王不听，使之养马。朱蒙知其骏者，而减食，令瘦；驽者善养，令肥。王以肥者自乘，瘦者给朱蒙。后猎于野。以朱蒙善射，与其矢少，而朱蒙殪兽甚多。王子及诸臣又谋杀之。朱蒙母阴知之，告曰："国人将害汝。以汝才略，何往而不可？与其迟留而受辱，不若远适以有为。"朱蒙乃与乌伊、摩离、陕父等三人为友，行至淹滤水（一名盖斯水，在今鸭绿东北），欲渡无梁。恐为追兵所迫，告水曰："我是天帝子，河伯外孙。今日逃走，追者垂及，如何？"于是鱼鳖浮出成桥，朱蒙得渡，鱼鳖乃解，追骑不得渡。②

尽管建国神话不能作为信史对待，但是侧面也能够反映一些问题。仅就这段记载看，当时朱蒙在夫余的遭遇并决定南迁，这一过程提到了"朱蒙乃与乌伊、摩离、陕父等三人为友"，这是朱蒙南迁的追随者。虽然文献中记载为"三人"，但从后来的资料看，显然乌伊、摩离、陕父不是单个的自然人。东明圣王六年（前32）冬十月，王命乌伊、扶芬奴伐

---

① 王绵厚：《试论桓仁"望江楼积石墓"与"卒本夫余"——兼论高句丽起源和早期文化的内涵与分布》，《东北史地》2009年第6期。

② 《三国史记》卷13《高句丽本纪》始祖东明圣王六年（前32）冬十月条。

太白山东南荇人国，取其地为城邑。① 琉璃明王二十二年（3）十二月，王田于质山阴，五日不返。大辅陕父谏曰："王新移都邑，民不安堵，宜孜孜焉刑政之是恤，而不念此，驰骋田猎，久而不返。若不改过自新，臣恐政荒民散，先王之业坠地。"王闻之，震怒，罢陕父职，俾司官园，陕父愤去，"之南韩"。② 琉璃明王三十三年（14）秋八月，王命乌伊、摩离领兵二万，西伐梁貊，灭其国，进兵袭取汉高句丽县。③ 这几条史料前后时间跨度达50余年，应该不仅仅是神话传说，表明这些人物在高句丽早期历史中是真实存在的。这其中多次出现乌伊、摩离、陕父三人的名字，而且这些人物在高句丽政权建立和壮大过程中起到了举足轻重的作用，有的是领兵打仗的将领，有的是辅佐国王的重臣。从时间上看，前后跨度如此之长，似乎这"三人"已经不仅仅是"自然人"的性质了，可能已经演变成一种职务或者特殊称呼，也有可能在开始就是某种特殊称呼，后来不断固定化了。比如乌伊、摩离二人，在公元前37年时追随朱蒙南逃，当时朱蒙年龄大概为20岁，④ 作为朱蒙友人的乌伊、摩离应该年龄和朱蒙相仿，那么在琉璃明王三十三年（14）的时候，距离朱蒙建国已经50余年了，此二人是否还有能力领兵打仗，是值得怀疑的。杨军对此有更为细致的分析，指出朱蒙与"乌伊、摩离、陕父等三人"南迁，乌伊与摩离在公元14年"领兵二万西伐梁貊，灭其国，进兵袭取汉高句丽县"，此时距朱蒙南迁已51年，乌伊、摩离即使与朱蒙迁徙时仅20岁，至此也已70多岁了。高句丽前三位王中，朱蒙享年40岁，其子琉璃明王约56岁，大武神王最高寿，也只有61岁。乌伊、摩离70多岁仍健在，并能领兵远征，是很令人怀疑的。此三人名字也不见于中国史书，《魏书·高句丽传》："朱蒙乃与乌引、乌违等二人，弃夫余，东南走"，而未提及乌伊。则乌伊、摩离可能是随朱蒙迁徙的部族的名称，在经过长期的对古史的神化以后，在其始祖

---

① 《三国史记》卷13《高句丽本纪》始祖东明圣王元年（前37）条。
② 《三国史记》卷13《高句丽本纪》琉璃明王二十二年（3）十二月条。
③ 《三国史记》卷13《高句丽本纪》琉璃明王三十三年（14）春正月条。
④ 《三国史记》记载东明圣王十九年（前19）秋九月朱蒙去世之时40岁，那么在建国元年时朱蒙也不过21岁，三人追随朱蒙逃难建国的时间也在此前不久。

第二章 政权建构：高句丽族群的核心凝聚与形成

起源传说中演变为人名。① 也有学者研究指出这三个名称首先很可能是三个族群的名称，其次才是某个族群内部酋长的私名。② 朱蒙由夫余逃至沸流水一带，绝不会像传说中那样，仅仅带了两三个人，否则他不可能在这里站住脚并征服这一带的古高句丽诸部，形成割据政权。③ 笔者认同这一说法，可以想象朱蒙当时在夫余期间作为王子之一，又有过人的才能，自然有器重和追随者，此外面临追杀，其所带之人断然不能只有数个。这在其他的史料中多少有一定的透露。首先在"朱蒙乃与乌伊、摩离、陕父等三人为友"这一记载中"等"字的使用，就表明当时追随朱蒙的人是比较多的，只是"乌伊、摩离、陕父"是比较具有代表性的首领，比如史料中出现的"扶芬奴""扶尉猒"，应该就是当时追随朱蒙南迁的其他比较重要的人物或群体，否则在刚刚建立政权初期，朱蒙定不会让他们承担重任领兵打仗。此外，在琉璃明王迁都之后不久，夫余王带素派使者威胁高句丽，使者有言："我先王与先君东明相好，而诱我臣逃至此，欲完聚以成国家。夫国有大小，人有长幼，以小事大者礼也，以幼事长者顺也。今王若能以礼顺事我，则天必佑之，国祚永终；不然，则欲保其社稷，难矣。"④ 这段记载一定程度表明当时朱蒙南逃所带人口还是比较多的，否则也无法短时间内"完聚以成国家"。

其实在朱蒙南奔过程中，除了追随者之外，还进行了一次重要的人口归化行为，即通过赐姓的形式对其他部族进行征服与归顺。在朱蒙南逃的过程中有这样的记载：朱蒙行至毛屯谷遇三人。其一人着麻衣，一人着衲衣，一人着水藻衣。朱蒙问曰："子等何许人也，何姓何名乎？"麻衣者曰："名再思。"衲衣者曰："名武骨。"水藻衣者曰："名默居。"而不言姓。朱蒙赐再思姓克氏，武骨仲室氏，默居少室氏。乃告于众曰："我方承景命，欲启元基，而适遇此三贤，岂非天赐乎？"遂揆其能，各

---

① 参见杨军《高句丽五部研究》，《吉林大学社会科学学报》2001年第4期；杨军《高句丽族属溯源》，《社会科学战线》2002年第2期；杨军《从"别种"看高句丽族源》，《东疆学刊》2002年第1期；杨军《高句丽地方统治结构研究》，《史学集刊》2002年第1期。
② 薛海波：《试论高句丽初期的"那部体制"》，宋慧娟主编《东北亚研究论丛》第1辑，吉林大学出版社2007年版，第41页。
③ 刘子敏：《高句丽历史研究》，延边大学出版社1996年版，第53页。
④ 《三国史记》卷13《高句丽本纪》琉璃明王二十八年（9）秋八月条。

任以事，与之俱至卒本川，观其土壤肥美，山河险固，遂欲都焉；而未遑作宫室，但结庐于沸流水上居之，国号高句丽，因以高为氏。一云朱蒙至卒本夫余。王无子，见朱蒙，知非常人，以其女妻之。王薨，朱蒙嗣位。时朱蒙年二十二岁，是汉孝元帝建昭二年、新罗始祖赫居世二十一年甲申岁也。① 再思、武骨、默居"三人"的情况，属于朱蒙南奔过程中归顺的群体，并且从字面看"麻衣""衲衣""藻衣"这三类人应该是从事不同生产类型的群体，麻衣应该是从事种植业（耕作）的群体，衲衣应该是从事纺织业（缝补）的群体，② 藻衣应该是从事水上渔猎（捕食水中动植物）的群体。这些群体并非是在夫余期间与朱蒙交好者，亦非卒本地区的土著人群，而是归顺朱蒙者，并追随朱蒙来到卒本川，朱蒙通过赐姓的形式将其收编入高句丽统治集团。这是高句丽政权建立过程中最早的族群凝聚的情况，成为高句丽族群的重要组成部分之一。

二 高句丽政权建立后朱蒙对周边部族的兼并

高句丽在建国初期，面对强大的夫余和西汉王朝，想扩展自己的势力范围是困难重重。当然在朱蒙时期，由于夫余金蛙相对宽容的政策，加之与西汉王朝无正面冲突的情况下，朱蒙对周边部族（西汉王朝统治相对薄弱的地区）开展了小规模的兼并。

据《三国史记·高句丽本纪》东明圣王条载：

……王见沸流水中，有菜叶逐流下，知有人在上流者。因以猎往寻，至沸流国。其国王松让出见曰："寡人僻在海隅，未尝得见君子，今日邂逅相遇，不亦幸乎！然不识吾子自何而来。"答曰："我是天帝子，来都于某所。"松让曰："我累世为王，地小不足容两主，

---

① 《三国史记》卷13《高句丽本纪》始祖东明圣王元年（前37）条。
② 也有学者指出"衲衣"应该是代表着从事宗教事务的族众集团。（参见高福顺《高句丽中央官制研究》，吉林大学出版社2015年版，第62页）笔者并不赞同这一认识，一方面从字面看衲衣者如果是宗教者的话，最有可能的含义是僧徒，指佛教，但是佛教传入东北地区的时间应该不会如此之早，传入高句丽的时间则更晚，所以这里不应该是从事宗教群体；另一方面"衲"字除了僧徒之外，更早的含义应该是"缝补""纺织"的意思，所以此时此地的"衲衣"更应该是从事纺织业的群体。

君立都日浅，为我附庸，可乎？"王忿其言，因与之斗辩，亦相射以校艺，松让不能抗。……二年，夏六月，松让以国来降，以其地为多勿都，封松让为主。丽语谓复旧土为多勿，故以名焉。①

这是高句丽早期（卒本夫余时代）兼并周边部族的首次资料记载，这次兼并并没有发生兵戎相见的局面，而是依靠朱蒙的才能和魅力，以及当时高句丽力量的相对强大等因素取得的成功。在此之后，《三国史记·高句丽本纪》东明圣王记事中又有多次朱蒙兼并周边部族的记载：

> 六年冬十月，王命乌伊、扶芬奴，伐太白山东南荇人国，取其地为城邑。十年冬十一月，王命扶尉猒伐北沃沮，灭之，以其地为城邑。②

《东北历史地理》将东明圣王六年冬十月记事中的"荇人国"定位在太白山东南，按此太白山即今长白山，荇人国在长白山东南，则约为吉林省长白朝鲜族自治县附近地。荇人国为高句丽所灭在西汉末，故在西汉时当为独立之部落。③ 耿铁华研究认为，在太白山东南的荇人国，大约是在今日临江市至长白县一带的沿鸭绿江地区。④ 对于东明圣王十年冬十一月记事中的"北沃沮"，《东北历史地理》认为：沃沮和北沃沮都是汉代的部族名称，北沃沮和沃沮之名，在后汉、三国均屡见于史，与以上诸部为高句丽所灭后不再见于史者不同，说明它长期还保存了自己一定的独立性，北沃沮在前汉的活动很少见于记载，仅《三国史记》卷十三载："东明圣王十年冬十一月，王命扶尉猒伐北沃沮，灭之，以其地为城邑。"证明了北沃沮是在公元前 28 年之前已经存在，关于前汉北沃沮之位置，从有关前汉的史料推测，只能肯定他在沃沮之北，但具体位置不

---

① 《三国史记》卷 13《高句丽本纪》东明圣王条。
② 《三国史记》卷 13《高句丽本纪》东明圣王六年（前 32 年）冬十月条。
③ 孙进己等：《东北历史地理》第一卷，黑龙江人民出版社 1989 年版，第 264 页。
④ 耿铁华：《中国高句丽史》，吉林人民出版社 2002 年版，第 136 页。

详，从团结文化的发现可以证明北沃沮活动于今延边至东宁一带的时间，上限可推至公元前5世纪。因此，可以认为前汉时期北沃沮活动于这一带。① 耿铁华考证认为，北沃沮应在荇人国北，大约是今日长白山东北，延吉、珲春到朝鲜咸镜北道一带。② 笔者认为，荇人国的位置应该与耿铁华所考证的位置相当。对于所谓"太白山"东南的方位问题，孙进己在后续的研究中认为"《东北历史地理》卷一定荇人国在今吉林省长白朝鲜族自治县地是错误的，长白山（'山'应为'县'之误，笔者注）地在长白山西南而非东南，进而认为荇人国的位置应在当今图们江上游地。"③ 笔者认为，分析朱蒙建国初期对周边部族的兼并，应结合朱蒙建国初期的政权统治状况、军事力量、经济实力、自然环境等各种条件进行综合分析。兼并荇人国和北沃沮的时间分别是在朱蒙建国后的六年和十年进行的，这一时期高句丽政权刚成立不久，无论是政治、经济、军事都处于建设初期，而依据孙进己所说的荇国在今长白山东南图们江上游地，距今天桓仁直线距离600公里左右，再加之长白山山系的阻挡，一路多山川河流，并非一马平川，兼并行动应该很难做到。对于北沃沮更是如此，其位置还要远于荇人国。且这两次军事行动都是在冬天进行的，可想而知，冬天气温低下，若是再赶上大雪天，基本不可能实现。

那么，我们该如何理解东明圣王六年冬十月和十年冬十一月记事呢？所谓"太白山东南荇人国"，这里的太白山虽指长白山，但并非指今天的长白山主峰的位置，而应理解为长白山系，其位置应该是相对靠西的，将其定位为今临江至长白一带的鸭绿江沿江地带，应该是合乎实际的。而所谓北沃沮，这一时期应该是一个较小的部落，朱蒙所谓灭掉北沃沮，以其地为城邑。应该理解为将北沃沮从某一"居住地"赶走了，这一"居住地"应该在鸭绿江中上游一带，或者说距今天集安国内城不会太远。《三国志·东沃沮传》载：

　　毌丘俭讨句丽，句丽王宫奔沃沮，遂进师击之。沃沮邑落皆破

---

① 孙进己等：《东北历史地理》第一卷，黑龙江人民出版社1989年版，第267—268页。
② 耿铁华：《中国高句丽史》，吉林人民出版社2002年版，第136页。
③ 孙进己：《东北民族史研究（一）》，中州古籍出版社1994年版，第255页。

之，斩获首虏三千余级，宫奔北沃沮。北沃沮一名置沟娄，去南沃沮八百余里，其俗南北皆同，与挹娄接。挹娄喜乘船寇钞，北沃沮畏之，夏月恒在山岩深穴中为守备，冬月冰冻，船道不通，乃下居村落。①

《三国史记·高句丽本纪》东川王二十年（246）冬十月载：

> 俭攻陷丸都城，屠之。乃遣将军王颀追王。王奔南沃沮，至于竹岭，军士分散殆尽，唯东部密友独在侧，谓王曰："今追兵甚迫，势不可脱。臣请决死而御之，王可遁矣。"遂募死士，与之赴敌力战。王间行脱而去。依山谷，聚散卒自卫。谓曰："若有能取密友者，厚赏之。"下部刘屋句前对曰："臣试往焉。"遂于战地，见密友伏地，乃负而至。王枕之以股，久而乃苏。王间行转辗，至南沃沮，魏军追不止。王计穷势屈，不知所为。东部人纽由进曰："势甚危迫，不可徒死。臣有愚计，请以饮食往魏军，因伺隙刺杀彼将。若臣计得成，则王可奋击决胜矣。"王曰："诺。"纽由入魏军诈降曰："寡君获罪于大国，逃至海滨，措躬无地，将以请降于阵前，归死司寇，先遣小臣，致不腆之物，为从者羞。"魏将闻之，将受其降。纽由隐刀食器，进前，拔刀刺魏将胸，与之俱死，魏军遂乱。王分军为三道，急击之，魏军扰乱不能陈，遂自乐浪而退。王复国论功，以密友纽由为第一，赐密友巨谷青木谷，赐屋句鸭杜讷河原以为食邑。追赠纽由为九使者，又以其子多优为大使者。是役也，魏将到肃慎南界，刻石纪功，又到丸都山，铭不耐城而归。②

东川王时期，关于"北沃沮"，正史《三国志》记为"北沃沮"，《三国史记》则记为"南沃沮"。无论此时的沃沮名字和指代如何，显然已不再是高句丽建国初期的北沃沮，应该是一个相对规模较大的部落，人口相对较多、影响范围也比较广。笔者认为，《三国志》和《三国史

---

① 《三国志》卷30《东沃沮传》。
② 《三国史记》卷17《高句丽本纪》东川王二十年（246）冬十月条。

记》记载虽然存在较大差异，但在高句丽东川王时期高句丽国家的东部存在一个沃沮之地，并且在这一时期的北沃沮或南沃沮，应该已是高句丽统治区域，否则已被屠城，处于危难之时的东川王是不会贸然逃至此地。回头看朱蒙时期的北沃沮，就很好理解了，正如前文所说，朱蒙时期的北沃沮应该是较为弱小的部落，且应该位于卒本东部不会太远的位置，在鸭绿江中上游地区较为可能。不然朱蒙是很难在严冬十一月，隔着崇山峻岭远距离兴兵灭掉北沃沮。此时的北沃沮地被朱蒙占领，并以其地为城邑。有可能领地被占的部分北沃沮人选择了向东北迁徙，不断发展壮大，成为后来东川王时期的北沃沮（南沃沮）。总之，高句丽建国初期的史料记载不详，且有夸大之嫌，加之后期史料关于北沃沮的记载又存在不一致。这里笔者仅是依据相关资料记述，结合客观情况的一种推测。

朱蒙的一系列兼并扩张活动，开创了高句丽政权的基业，为高句丽的进一步发展奠定了初步基础。一方面，巩固和扩大了高句丽政权初期的统治区域，另一方面，高句丽的人口与财富获得一定的增长。这两点使得高句丽整体的实力大为增强。

三　关于侯"驺"身份的再探讨

"驺"身份问题是高句丽早期历史研究的焦点，也是高句丽族群问题研究的一个难点。由于史料记载的前后不一，导致争议极大。笔者在学界研究的基础上，从最基本的史料比勘入手，详细对比了不同时期、不同来源的史料，通过比较不同、分析矛盾，明晰史料记载偏差。"驺"身份史料呈现出从清晰到混乱的过程，较晚成书的《后汉书》存在明显矛盾问题，《三国史记》则存在有意回避和人为建构的情况。尽管史料存在混乱和矛盾，但为"驺"身份的明确提供了很多线索。基于此，笔者进一步从王莽边疆经略的视角，通过对相关历史背景的分析，认为王莽了解边疆、善于诛杀边疆政权首领，结合王莽"虏驺"的称呼和"驺"被杀后的反应看，"驺"应是当时高句丽政权的首领，即邹牟（朱蒙）。

关于高句丽侯"驺"的身份问题，是高句丽早期历史中重要的内容之一，"侯驺"身份的确定能够为混乱的高句丽早期历史提供一个明确的"坐标",对于理解高句丽始祖建国传说、政权建立时间、早期王位更迭、族群构成等问题都有一定的帮助。所以,学界一直以来对于王莽新朝时期东域将严尤所诱杀的高句丽侯"驺"身份问题着墨较多,与此同时,也争议不断。当前,主要存在以下两大方面:第一,认为高句丽侯"驺"是高句丽首领(高句丽王),早在北宋时期,曾巩就在《请访问高丽世次》中将"驺"列入高句丽王系之中。① 清末杨同桂《沈故·高丽墓碑》高句丽王系中也将"驺"列入,只是年代靠后。② 当代学者进一步深化研究,提出"驺"就是高句丽始祖邹牟,代表学者主要有刘子敏③、李大龙④、刘炬⑤等,韩国学者金贤淑在探讨高句丽解氏王和高氏王时认为"驺"是第二代王琉璃明王。⑥ 第二,不认为"驺"的身份是高句丽首领(高句丽王),而认为是高句丽县侯、高句丽大将、哥(多)勿侯,顾铭学较早地指出严尤存在夸大战果、假报军情的情况,从侧面认同《三国史记》诱杀对象为延丕的记载。⑦ 刘永智依据《三国史记》记载,提出"以此观之,严尤所杀确实不是邹牟王"。⑧ 朴灿奎则在《后汉书》"入塞"记载分析的基础上,认为高句丽存在一个塞内县侯和塞外王国,认为侯驺乃塞内县侯。⑨ 耿铁华依托《好太王碑》记载的早期王系情况,认为若认定驺即为邹牟则是对碑文前三王王系的否定。⑩ 王

---

① (宋)曾巩:《元丰类稿》卷31《请访问高丽世次》,四部丛刊景元本。
② (清)杨同桂:《沈故》卷1《高丽墓碑》,辽海书社1933年版,第11页。
③ 刘子敏:《几条关于朱蒙记事史料的研究》,《博物馆研究》2002年第2期;刘子敏:《朱蒙之死新探——兼说高句丽迁都"国内"》,《北方文物》2002年第4期。
④ 李大龙:《关于高句丽侯驺的几个问题》,《学习与探索》2003年第5期;李大龙:《驺被杀后的高句丽与东汉统治秩序的建立——以高句丽政权的发展和东汉统治秩序的建立为中心》,《通化师范学院学报》2015年第7期。
⑤ 刘炬、季天水:《"高句丽侯驺"考辨》,《社会科学战线》2007年第4期;刘炬:《关于高句丽早期历史研究体系的几点看法》,《东北史地》2010年第6期。
⑥ [韩]金贤淑:《高句丽的解氏王和高氏王》,《大丘史学》第47辑,1994年。
⑦ 顾铭学:《〈魏志·高句丽传〉考释(下)》,《学术研究丛刊》1981年第2期。
⑧ 刘永智:《中朝关系史研究》,中州古籍出版社1994年版,第49页。
⑨ 朴灿奎:《王莽朝高句丽记事的诸史料辨析——王莽朝高句丽记事与高句丽侯驺考(上)》,《延边大学学报》(社会科学版)2000年第3期。
⑩ 耿铁华:《王莽征高句丽兵伐胡史料与高句丽王系问题——兼评〈朱蒙之死新探〉》,《北方文物》2005年第2期。

绵厚指出"驺"可能是《三国史记》中的"沸流部"之"哥（多）勿侯"。① 李乐营、孙炜冉则在哥（多）勿侯认识的基础上进一步研究指出，"驺"本就是高句丽部侯——涓奴部多勿侯古雏加延丕，并强调中国正史之记述本无错讹，《三国史记》亦无篡改美化之笔，之所以变得纷繁复杂，盖因后人妄加臆测所致。② 此外，韩国学者李丙焘和朝鲜学者孙永钟，也基本认同《三国史记》的记载，认为严尤诱杀的是高句丽将延丕而非高句丽王。③

通过对研究史梳理可以发现，以往的研究基本依托相关文献记载，从高句丽本身展开，提出解读思路。鉴于史料极少，又存在记载内容前后不一和指向模糊问题，且缺乏必要的考古资料，争议也就必然存在。本节在前人研究的基础上，通过分析《后汉书·高句骊传》的记载，对高句丽侯"邹"身份提出思考。《后汉书·高句骊传》关于严尤诱杀高句丽侯"驺"的记载极为特殊，一方面存在承袭了前史《汉书·王莽传》和《三国志·高句丽传》中的内容，另一方面又有新的信息，与前两史存在相左之处。正是这种记载的前后不一，使得《后汉书·高句骊传》侯"驺"记事存在多处疑点乃至矛盾，需要加以辨析，这对明确侯"驺"身份具有重要启示意义。

关于高句丽侯"驺"记事，《后汉书·高句骊传》有如下记载：

> 王莽初，发句骊兵以伐匈奴，其人不欲行，强迫遣之，皆亡出塞为寇盗。辽西大尹田谭追击，战死。莽令其将严尤击之，诱句骊侯驺入塞，斩之，传首长安。莽大说，更名高句骊王为下句骊侯，于是貊人寇边愈甚。建武八年，高句骊遣使朝贡，光武复其王号。④

---

① 王绵厚：《〈汉书·王莽传〉中"高句丽侯驺"其人及其"沸流部"——关于高句丽早期历史文化的若干问题之七》，《东北史地》2009 年第 5 期。
② 李乐营、孙炜冉：《也谈高句丽"侯驺"的相关问题》，《社会科学战线》2014 年第 2 期。
③ 代表研究成果为：[韩] 이병도：《韓國古代史研究》，서울：박영사，1976년，180—182쪽．（[韩] 李丙焘：《韩国古代史研究》，首尔：博英社 1976 年版，第 180—182 页）[朝鲜] 손영종：《고구려사》（1—2），평양：과학백과사전종합출판사，2007년，88—89 쪽．（[朝鲜] 孙永钟：《高句丽史》1—2，平壤：百科全书综合出版社 2007 年版，第 88—89 页）
④ 《后汉书》卷 85《高句骊传》。

第二章　政权建构：高句丽族群的核心凝聚与形成

在分析这段史料之前，需要对《汉书》和《三国志》相关记载加以比较说明。《汉书·王莽传》载：

> 先是，莽发高句骊兵，当伐胡，不欲行，郡强迫之，皆亡出塞，因犯法为寇。辽西大尹田谭追击之，为所杀。州郡归咎于高句骊侯驺。严尤奏言："貊人犯法，不从驺起，正有它心，宜令州郡且尉安之。今猥被以大罪，恐其遂畔，夫余之属必有和者。匈奴未克，夫余、秽貊复起，此大忧也。"莽不尉安，秽貊遂反，诏尤击之。尤诱高句骊侯驺至而斩焉，传首长安。莽大说，下书曰："乃者，命遣猛将，共行天罚，诛灭虏知，分为十二部，或断其右臂，或斩其左腋，或溃其胸腹，或紬其两胁。今年刑在东方，诛貉之部先纵焉。捕斩虏驺，平定东域，虏知殄灭，在于漏刻。此乃天地群神社稷宗庙佑助之福，公卿大夫士民同心将率虓虎之力也。予甚嘉之。其更名高句骊为下句骊，布告天下，令咸知焉。"于是貉人愈犯边，东北与西南夷皆乱云。①

《三国志·高句丽传》载：

> 王莽初，发高句丽兵以伐胡，不欲行，强迫遣之，皆亡出塞为寇盗。辽西大尹田谭追击之，为所杀。州郡县归咎于句丽侯驺，严尤奏言："貊人犯法，罪不起于驺，且宜安慰。今猥被之大罪，恐其遂反。"莽不听，诏尤击之。尤诱期句丽侯驺至而斩之，传送其首诣长安。莽大悦，布告天下，更名高句丽为下句丽，当此时为侯国。汉光武帝八年，高句丽王遣使朝贡，始见称王。②

结合《汉书·王莽传》和《三国志·高句丽传》的记载来看《后汉书·高句骊传》侯"驺"记事，有两处关键信息的变化。

其一，《汉书》和《三国志》在侯"驺"被杀后，均记载"更名高

---

① 《汉书》卷99中《王莽传》。
② 《三国志》卷30《高句丽传》。

句丽（骊）为下句丽（骊）"，对此《后汉书》则记为"更名高句骊王为下句骊侯"，增加了从"王"到"侯"的新变化。

其二，《三国志》记载汉光武帝八年（32），"高句丽王遣使朝贡，始见称王"，强调开始发现高句丽称王；而在《后汉书》中则记为建武八年（32），"高句骊遣使朝贡，光武复其王号"，强调此时是恢复高句丽的王号。

此外，也有一些微小的变化，并非核心问题。《汉书》《三国志》记载征高句丽兵伐"胡"，诱高句丽侯驺至而斩之，这两个情况在《后汉书》中则记为伐"匈奴"，诱句骊侯驺"入塞"。

从两处关键信息的变化可知，《后汉书》强调高句丽首领前期是称王的，诱杀侯驺之后才将高句丽王贬为高句丽侯，可以发现在《后汉书》中"高句丽侯驺"和"高句丽王"同时存在。由于高句丽王被贬为侯，《后汉书》顺应记载，在建武八年（32）高句丽遣使朝贡时，东汉光武帝恢复了高句丽的王号。《后汉书》记载看似前后逻辑通顺，但通过与前史比较就能发现其中的问题。

《汉书·王莽传》是高句丽侯"驺"记事的最早文献，成书于公元83年，与侯"驺"被杀时间相距最近，记载的文字和信息也是最多的，对侯驺被杀的前因后果记载详细完整、逻辑清楚。《汉书》明确记载"更名高句骊为下句骊"，核心在于从"高"到"下"的变化，并无从"王"到"侯"变化的任何信息。其实，这一记载并非随意，有着清晰的历史背景。王莽代汉建新后，强调："天无二日，土无二王，百王不易之道也。汉氏诸侯或称王，至于四夷亦如之，违于古典，缪于一统。其定诸侯王之号皆称公，及四夷僭号称王者皆更为侯。"① 于是"遣五威将王奇等十二人班符命四十二篇于天下……五威将军奉符命，赍印绶，王侯以下及吏官名更者，外及匈奴、西域，徼外蛮夷，皆即授新室印绶，因收故汉印绶。……其东出者，至玄菟、乐浪、高句骊、夫余；南出者，逾徼外，历益州，贬句町王为侯；西出者，至西域，尽改其王为侯；北出者，至匈奴庭，授单于印，改汉印文，去'玺'曰'章'"。②

---

① 《汉书》卷99中《王莽传》。
② 《汉书》卷99中《王莽传》。

第二章　政权建构:高句丽族群的核心凝聚与形成

　　五威将东出者到达了高句丽,当时高句丽的情况存在两种可能。其一,在五威将东出之时,高句丽首领并未称王,五威将东出只是送去了新的印绶,所以《汉书》没有明确记载改王为侯的内容;其二,高句丽首领已经称王,五威将东出不仅送去新的印绶,也将高句丽改王为侯。通过这两种可能性的分析,可以明确一个问题,即后来王莽征高句丽兵伐胡,并诱杀高句丽侯驺时,高句丽首领无论如何也是不可能称王的,否则就不符合王莽"天无二日,土无二王"的政策。这也就清楚了,《汉书》为何明确记载"更名高句骊为下句骊",无改王为侯的任何信息,因为此时高句丽首领不可能称王。同时也明确了《三国志》中,陈寿在记载高句丽到下句丽的变化时,认为高句丽"当此时为侯国"的判断是符合相关历史背景的。再结合《三国志》中"汉光武帝八年,高句丽王遣使朝贡,始见称王"的记载,笔者倾向认为,高句丽此前在中原王朝的视野里一直为较小的部落。尽管在王莽遣五威将东出之时,高句丽已经一定程度壮大,但在中原政权的眼中也仅是首领为侯的边疆民族政权而已。直到东汉建武八年前后,高句丽首领才开始称王。之所以这样认为,除了《汉书》《三国志》提供的直接信息外,此时高句丽也具备了称王的条件。一方面,王莽新朝已灭亡多年,其所定下的"土无二王"规则也就不复存在了,由西汉所建立的宗藩体系也土崩瓦解,边疆陷入了混乱和各自为政的状态。另一方面,建武八年前后东汉尚未实现对割据势力的平灭,为实现统一,需要对周边采取消极和安抚的策略,当时刘秀提出"务广地者荒,务广德者强"① 的消极边疆治理思想,甚至在建武二十二年(46),面对西域鄯善王多次请都护,则直接回复:"今使者大兵未能得出,如诸国力不从心,东西南北自在也。"② 所以,在这一背景下高句丽首领称王,并遣使朝贡获得宗主国的认可也在情理之中。

　　在了解这些历史背景之后,再来看《后汉书》侯"驺"记事,前半部分侯"驺"被杀的原因和经过承袭了《汉书》和《三国志》,后半部分出现了高句王变下句丽侯的本质变化。前文已述,此时高句丽不具备称王的条件,所以《后汉书》里"高句丽王"的出现便是一个矛盾问题。

---

① 《后汉书》卷18《臧宫传》。
② 《后汉书》卷88《西域传》。

此外，由于《后汉书》中高句丽王的出现，也导致了高句丽侯"驺"和高句丽王同时存在的情况。二者是否可以同时存在？又是怎样的关系？不排除在范晔的认识中，高句丽统治者传统称谓"王"被降为侯的可能；抑或将王莽降王为侯和贬高句丽为下句丽两项措施统一强调的情况。正是因为问题如此复杂，笔者才将《后汉书》相关记载展开专门辨析。

《后汉书·高句骊传》侯"驺"的复杂性和疑点问题，从后史的沿袭中也能提供一定的侧证。《梁书·高句骊传》载：

> 王莽初，发高骊兵以伐胡，不欲行，强迫遣之，皆亡出塞为寇盗。州郡归咎于句骊侯驺，严尤诱而斩之，王莽大悦，更名高句骊为下句骊，当此时为侯矣。光武八年，高句骊王遣使朝贡，始称王。①

《北史·高丽传》记载：

> 王莽初，发高句丽兵以伐胡，而不欲行，莽强迫遣之，皆出塞为寇盗。州郡归咎于句丽侯驺，严尤诱而斩之。莽大悦，更名高句丽，高句丽侯。光武建武八年，高句丽遣使朝贡。②

《资治通鉴》卷37《汉纪》始建国四年载：

> 莽又发高句骊兵击匈奴；高句骊不欲行，郡强迫，皆亡出塞，因犯法为寇。辽西大尹田谭追击之，为所杀。州郡归咎于高句骊侯驺，严尤奏言："貊人犯法，不从驺起；正有他心，宜令州郡且尉安之。今猥被以大罪，恐其遂畔，夫余之属必有和者。匈奴未克，夫余、濊貊复起，此大忧也。"莽不尉安，濊貊遂反；诏尤击之。尤诱高句骊侯驺至而斩焉，传首长安。莽大说，更名高句骊为下句骊。

---

① 《梁书》卷54《高句骊传》。
② 《北史》卷94《高丽传》。

于是貉人愈犯边，东、北与西南夷皆乱。①

《资治通鉴》卷42《汉纪》建武八年载：

> 十二月，高句丽王遣使朝贡，帝复其王号。②

可以发现，《梁书》记载与《汉书》《三国志》基本一致，回避了《后汉书》的内容。《北史》记载较为混乱，尽管"高句丽侯"跟《后汉书》似乎有些关系，但是存在明显的语义不通。《资治通鉴》始建国四年的记载直接继承了《汉书》《三国志》，出现"更名高句骊为下句骊"，回避了《后汉书》中的"更名高句骊王为下句骊侯"；建武八年的记载中出现的"高句丽王"与《三国志》同，未采用《后汉书》中的"高句骊"，但下文建武八年的记载，却又选择相信《后汉书》中的"复其王号"，回避了《三国志》中"始见称王"的内容。如果说李延寿存在传抄讹误的话，显然司马光在认识上存在明显的取舍。

《后汉书·高句骊传》侯"骀"记事出现新的信息导致歧义和矛盾的根源值得思考，当前并无直接的资料可以说明问题。但结合《三国志·高句丽传》的相关记载，以及《后汉书》成书时间和高句丽建国传说形成与传播的时间，可以提供一个理解思路。

《三国志·高句丽传》关于高句丽早期历史的记载，多处涉及高句丽称王的情况，可能对范晔产生了一定的误导。《三国志·高句丽传》载：

> 本有五族，有涓奴部、绝奴部、顺奴部、灌奴部、桂娄部。本涓奴部为王，稍微弱，今桂娄部代之。汉时赐鼓吹技人，常从玄菟郡受朝服衣帻，高句丽令主其名籍。……其置官，有对卢则不置沛者，有沛者则不置对卢。王之宗族，其大加皆称古雏加。涓奴部本国主，今虽不为王，适统大人，得称古雏加，亦得立宗庙，祠灵星、

---

① 《资治通鉴》卷37《汉纪》，王莽始建国四年。
② 《资治通鉴》卷42《汉纪》，光武帝建武八年十二月。

社稷。绝奴部世与王婚,加古雏之号。①

这段史料记载了高句丽早期历史中一些重要信息,多处涉及王的内容。高句丽早期先是涓奴部为王,后来桂娄部取而代之,王室宗族称古雏加,涓奴部尽管不为王,但地位和王室成员相当,绝奴部因世代与王婚,所以地位也与王室相当。这些记载透露了一个重要信息,高句丽早期首领称王,而且持续很长时间。但是陈寿下文在侯驺记事的内容里有一个回应,认为在王莽诱杀高句丽侯"驺"之时,高句丽"当此时为侯国",前文已述笔者以为陈寿的这一判断是符合当时历史背景的。"本涓奴部为王"的记载应该是陈寿结合他当时对高句丽桂娄部称王情况的一种追记,将早期涓奴部作为政权首领也记作称王了。需要指出的是,可能存在高句丽首领早期自称为"王"的情况,但在中原王朝的治理体系中高句丽首领此时的身份仅是侯而已。针对这一问题,朴灿奎在相关研究中有所涉及,认为陈寿所记"'始见称王'是指在此之前,汉王朝并不知高句丽的最高统治者已经称王,而只是通过此'朝贡'事件得知了这一点。据此,不难看出陈寿之原意,即汉朝得知高句丽称王,始于此时,则王莽改制时当然不知高句丽是王国,改高句丽王为侯更无从谈起。所以,陈寿在记述王莽改高句丽为下句丽之后,随后特意加上《汉书》所未载的'当此时为侯国'之句。其意就是王莽时为侯国的高句丽,到光武帝时,才发展成为王国,对高句丽社会所发生的这一变化,汉王朝只通过高句丽王的'朝贡'才开始有所了解。"② 笔者以为这一分析是相对客观的,只是王莽改制时不知道高句丽是"王国"的说法有些牵强,因为五威将东出到达了高句丽,当时高句丽首领到底是称王还是称侯显然是可以明确的。合理的解释就是,在中原王朝的治理体系中高句丽首领早期仅是称侯,称王是后来的事情,直到光武八年遣使朝贡之时,中原王朝才发现其首领称王的情况。《后汉书》中所记"复其王号",有可能是范晔受到了《三国志·高句丽传》开篇追记的误导。

---

① 《三国志》卷30《高句丽传》。
② 朴灿奎:《王莽朝高句丽记事的诸史料辨析——王莽朝高句丽记事与高句丽侯騊考(上)》,《延边大学学报(社会科学版)》2000年第3期。

高句丽建国传说形成与传播，应该也是《后汉书·高句骊传》出现新信息的一个重要因素。《后汉书》成书于5世纪前半期，这一时期正是高句丽政权发展史上最为辉煌的阶段，好太王开疆拓土实现了政权疆域的最大化，长寿王进一步将国都迁至朝鲜半岛平壤地区，成为当时东北地区最为强大的政治势力。这一过程中高句丽与南北朝积极交流，尤其与北魏、刘宋交往密切。与此同时，高句丽建国传说基本构建完成，并广泛传播。其中好太王碑立于东晋安帝义熙十年（414），碑文开篇便对高句丽始祖邹牟王建国情况作了镌刻记载；《魏书·高句丽传》通过对高句丽人"自言"的记载，使得高句丽建国传说内容更为丰富。[①] 这两条高句丽建国传说对政权创建者朱蒙（邹牟）进行了神话建构，尤其《好太王碑》将高句丽政权首领明确记载为"王"。5世纪前期，高句丽不断加强与南北朝的交流，通过遣使朝贡的方式，将其建国神话尤其是邹牟（朱蒙）身世向宗主国方面传播，产生了重要影响。高句丽人在建构历史过程中，并不承认自己的首领称为侯，强调起初就是称王，亦无法面对其首领被杀的事实。这一情况，很可能影响到了范晔，使得其在记载高句丽侯"骓"的过程中，部分遵照《汉书》和《三国志》的同时，进行了新的加工，认同高句丽首领早期称王，王莽诱杀侯骓，并将其王更为侯后，顺应也就有了"复其王号"，而非"始见称王"。但这一记载，没有与侯"骓"被杀和王莽改王为侯历史背景结合起来，导致了歧义的出现。

通过上文对《后汉书·高句骊传》侯"骓"记事的辨析，可以得出以下认识。《后汉书·高句骊传》侯"骓"记事没有完全承袭《汉书》《三国志》的相关记载，尤其在高句丽称王与否的问题上，应当受到了《三国志》追记内容和高句丽建国传说广泛传播的影响，认为高句丽首领早期就已称王。尽管与下文"复其王号"的记载逻辑通顺，但却忽略了高句丽不具备称王条件的事实，也就出现了侯"骓"与王同时存在的矛盾。其实，《汉书》《三国志》中已经把侯"骓"记事的经过交代得极为清楚，王莽所诱杀的高句丽侯"骓"就是高句丽政权的首领。关于这一问题，史料中有一个重要的细节，以往学界并没有太多关注。最早记载

[①] 《魏书》卷100《高句丽传》，开篇载："高句丽者，出于夫余，自言先祖朱蒙……"。

侯"驺"的《汉书》将匈奴单于"虖知"与高句丽"虖驺"并列，这显然已经表明"驺"与匈奴单于"知"均为首领人物，另外，诱杀侯"驺"之后，王莽强调"平定东域"，这基本能够说明问题。严尤诱杀了高句丽侯"驺"后，进一步将高句丽贬低为下句丽。东汉初年，东汉朝廷无暇顾及边疆问题，在此前后高句丽首领开始称王，并遣使朝贡，获得东汉的认可。由于较晚成书的朝鲜半岛史书《三国史记·高句丽本纪》中有严尤诱杀高句丽将"延丕"的记载，① 与正史中严尤诱杀高句丽侯"驺"有着本质区别，进而引发了高句丽侯"驺"身份问题的巨大争议。结合上文分析，笔者以为较晚成书的《三国史记》这一内容，应该是源于高句丽人的"古记"，继承了高句丽人的建国传说，刻意回避了《汉书》《三国志》中侯"驺"被杀和"始见称王"的不利信息，将始祖朱蒙身世"神话化"，强调高句丽首领一直称王，认同《后汉书》所记"高句骊王为下句骊侯"，出现了"更名吾王为下句丽侯"的有利记载，并建构出"延丕"形象加以替代，目的是回避高句丽首领称侯和被杀的史实。

第三节 琉璃明王继位迁都与族群的壮大

一 琉璃明王继位之时高句丽内外局面

琉璃明王，讳类利，或云儒留，按照《三国史记》记载是朱蒙与礼氏女所孕之子，在朱蒙南下卒本川之时尚未出生，后于东明圣王十九年（前19）与其母自扶余逃归，被朱蒙立为太子。② 当年九月东明圣王去世，便继承王位。琉璃明王继位前后，虽经朱蒙励精图治，但是其政权依然面临着内外交困的局面，亟待解决。

首先，西汉王朝的巨大压力。依据现有资料看高句丽政权是在西汉郡县体制下玄菟郡高句丽县内建立政权，且不说初期政权性质如何，但其绝对属于高句丽县管辖是毫无疑问的，这一点在史书中记载清晰："汉

---

① 《三国史记》卷13《高句丽本纪》琉璃明王三十一年（12）条。
② 《三国史记》卷13《高句丽本纪》东明圣王十九年（前19）条。

时赐鼓吹技人，常从玄菟郡受朝服衣帻，高句丽令主其名籍。"① 很明确当时高句丽接受汉王朝的赐予，并作为汉王朝的行政官员受官服，尤为重要的是，高句丽县令管辖着高句丽人的户籍，这是极为直接的上下级管理与控制关系。正是这层关系的存在，后来莽新朝时期，王莽调遣高句丽兵对匈奴进行战争，由于高句丽并未按照王莽的意思去执行，"不欲行，郡强迫之，皆亡出塞，因犯法为寇。辽西大尹田谭追击之，为所杀"。② 导致高句丽侯"驺"被杀，"尤诱高句骊侯驺至而斩焉，传首长安"。③ 此外，史料中出现的"黄龙"和"黄龙国"可能也是西汉的地方势力，对高句丽亦带来威胁。对此，李大龙通过对《好太王碑》中记载的邹牟王最终归宿黄龙所起的作用，将汉代的"黄龙现象"进行了细致客观的分析，并结合《三国史记·高句丽本纪第一》中的"黄龙"和"黄龙国"记载，指出"黄龙"和"黄龙国"应是指当时汉代的地方势力，可能是以玄菟郡高句丽县为核心形成的政治势力，这一势力对当时高句丽政权的存在与发展造成了严重的威胁，高句丽的迁都与黄龙国的存在有着直接关系。④ 尽管高句丽政权建立初期，并未与玄菟郡之间产生过正面的冲突，但是在汉王朝的统辖之下，高句丽自身要发展不得不触及汉政权的利益，尤其从高句丽迁都前后零星史料中反映的一些现象，如黄龙国问题、诱杀高句丽侯"驺"问题等等，更能直观地说明高句丽与汉朝的微妙关系。其实，鉴于高句丽早期历史文献资料极少，仅依靠《三国史记》的记载去分析是相对片面的，诸如上文分析的迁都时间问题，可能并非《三国史记》所记的公元 3 年，应该更晚，故高句丽建国时间可能也相应不会太早。这一问题下文总结部分会进行说明，这里不作展开。

其次，夫余的军事压力。高句丽与夫余关系在高句丽早期历史文献记载中较多，一方面高句丽建国神话中其政权创建者源自夫余，另一方面高句丽所建政权或者说朱蒙所继承政权原称卒本夫余。这就使得高句丽跟夫

---

① 《三国志》卷 30《高句丽传》。
② 《汉书》卷 99 中《王莽传》。
③ 《汉书》卷 99 中《王莽传》。
④ 李大龙：《黄龙与高句丽早期历史——以〈好太王碑〉所载邹牟、儒留王事迹为中心》，《青海民族大学学报》2015 年第 1 期。

余之间关系密切。按照前文笔者对卒本夫余问题的解构分析，可以发现由于在西汉时期夫余在东北地区的地位和影响力，可能存在一种较次级的"藩属体系"，即以夫余为宗主而存在于周边区域的其他藩属，这类小的政权或者部落攀附夫余而存在着。至于朱蒙是不是如建国神话所说就是源自夫余国王子，南逃建立政权，还需要再审视，笔者认为这一先祖的来源说存在一定的建构因素，是为其执政的合法性和正当性进行的粉饰记载。在琉璃明王继位前后，夫余与高句丽关系出现从友好到结怨的过程。先是东明圣王十四年（前24）秋八月，王母柳花薨于东夫余，其王金蛙以太后礼葬之，遂立神庙。冬十月，朱蒙遣使夫余馈方物，以报其德。① 表明以金蛙王为代表的夫余王室对朱蒙还是比较念旧，充满感情的，朱蒙对此也是感恩戴德。② 紧接着东明圣王十九年（前19）史书又载：夏四月王子类利自夫余与其母逃归，王喜之立为太子。③ 类利母子逃归的事件绝非偶然，应该也是夫余对高句丽宽容的表现。这些现象都彰显了高句丽在建国初期与夫余关系是和谐的。到了金蛙后期，尤其到带素执政夫余时期，随着高句丽不断发展壮大，除了宽容之外应该也有一定的防备，或者说是使其臣服的想法，这种想法在带素的心里表现得尤为突出，使得带素执掌夫余后便与高句丽有了矛盾乃至战争，即"质子事件"。琉璃明王十四年（前6）春正月，"夫余王带素遣使来聘，请交质子，王惮夫余强大，欲以太子都切为质。都切恐不行，带素恚之。冬十一月，带素以兵五万来侵，大雪，人多冻死，乃去。"④ 该条史料表明高句丽王类利十分惧怕夫余的强大，打算将太子都切作为人质，但太子因恐惧并未同意，使得夫余王带素极为恼怒，故以兵五万来攻打高句丽，由于天气恶劣原因未取得成功。

最后，较为棘手的内忧。在琉璃明王执政前后，高句丽内部依然发生着微妙的变化，存在分裂的隐患。但目前关于这一问题的文献资料主

---

① 《三国史记》卷13《高句丽本纪》东明圣王十四年（前24）条。
② 其实这种感情早在朱蒙在夫余生活期间就已有体现。《三国史记·高句丽本纪》载：金蛙有七子，常与朱蒙游戏，其技能皆不及朱蒙。其长子带素言于王曰："朱蒙非常人所生，其为人也勇，若不早图，恐有后患，请除之。"王不听，使之养马。［《三国史记》卷13《高句丽本纪》东明圣王元年（前37）条。］显然从金蛙的反应可以看出，他是不忍心伤害朱蒙的，这一切朱蒙应该知情。
③ 《三国史记》卷13《高句丽本纪》东明圣王十九年（前19）条。
④ 《三国史记》卷13《高句丽本纪》琉璃明王十四年（前6）条。

要集中在《三国史记》关于高句丽、百济的建国传说及其相关记载中，是否为信史还需辩证去看，鉴于没有其他史料可供参考，可以依据其中隐含的历史信息稍作分析。在《三国史记·高句丽本纪》中有如下描写："二年秋七月，纳多勿侯松让之女为妃。冬十月，百济始祖温祚立。"① 多勿侯松让是朱蒙时代所征服的沸流国国王，从"累世为王"记载看，松让的实力在卒本地区是显而易见的，所以琉璃明王娶松让之女可以说是在当时外患极其严重的情况下控制内忧的重要行为。但是即便如此，当时高句丽分裂的情况还是发生了。也就是"冬十月，百济始祖温祚立"，这一情况在《三国史记·百济本纪》中记载得更为清楚。"百济始祖温祚王，其父，邹牟，或云朱蒙。自北扶余逃难，至卒本扶余。扶余王无子，只有三女子，见朱蒙，知非常人，以第二女妻之。未几，扶余王薨，朱蒙嗣位。生二子，长曰沸流，次曰温祚。及朱蒙在北扶余所生子，来为太子。沸流、温祚，恐为太子所不容，遂与乌干马黎等十臣南行，百姓从之者多。遂至汉山，登负儿岳，望可居之地，沸流欲居于海滨。十臣谏曰：'惟此河南之地，北带汉水，东据高岳，南望沃泽，西阻大海。其天险地利，难得之势，作都于斯，不亦宜乎？'沸流不听，分其民，归弥邹忽以居之。温祚都河南慰礼城，以十臣为辅翼，国号十济，是前汉成帝鸿嘉三年也。沸流以弥邹土湿水咸，不得安居，归见慰礼，都邑鼎定，人民安泰，遂惭悔而死，其臣民皆归于慰礼。后以来时百姓乐从，改号百济。其世系与高句丽同出扶余，故以扶余为氏。"② 这里清楚地记载了朱蒙与卒本夫余王的二女生二子，③ 由于朱蒙去世王位之争败于类利，故

---

① 《三国史记》卷13《高句丽本纪》琉璃明王二年（前18）七月条。
② 《三国史记》卷23《百济本纪》百济始祖温祚王元年（前18）条。
③ 《三国史记·百济本纪》另记："或云，朱蒙到卒本，娶越郡女，生二子。""始祖沸流王，其父优台，北扶余王解扶娄庶孙。母召西奴，卒本人延拖勃之女，始归于优台，生子二人，长曰沸流，次曰温祚。优台死，寡居于卒本。后朱蒙不容于扶余，以前汉建昭二年，春二月，南奔至卒本，立都号高句丽，娶召西奴为妃。其于开基创业，颇有内助，故朱蒙宠接之特厚，待沸流等如己子。及朱蒙在扶余所生礼氏子孺留来，立之为太子，以至嗣位焉。于是，沸流谓弟温祚曰：'始，大王避扶余之难，逃冉至此，我母氏倾家财，助成邦业，其勤劳多矣。及大王厌世，国家属于孺留（即类利），吾等徒在此，郁郁如疣赘，不如奉母氏，南游卜地，别立国都。'遂与弟率党类，渡浿带二水，至弥邹忽以居之。"这里关于沸流与温祚的出身（父母）记载不同。正因如此，这一史料的真实性也大打折扣，这里只是依托史料的分析。

选择了出走。从"沸流、温祚，恐为太子所不容，遂与乌干马黎等十臣南行，百姓从之者多"记载看，有重臣和大量人口跟随，这对新生的高句丽政权而言是极为不利的，但是这一局面琉璃明王并无法控制。

鉴于以上情况，琉璃明王为了避开西汉与夫余的锋芒，进一步稳固自己的统治，毅然选择了迁都，从后面高句丽的快速发展壮大看，琉璃明王的迁都行为是极其明智的。

二 琉璃明王时期高句丽族群的壮大

根据《三国史记》的记载，琉璃明王是朱蒙在夫余期间与礼氏女所孕之子，出生和前期成长都在夫余度过，后来从母亲处得知父亲情况，并践行了朱蒙对其母的诺言，追随其父南下。对此史料记载为：（类利）幼年，出游陌上，弹雀，误破汲水妇人瓦器，妇人骂曰："此儿无父，故顽如此。"类利惭，归问母氏："我父何人，今在何处？"母曰："汝父，非常人也。不见容于国，逃归南地，开国称王。归时谓予曰：'汝若生男子，则言我有遗物，藏在七棱山上松下，若能得此者，乃王子也。'"类利闻之，乃往山谷索之，不得，倦而还。一日，在堂上闻柱础间若有声，就而见之，础石有七棱，乃搜于柱下，得断剑一段，遂持之，与屋智、句邹、都祖等三人行至卒本，见父王，以断剑奉之。王出己所断剑合之，连为一剑。王悦之，立为太子，至是继位。① 此段文献详细记载了类利"南奔投父"的过程，其中"与屋智、句邹、都祖等三人行至卒本"，表明当时类利南奔投父并非只有自己和母亲，还有"屋智、句邹、都祖等"。这一问题在朱蒙南下之时亦有同类的记载"朱蒙乃与乌伊、摩离、陕父等三人为友，行至淹淲水"。前文已经分析指出乌伊、摩离、陕父等三人应该属于部落首领名称，想必此时跟随类利南下的"屋智、句邹、都祖"应该也属于这一情况。前文在探讨这一时期高句丽与夫余关系时，笔者曾指出类利能够从夫余逃出绝非偶然。并且其在夫余也非常人，应该拥有自己的拥护者。对此，孙炜冉认为类利来到卒本带有自己的武装支持者，屋智、句邹、都祖三人，当是代表了类利由母族随行带来的三

---

① 《三国史记》卷13《高句丽本纪》琉璃明王元年（前9）条。

第二章 政权建构：高句丽族群的核心凝聚与形成

支支持自己的部落力量，这是其能来到卒本地区立足的政治资本。① 这是琉璃明王初期主动的族群融入时期，是琉璃明王时代一次较大的人口融合过程。

由于琉璃明王的到来，获得了朱蒙的认可立为太子，直至继承王位。这个过程史料记载极为简略，并且时间也只有五个月的跨度（自始祖东明圣王十九年夏四月至秋九月），这其中有些问题需要重新去认识，类利的能力如何体现，如何获得卒本夫余文武百官认可，半年内就继承王位。有两种解释：其一，正如前文所述类利跟随者众多，实力雄厚，并获得朱蒙认可，可能也存在上引史料所说类利为朱蒙的亲生儿子；其二，类利并非像史料中记载的那样从夫余逃来，就立即被封为太子，且随后不久便继承王位，而是经过了长时间的努力，最终获得认可。② 在类利执政之后，为政权的稳固和族群壮大做出了巨大的努力，前文笔者已经提到其面临的内忧外患情况。在其执政的第二年，便纳多勿侯松让之女为妃。③ 多勿为原世居部落政权沸流国，在卒本一带实力强大。显然纳多勿侯松让之女为妃是琉璃明王获得政治筹码的重要举措，这一行为也使得高句丽核心族群不断凝聚。在琉璃明王三年时由于王妃松氏去世，其再娶二女，禾姬，鹘川人之女也，雉姬，汉人之女也，想必这两次也是琉璃明王稳固政权壮大族群的举措。鹘川人显然是一个较为重要的部落，也是一支重要的政治势力，对琉璃明王的执政有着重要的帮助，在娶鹘川人之女前两个月朱蒙刚在鹘川建了离宫，这表明当时已经于鹘川建立了良好的关系，并且鹘川已经完全属于琉璃明王的控制范围，否则琉璃

---

① 孙炜冉：《高句丽诸王研究》，博士学位论文，东北师范大学，2016 年。

② 孙炜冉指出类利到卒本地区当月便被立为太子，不到半年便即位为主，这都是后人为粉饰其贤德而矫伪的材料。真实情况是，类利最少经过了长达七八年的努力，以其卓识的能力，被朱蒙逐步认可和最终委以重任。正因为朱蒙被杀时间为始建国四年（12），所以高句丽的建国时间不可能是建昭二年（前 37），而应该是绥和二年（前 7），所以《三国史记》琉璃明王条其在位第三十一年（12）之前的记述都完全不可信，很大一部分其实都是类利监国时的情况和将后来其即位之后的事情重复记述到了前面。（孙炜冉：《高句丽诸王研究》，博士学位论文，东北师范大学，2016 年。）笔者认同高句丽建国时间较晚的认识，至于类利的情况，目前并未有其他资料可以清楚说明，同时高句丽早期历史有着很强的神话传说色彩，这里仅是依托仅有的资料作的分析说明。

③ 《三国史记》卷 13《高句丽本纪》琉璃明王十四年（前 6）条。

明王也不会在此建造离宫。那么这个鹘川在哪里呢？笔者通过对文献的梳理发现，东明圣王到大武神王时期关于"鹘"或"骨"的记载在《三国史记》中共出现了6次，"（东明圣王）三年（前35）春三月黄龙见于鹘岭。秋七月，庆云见鹘岭南"①。"（琉璃明王）三年秋七月，做离宫于鹘川。冬十月，王妃松氏薨。亡更娶二女以继室，一曰禾姬，鹘川人之女也。"②"（琉璃明王）三十七年（18）夏四月，王子津溺水死……葬于王骨岭。"③（大武神王）三年（20）秋九月，王田骨句川。④ 这些记载表明鹘川或者鹘岭对高句丽而言是一个极为重要的地理区域。更为重要的是，《魏书》记高句丽早期都城为"纥升骨城"，完全有理由相信这一鹘川可能与高句丽早期都城所在区域有关，也就是在卒本附近。首先，从字面文字结构来看，鹘川的"鹘"和纥升骨城的"骨"写法基本相同，关系密切可能为通假，骨岭和骨句川显然已经是与纥升骨城的骨字完全相同了。其次，从音韵上看，"鹘"，古忽切，音骨（gǔ），⑤ 又户八切，音胡（hú），无论是哪种读音，从其音韵上来看，很明显可以看出跟骨字二者为同一音切。《好太王碑》中的忽本、《魏书》中的纥升骨城以及《三国史记》中鹘（骨）川（岭），应该指的是同一地区。纥升骨城中"骨"的叫法应该产生在琉璃明王时期或者之后，早期这一位置的名称应为鹘川，该地区的山应该为鹘岭，后来可能改叫骨川或者骨岭，在此地区建立的城应该叫纥升骨城。显然琉璃明王娶鹘川人之女与纳多勿侯性质雷同，都是在卒本地区不断地稳固自己的政权，壮大族群。而娶汉人之女，则是团结在这一地区的汉人势力。早在箕子朝鲜时期汉人（华夏）族群就不断地向辽东及朝鲜半岛一带移民，尤其到了汉武帝时期灭卫氏朝鲜置乐浪、临屯、玄菟、真番四郡，⑥ 大量的汉人移居至此。而高句丽政权正是在汉玄菟郡高句丽县下所形成

---

① 《三国史记》卷13《高句丽本纪》东明圣王三年（前35）条。
② 《三国史记》卷13《高句丽本纪》琉璃明王三年（前17）秋七月条。
③ 《三国史记》卷13《高句丽本纪》琉璃明王三十七年（18）夏四月条。
④ 《三国史记》卷14《高句丽本纪》大武神王三年（20）秋九月条。
⑤ （汉）许慎撰，（清）段玉裁注：《说文解字注》，上海古籍出版社1981年版，第149页上栏。
⑥ 《史记》卷115《朝鲜列传》。

的，并且接受高句丽玄菟郡和高句丽县的管辖，所以在高句丽早期的族群构成中汉人应是重要的组成部分。这也就明白为什么琉璃明王娶汉人之女为妻了。琉璃明王更娶鹘川人之女和汉人之女对高句丽族群的进一步壮大起到了重要作用，正是因为琉璃明王的这些壮大政权和势力举措，在温祚的分裂和鲜卑的出击过程中，高句丽政权并未出现颠覆性的转变。尤其对鲜卑的出击，琉璃明王应对从容，并最终使得鲜卑"降为属国"，这也使得高句丽族群共同体中增加了鲜卑人的角色，不断地多元化。需要指出的是，这里的鲜卑可能仅仅是一个小的部落（李大龙对此有较为详细的分析①）以鲜卑人为主，并割据一方。它们从鲜卑族大本营（公元前208年匈奴打败东胡之后其中一个分支）逃居鲜卑山，并以鲜卑为其族名东南迁，或者是在东胡灭亡后一部分迁徙至此的一个小部落而已（被高句丽称为鲜卑），也有可能是在夫余国的拉拢下而迁至此，用来制衡高句丽的一颗棋子。这一支所谓鲜卑人居住于此，并占据一个小城固守，改变了其"随水草放牧，居无常处"的生活习惯，出现了"利则出抄，不利则如守"的情况，对高句丽造成一定的威胁。

虽然，琉璃明王的努力对于政权稳固和族群壮大起到了一定的作用，但是面对来自西汉的压力和夫余的威胁等问题，琉璃明王也在想方设法选择更好的发展路径，所以迁都，寻找相对安全地区，便成为首要选择。迁都对于一个政权而言是极为重要的事件，涉及各方因素，牵一发而动

---

① 关于这一时期高句丽与鲜卑关系的问题，李大龙认为琉璃明王十一年（前9）夏四月记事存在很多疑点：其一，结合《后汉书·乌桓鲜卑列传》的相关记载认为属东胡后裔鲜卑与乌桓同习俗，同属游牧民族，是不可能筑城戍守的，这与鲜卑"随水草放牧，居无常处"的习惯不相符合。其二，从《后汉书》记载，结合《中国历史地图集》标示汉代长城位置，认为乌桓的分布应该是在由敖汉旗至铁岭附近的长城之北，而鲜卑的分布地域则在更北的草原地区。进入东汉时期之后，鲜卑势力逐渐强大，开始与匈奴联合寇扰辽东郡北部，之前则"未常通中国焉"，认为西汉与鲜卑是没有发生关系的。既然鲜卑和西汉王朝没有发生关系，那么其活动区域自然和西汉的辽东、玄菟诸郡辖区也不会邻近，高句丽政权位居玄菟郡内，是不能与鲜卑发生直接战争的。退一步言，就是发生战争也是首先和玄菟郡冲突，因为玄菟郡辖区的防御任务是归玄菟郡太守负责的，高句丽政权是不能够取代玄菟郡太守的职责而出兵鲜卑的。其三，鲜卑虽然是被匈奴人打败的东胡的分支之一，但其势力尚未弱小到沦为高句丽政权属国的境地。两汉之际是鲜卑民族由弱到强的时期，如果说一小部分鲜卑人被降服还有稍许可能的话，那么整个鲜卑"降为属国"则是根本不可能的事情。(李大龙：《〈三国史记·高句丽本纪〉研究》，黑龙江教育出版社2013年版，第68页。) 笔者认为，李大龙的三点分析是较为准确的，是与当时的情况相符合的。

全身。所以正式迁都之前，琉璃明王有计划地采取了各项步骤。其中涉及对迁都阻力的打破，以及对迁都目的地相关群体的收服，所以迁都过程亦是高句丽族群进一步壮大的过程。首先，琉璃明王"导演了"一则"郊豕逸"事件，所谓"郊豕逸"，指的是琉璃明王"二十一年春三月，郊豕逸，王命掌牲薛支逐之。到国内尉那岩得之，拘于国内人家养之。返见王曰：'臣逐豕至国内尉那岩，见其山水深险，地宜五谷，又多麋鹿鱼鳖之产，王若移都，则不唯民利之无穷，又可免兵革之患也。'"① 这一事件看似偶然，其实在当时的背景下，又有着必然性。对此很多学者展开讨论，② 笔者以为不必纠结猪能跑多远、跑到哪里的问题，当时的执政者对于迁都必然会有充分的准备与思考，只是有计划地进一步借"郊豕逸"事件来摆脱障碍，使迁都更为神秘、神圣，合理、合法。问题的重点应该看当时琉璃明王面对内忧外患的情况，他作何选择。一个基本前提是他必须对迁都目的地有清楚的了解和把握，换句话说，需要真正控制第一地区，使迁都没有任何隐患。所以，随后发生的一些事情就表明了这一认识。就在"郊豕逸"的次月，琉璃明王二十一年夏四月"王田于尉中林"③，这一行为应该引起我们的注意，这里出现的"尉中林"显然不是一个普通的地区，其中的"林"应该指的是"林野"或"森

---

① 《三国史记》卷13《高句丽本纪》琉璃明王二十一年（2）春三月条。
② 魏存成在探讨高句丽初、中期都城认为逐豕这件事带有传说与迷信色彩，其真实程度无可细考。（魏存成：《高句丽初、中期的都城》，《北方文物》1985年第2期）后来刘子敏首先也认为"郊豕逸"仅仅是个传说，不能认真地当成信史来对待。（刘子敏：《朱蒙之死新探——兼说高句丽迁都"国内"》，《北方文物》2002年第4期）冯永谦、孙进己也对"郊豕逸"提出质疑并否定，指出所谓"郊豕逸"记载只是传说野闻，认为祭祀用猪不可能跑那么远；针对这一质疑，李淑英认为（冯永谦、孙进己）二位对两千年前猪的野性估计不足，指出《三国史记》的记载应该是可信的。（冯永谦、孙进己：《高句丽国内城定点与建城时间论辩——兼考尉那岩、丸都城、平壤城与黄城诸城址》，《哈尔滨社会科学》2004年第2期；李淑英：《国内城及其位置考论》，《通化师范学院学报》2007年第7期）在此期间，耿铁华和刘子敏也针对这一问题再一次展开了讨论。先是耿铁华在2003年"高句丽迁都国内城2000周年的学术会议上"提交专题研究论文对上引刘子敏提出的"传说"的说法进行了否定。（耿铁华：《高句丽迁都国内城及相关问题》，《东北史地》2004年第1期）后来刘子敏发表了商榷文章，再次指出"逐郊豕"的记载仅是传说，而非信史。（刘子敏：《关于高句丽第一次迁都问题的探讨》，《东北史地》2006年第4期）关于"郊豕逸"的争议情况大致如此，诸学者都从各自的角度阐明了观点，可以说都有一定的道理，但是都不能让人彻底信服。
③ 《三国史记》卷13《高句丽本纪》琉璃明王二十一年（2）夏四月条。

林"。这次狩猎应该也不会是一次普通行为。可以发现琉璃明王这次狩猎地区在"尉中",如何理解这一地区,可以从"郊豕逸"的记载中找到答案,祭祀用猪最终被掌牲薛支在到国内尉那岩得之,并且拘于国内人家养之。这说明国内地区是有人口居住的,并且尉那岩是一个重要的区域。"尉中"和"尉那岩"都包含"尉"字,而且发生在同一时间段,都与新都的发现有着密切的关系。"尉中林"中的"尉"应该和尉那岩中的"尉"同指,可能是某一个部族的"族名"。笔者初步认为"尉那"应是高句丽早期以族群为基础的地方行政体制,同时也有可能指代这一行政体制区域范围,或者统治中心区域。因为史料表明高句丽是存在"那、部"体制的。"那、部"这一称谓,被用作行政区划,最早在《三国史记·高句丽本纪》大武神王五年(22)出现。大武神王五年秋七月,夫余王从弟谓国人曰:"我先王身亡国灭,民无所依。王弟逃窜,都于曷思。吾亦不肖,无以兴复。"乃与万余人来投。王封为王,安置掾那部。以其背有络文,赐姓络氏。① 后来的史料中关于那部的记事也多有出现:大武神王十五年(32)春三月有沸流部②,闵中王四年(47)冬十月有蚕友落部③,大祖大王二十年(72)春二月有贯那部、藻那④,大祖大王二十二年(74)冬十月有桓那部、朱那⑤,大祖大王八十年(132)秋七月有贯那、桓那、沸流那⑥,次大王二年(147)春二月有贯那⑦,次大王二年(147)秋七月有桓那⑧,次大王二年(147)冬十月有沸流那⑨,次大王二十年(165)冬十月有掾那⑩。故国川王二年(180)春二月有提那部⑪,故国川王十二年(190)秋九月有四椽那⑫,中川王

---

① 《三国史记》卷14《高句丽本纪》大武神王五年(22)秋七月条。
② 《三国史记》卷14《高句丽本纪》大武神王十五年(32)春三月条。
③ 《三国史记》卷14《高句丽本纪》闵中王四年(47)冬十月条。
④ 《三国史记》卷15《高句丽本纪》大祖大王二十年(72)春二月条。
⑤ 《三国史记》卷15《高句丽本纪》大祖大王二十二年(74)冬十月条。
⑥ 《三国史记》卷15《高句丽本纪》大祖大王八十年(132)秋七月条。
⑦ 《三国史记》卷15《高句丽本纪》次大王二年(147)春二月条。
⑧ 《三国史记》卷15《高句丽本纪》次大王二年(147)秋七月条。
⑨ 《三国史记》卷15《高句丽本纪》次大王二年(147)冬十月条。
⑩ 《三国史记》卷15《高句丽本纪》次大王二十年(165)冬十月条。
⑪ 《三国史记》卷16《高句丽本纪》故国川王二年(180)春二月条。
⑫ 《三国史记》卷16《高句丽本纪》故国川王十二年(190)秋九月条。

四年（251）夏四月有贯那夫人①，中川王九年（256）冬十一月有掾那②，等等记载。这里提到了掾那部、沸流部、蚕友落部、提那、藻那、桓那部、朱那、沸流那、贯那部诸那（部）名称。其中涉及部族投奔、兼并战争、联姻关系、行政职务安排、谋反、弑王等记事。显然这些"那"或者"那部"的集中出现，表明大武神王至中川王时期，大致在公元22年至256年两个余世纪的时间里，"那（部）"这种体制，在高句丽政权发展过程中扮演了重要的角色。我们完全有理由认为琉璃明王迁都之前应该对一个叫"尉"或者"尉那"的部落进行了征服。正是由于对这一地区的有效控制，后来琉璃明王选择了在这一地区建新都"尉那岩城"。

通过对"尉"部落的征服之后，琉璃明王前往尉部落所在区域国内进行了考察，史载"王如国内观地势"。③ 这一考察则是进一步地明确迁都目的地的情况，并且对当地的其他部落进行进一步的兼并与整合。史料中记载琉璃明王去国内观地势的过程中"还至沙勿泽，见一丈夫坐泽上石，谓王曰：'愿为王臣。'王喜，许之，因赐名沙勿，姓位氏。"④ 这一"赐名沙勿，姓位氏"的"丈夫"应该不是一个人，而是像前文中笔者分析的"朱蒙乃与乌伊、摩离、陕父等三人"，与跟随类利南下的屋智、句邹、都祖的性质相同，属于一个群体或群体首领的称呼，应该是相对较为原始的部落。琉璃明王通过协商收服，并且赐名和赐姓，使其纳入统治体系，这也使得高句丽族群不断壮大。

通过一系列的动作，琉璃明王为迁都做好了充足的准备，遂于其在位的二十二年（3）迁都于国内，同时修筑了尉那岩城。这是文献资料中有明确记载的高句丽营建国都的情况，虽然在始祖东明圣王时期有"营建城郭宫室"的记载，但并不明确所营建为何城。目前学界对于高句丽早期都城有很多的争议，笔者在博士毕业论文中也有涉及，基本认为高句丽早期，尤其是史料所记的建国时期并没有建造大型城郭宫室的

---

① 《三国史记》卷16《高句丽本纪》中川王四年（251）夏四月条。
② 《三国史记》卷16《高句丽本纪》中川王九年（256）冬十一月条。
③ 《三国史记》卷13《高句丽本纪》琉璃明王二十一年（2）九月条。
④ 《三国史记》卷13《高句丽本纪》琉璃明王二十一年（2）九月条。

能力，目前所见的五女山城、下古城子古城，以及史料中所说的纥升骨城，应该都比较晚。① 这里笔者并不是要探讨早期都城的年代问题，而是想说明尉那岩城的营建对于高句丽发展的重要性。通过营建尉那岩城，高句丽一定程度上改变了"结庐于河谷"的生活状态，而是拥有固定的城郭，这对政权的稳固和族群的壮大，以及凝聚力的提升都大有帮助。通过史料我们知道，在大武神王时期汉兵曾攻打至高句丽的国都国内地区，正是因为有尉那岩城的存在，使得高句丽免受了一次灭国之灾。政权的稳固与壮大，使得高句丽的势力和凝聚力不断增强，随后琉璃明王又通过收服和战争等手段，不断壮大其势力范围，同时高句丽族群也逐步强大。琉璃明王二十四年（5）秋九月，王田于箕山之野，得异人，两腋有羽，登之朝，赐姓羽氏，俾尚王女。② 这一情况应该与上文笔者分析的"因赐名沙勿，姓位氏"性质相同，也是因为狩猎，通过赐姓的方式，使其成为一部分，同时这一异人应该也是一个群体首领，更重要的是，这里琉璃明王将自己的女儿嫁给了他，在一定程度上表明了这一群体的重要性。

除了以上的兼并和招抚行为，其实加强对鸭绿江中上游部落的整合与管理也是琉璃明王的任务，应该也是琉璃明王迁都的一个原因。琉璃明王二十八年（9）春三月，王遣人谓解明曰："吾迁都，欲安民以固邦业，汝不我随，而恃刚力，结怨于邻国，为子之道，其若是乎？"③ 这表明了琉璃明王迁都的具体原因，琉璃明王口中的"欲安民以固邦业"，所指应该和国内地区乃至鸭绿江中上游部落有关。

一方面是第一座都城地区紧张局势的促使。前文已经探讨，夫余对高句丽攻打未能成功，带素显然是不会善罢甘休的，肯定还会选择合适的时机对高句丽再次进攻，这对于高句丽的统治者和子民来说是较为恐慌的。另外，高句丽国家被西汉王朝有效管辖，高句丽国王承受着一定的心理压力，一定程度上阻碍了高句丽的发展。在这种背景下，琉璃明王面对西汉王朝的压力、夫余的威胁、子民的恐慌需要安抚，进而快速

---

① 参见朱尖《高句丽都城变迁研究》，博士学位论文，东北师范大学，2017年，第一章第四节第三小节"纥升骨城的性质——兼谈与五女山城、下古城子古城的关系"相关论述。
② 《三国史记》卷13《高句丽本纪》琉璃明王二十四年（5）秋九月条。
③ 《三国史记》卷13《高句丽本纪》琉璃明王二十八年（9）春三月条。

发展巩固邦业。另一方面更重要的是新占领地区加强管理的需要。在高句丽建国初期，朱蒙对周边部落进行了有效的兼并与改造。六年冬十月，王命乌伊、扶芬奴，伐太白山东南荇人国，取其地为城邑。十年冬十一月，王命扶尉猒伐北沃沮，灭之，以其地为城邑。① 通过兼并和改造，高句丽将其领地范围向东扩展到鸭绿江中上游、长白山大片区域，并获得了大量的人口和财富，这些区域又远离局势复杂的卒本川，同时也是汉政权统治较为薄弱的地区，对于高句丽统治者而言是极为重要的大后方。这种背景下，对于琉璃明王而言远离卒本的子民需要管理，大片的土地、资源和财富需要有效的整合利用。

这两种局面，使得琉璃明王有了安民以固邦业的想法，并切实地去执行。通过高句丽后期的发展，我们可以发现琉璃明王的迁都达到了目的，强化了政权的统治，实现了富国强兵，取得了稳定快速的发展，高句丽这一群体也逐步壮大，一跃成为当时东北亚地区一支重要的政治力量。

随着高句丽势力的壮大，在琉璃明王统治的末期，高句丽再次开启了对外拓展的步伐。琉璃明王三十三年（14），王命乌伊、摩离领兵两万，西伐梁貊，之后又进兵玄菟郡的高句丽县。② 这里的梁貊，《东北历史地理》认为在高句丽部之西，近于汉高句丽县。梁水，今太子河，梁貊当位于今太子河上游，正在高句丽部之西，汉高句丽故县之南。③ 梁貊是当时辽东地区的一个部落小国，对该地的攻取对高句丽而言意义不仅仅是占领一处新的领地，因为梁貊的位置极为重要，这一军事行动使当时玄菟郡失去了南部屏障，为高句丽进一步进攻高句丽县奠定了基础，所以紧随其后的就是进兵玄菟郡的高句丽县。上引史料中可以发现当时高句丽出兵两万人，这表明高句丽的军事实力已经达到了一定的水平，开始有勇气与当时的边郡展开竞争，这更从侧面反映高句丽这一群体经过琉璃明王的励精图治，已然发展壮大到一定程度。

整体看琉璃明王执政的整个时期，对高句丽政权的稳固和族群的凝聚做出了巨大的努力，也取得了不错的成效，使得高句丽政权实力不断

---

① 《三国史记》卷13《高句丽本纪》东明圣王六年（前32）冬十月条。
② 《三国史记》卷13《高句丽本纪》琉璃明王三十三年（14）秋八月条。
③ 孙进己等：《东北历史地理》第一卷，黑龙江人民出版社1989年版，第246页。

壮大，势力范围也进一步拓展，众多的部族不断地融入高句丽，这为高句丽人群共同体"高句丽族群"的自我认同和被认同奠定了坚实的基础。虽然在琉璃明王执政期间出现了沸流、温祚南走立国、陕父去"之南韩"的族群分裂情况，但是整体看琉璃明王对高句丽政权的稳固和族群的壮大作出的努力和取得的成效还是值得认可的。

第四节 大武神王的扩张与高句丽族群的形成

一 大武神王继位与对外扩张

《三国史记》载大武神王（或云大解，朱留王）讳无恤，琉璃王第三子。生而聪慧，壮而雄杰，有大略。琉璃王在位三十三年甲戌，立为太子，时年十一岁。至是即位。母松氏，多勿国王松让女也。① 从"大武神王"的这一谥号看，其应是英明神武、谋略超群之君。从其出身看，大武神王的继位本身就是高句丽族群凝聚的结果，大武神王的母亲为松氏，其外祖父则是沸流国王。大武神王在位期间有效北伐夫余、智退汉军、拓展疆土、被封为王，通过一系列政策和措施使得高句丽政权进一步稳固，族群进一步壮大。

关于大武神王伐夫余的问题，鉴于文献记载中的神话色彩浓厚，目前多有学者进行辨析，对具体战争细节提出了一些较为中肯的认识，② 可以说讨论已经比较充分了。这里笔者主要从政权稳定和族群凝聚的角度，再作一次简单的说明。前文在探讨琉璃明王即位时的内忧外患时，已经对夫余与高句丽的关系作了简要说明，可以说自始祖东明圣王至琉璃明王期间，夫余与高句丽经历了从和谐友好到结怨仇视的过程。在琉璃明王期间即大兵讨伐，但因天气原因作罢。为何这一时期夫余要去讨伐高句丽呢？笔者认为至少有两个方面的原因：其一，高句丽的壮大对夫余造成一定的威胁，

---

① 《三国史记》卷14《高句丽本纪》大武神王元年（188）条。
② [日]井上秀雄：《高句丽大武神王观的变迁》，《旗田巍古稀纪念·历史论文集》，东京：龙溪书舍1979年版；孙金花：《大朱留王史事考》，《高句丽历史与文化研究》，吉林文史出版社1997年版；刘子敏：《也谈大武神王伐扶余》，《东北史地》2008年第3期；刘子敏：《高句丽大武神王研究》，《北方文物》2009年第2期；孙炜冉：《高句丽诸王研究》，博士学位论文，东北师范大学，2016年。

其二，夫余作为当时东北地区第一大藩属政权，也有着代汉管理周边部族的义务。在琉璃明王时期，由于战争未能成行，夫余王采取了威胁手段欲让高句丽臣服。琉璃明王二十八年（9）秋八月，扶余王带素使来，让王曰："我先王与先君东明相好，而诱我臣逃至此，欲完聚以成国家。夫国有大小，人有长幼，以小事大者礼也，以幼事长者顺也。今王若能以礼顺事我，则天必佑之，国祚永终；不然，则欲保其社稷，难矣。"于是王自谓："立国日浅，民孱兵弱，势合忍耻屈服，以图后效。"乃与群臣谋。报曰："寡人僻在海隅，未闻礼义，今承大王之教，敢不惟命之从！"时王子无恤年尚幼少，闻王欲报扶余言，自见其使曰："我先祖神灵之孙，贤而多才。大王妒害，谗之父王，辱之以牧马，故不安而出。今大王不念前愆，但恃兵多，轻蔑我邦邑，请使者归报大王：'今有累卵于此，若大王不毁其卵，则臣将事之；不然，则否。'"扶余王闻之，遍问群下。有一老妪对曰："累卵者，危也；不毁其卵者，安也。其意曰：王不知己危，而欲人之来。不如易危以安而自理也。"① 这则史料清晰地表达了夫余欲凌驾于高句丽之上，让高句丽礼顺于夫余，顺从则国祚永终，不然则社稷难保。琉璃明王面对夫余的威胁，表示出无奈和惧怕，就在此时，尚幼的王子无恤自己前去见夫余使者，并进行了强硬的反驳，表现出无比的果敢和智慧。随后在琉璃明王三十二年（13）冬十一月，面对夫余的来侵，无恤又表现出无比的英勇和军事才能，设计一举击退夫余的进攻。② 当然这些描写可能有溢美之词，但从中亦可以发现大武神王在年少时的优秀，也为后来其被封为王子并继承王位奠定了基础。

　　无恤执政之后，在琉璃明王的基础上，开始有计划地对夫余展开反击。先是大武神王三年（20）冬十月，夫余王带素遣使送赤乌，一头二身。初，夫余人得此乌献之王。或曰："乌者黑也，今变而为赤，又一头二身，并二国之征也，王其兼高句丽乎？"带素喜送之，兼示或者之言。王与群臣议答曰："黑者，北方之色，今变而为南方之色，又赤乌瑞物也，君得而不有之，以送于我，两国存亡，未可知也。"带素闻

---

① 《三国史记》卷13《高句丽本纪》琉璃明王二十八年（9）秋八月条。
② 《三国史记》卷13《高句丽本纪》琉璃明王三十二年（13）冬十一月条。

之，惊悔。① 这一事件有着神话色彩，应是大武神王为反攻夫余制造的舆论，这一问题在十年前就有相关记载，琉璃明王二十九年（10）夏六月，矛川上有黑蛙与赤蛙群斗，黑蛙不胜死，议者曰："黑，北方之色，北扶余破灭之征也。"② 两则史料中的黑色代表的是北方的夫余，而红色代表的乃是南方的高句丽，这两则事件预示着夫余的衰败，高句丽的兴盛。在一切准备就绪之后，大武神王开启了北伐夫余的步伐。

四年冬十二月，王出师伐夫余，次沸流水上，望见水涯，若有女人舁鼎游戏，就见之，只有鼎。使之炊，不待火自热，因得作食，饱一军。忽有一壮夫曰："是鼎，吾家之物也。我妹失之，王今得之，请负以从。"遂赐姓负鼎氏。抵利勿林宿。夜闻金声，向明使人寻之，得金玺、兵物等，曰："天赐也。"拜受之。上道有一人，身长九尺，面白而目有光，拜王曰："臣是北溟人怪由。窃闻大王北伐扶余，臣请从行，取扶余王头。"许之。又有人曰："臣赤谷人麻卢，请以长矛为导。"王又许之。③ 这是大武神王第一次出兵夫余，通过这段记载可以发现在出征夫余的路途中通过赐姓的方式对负鼎氏进行了统合，同时又得金玺、兵物、北溟人怪由、臣赤谷人麻卢。次年春二月，大武神王再次"进军扶余国南"，夫余国王举国出战，此前归附的北溟人怪由受命迎战，斩杀夫余王。后来由于夫余的围困，高句丽王潜军夜出，回到高句丽国都之后，大武神王对出兵夫余进行了反思。④ 虽然这些记载都有浓厚的神话色彩，足可以看出在大武神王统治过程中高句丽对周边的族群的凝聚力不断加强，此外通过"罪己诏"的形式向国人进行了反省、自检，一定程度上反映了大武神王作为统治者的责任心，同时笼络人心，有利于国人的团结。正是高句丽的征讨，使得夫余内部出现了分裂。大武神王四年（21）夏四月，扶余王带素弟至曷思水滨立国称王，是夫余王金蛙季子，史失其名。初，带素之见杀也，知国之将亡，与从者百余人，至鸭渌谷，见海头王出猎，遂杀之，取其百姓，至此始建都，是为曷思王。⑤ 秋七月，夫余王

---

① 《三国史记》卷14《高句丽本纪》大武神王三年（20）冬十月条。
② 《三国史记》卷13《高句丽本纪》琉璃明王二十九年（10）夏六月条。
③ 《三国史记》卷14《高句丽本纪》大武神王三年（20）冬十月条。
④ 《三国史记》卷14《高句丽本纪》大武神王四年（21）春二月条。
⑤ 《三国史记》卷14《高句丽本纪》大武神王四年（21）夏四月条。

从弟谓国人曰："我先王身亡国灭,民无所复。"乃与万余人来投,王封为王,安置掾那部,以其背有络文,赐姓络氏。① 这是高句丽发展史上较大规模的人口融合,使高句丽族群进一步扩大。对夫余的征伐,加之大量夫余人的投奔,使得高句丽国力空前强大。大武神王乘势开启了对周边部族的兼并过程,九年冬十月,王亲征盖马国,杀其王,慰安百姓,毋虏掠,但以其地为郡县。② 大武神王对盖马国的征讨对周边其他部族产生了震慑。当年十二月,句茶国王闻盖马灭,惧害及己,举国来降,由是拓地浸广。③ 高句丽的壮大,以及大武神王所表现的锋芒,引起了东汉朝廷及辽东郡的注意,辽东太守于大武神王十一年(28)秋七月,出兵高句丽。强大的汉兵,长驱直入高句丽国都,并围困尉那岩城④数旬,由

---

① 《三国史记》卷14《高句丽本纪》大武神王四年(21)秋七月条。
② 《三国史记》卷14《高句丽本纪》大武神王九年(26)冬十月条。
③ 《三国史记》卷14《高句丽本纪》大武神王九年(26)冬十二月条。
④ 尉那岩城是高句丽琉璃明王所建之城,目前学界对此城的位置和性质多有争议,较流行的说法是尉那岩城是后来的丸都城,即今天集安县区西北的丸都山城(参见李殿福《集安山城子山城考略》,《求是学刊》1982年第1期;魏存成:《高句丽初、中期的都城》,《北方文物》1985年第2期;耿铁华:《高句丽南北道的形成与拓展》,《通化师范学院学报》1996年第1期;李健才:《关于高句丽中期都城几个问题的探讨》,《东北史地》2004年第1期;王春燕、郑霞:《霸王朝山城的调查与研究》,《东北史地》2008年第2期;李新全:《高句丽的早期都城及迁徙》,《东北史地》2009年第6期等众学者研究)。但是也有学者提出了不同的看法,认为尉那岩城应是今天的霸王朝山城(参见冯永谦、孙进己《高句丽国内城定点与建城时间论辩——兼考尉那岩城、丸都城、平壤城与黄城》,《哈尔滨社会科学》2004年第2期;刘子敏《关于高句丽第一次迁都问题的探讨》,《东北史地》2006年第4期;曹德全《"新国"与"故国"简析》,《东北史地》2004年第3期;高於茂《霸王朝山城之考辨》,《学问》2002年第2期等学者的研究)。近来也有学者提出尉那岩城就是国内城的认识(孙炜冉:《高句丽"尉那岩城"考辨》,《北方文物》2017年第1期)。笔者认为首先尉那岩城应是一座山城,从字面分析看"尉那岩"指的是高句丽早期"尉那(部)"山的名字,故"尉那岩城"是一座基于尉那岩而建造的用以防守的山城;其次尉那岩城的位置应相对远离早期都城卒本川,从地理环境的分析看,应为今天丸都山城东南部区域,因为尉那岩距国内不远是毫无疑问的,目前关于国内地区基本认为是今集安市老城区及周边河谷地带,故尉那岩城应在其附近,从目前考古发现看只有丸都山城符合条件。关于这一认识笔者曾在会议中与韩国学者余昊奎先生有过交流,余先生提出丸都山城考古尚未发现早期遗物,难以认定。这里有个问题是高句丽早期的城址规模和筑城材料,一方面鉴于当时高句丽政权的情况和刚刚迁都,尉那岩城的规模应该不会太大,其次当时高句丽筑城的材料应是木头,主要是"栅城",尉那岩城中的"岩"和史料中的"岩石之地"指的是陡峭区域,不能用今天我们所看到的丸都山城石筑城墙去遥想当年的尉那岩城。相关具体研究和论述可参见拙文《高句丽都城变迁研究》,博士学位论文,东北师范大学,2017年。

于大武神王入尉那岩城的固守，并智退汉兵，①高句丽在这次战役中并没有被伤到根本。

高句丽对周边部族兼并的步伐并没有停止。大武神王十三年（30）秋七月，买沟人尚须，与其弟尉须及堂弟于刀等来投。②高句丽群体进一步拓展扩大。随后大武神王励精图治，强化对内的管理与控制和对外的凝聚与融合。大武神王十五年，针对贪赃枉法的沸流部长，大武神王给予了严厉的惩戒。史载：黜大臣仇都、逸苟、焚求等三人为庶人。此三人为沸流部长，资贪鄙，夺人妻妾、牛马、财货，恣其所欲，有不与者即鞭之，人皆忿怨。王闻之，欲杀之，以东明旧臣，不忍致极法，黜退而已。遂使南部使者邹壳素代为部长。壳素既上任，别作大室以处。以仇都等罪人，不令升堂。仇都等诣前告曰："吾侪小人，故犯王法，不胜愧悔。愿公赦过，以令自新，则死无恨矣。"素引上之，共坐，曰："人不能无过，过而能改，则善莫大焉。"乃与之为友。仇都等感愧，不复为恶。王闻之曰："壳素不用威严，能以智惩恶习，可谓能矣。"赐姓曰大室氏。③需要注意的是，大武神王对仇都、逸苟、焚求三人惩罚之后，启用了南部使者邹壳素代为部长，邹壳素上任之后，依照大武神王的意思较为得体地处理了仇都、逸苟、焚求三位沸流部长，尤其与之为友，有效维护了内部团结，未造成高句丽的内部分裂。邹壳素处理问题的表现赢得了大武神王的认可，赐姓曰大室氏。这也表明高句丽进一步凝聚了南部以邹壳素使者为代表的部众。

同年夏四月高句丽在东部地区进一步扩大疆土，史载：王子好童游于沃沮，乐浪王崔理出行，因见之，问曰："观君颜色，非常人，其非北国神王之子乎？"遂同归，以女妻之。后好童还国，潜遣人告崔氏女曰："若能入而国武库，割破鼓角，则我以礼迎，不然则否。"先是，乐浪有鼓角，若有敌兵则自鸣，故令破之。于是，崔女将利刀，潜入库中，割鼓面、角口，以报好童。好童劝王袭乐浪。崔理以鼓角不鸣，不备。我兵掩至城下，然后知鼓角皆破，遂杀女子，出降或云："欲灭乐浪，遂请

---

① 《三国史记》卷14《高句丽本纪》大武神王十一年（28）秋七月条。
② 《三国史记》卷14《高句丽本纪》大武神王十三年（30）秋七月条。
③ 《三国史记》卷14《高句丽本纪》大武神王十五年（32）春三月条。

婚，娶其女为妻，后使归本国，坏其兵物。"① 这里记载的好童出游并助王灭乐浪的故事，有着很强的神话色彩，但其中隐含着一定的历史信息。前文笔者探讨过朱蒙时代对鸭绿江上游北沃沮进行过兼并，但当时的北沃沮应该是一个较小的部落，大致方位应该在鸭绿江中上游一带。此时好童所游之沃沮应该在这一沃沮基础上继续向东一带。此时高句丽王子之所以能到此处游玩，表明这一地区已经属于高句丽的统治区域，从乐浪王崔理出行相迎，有以女妻之，更进一步表明高句丽在这一区域的影响之大。对于"崔氏乐浪"学界多有研究，一种观点认为崔氏乐浪国仅是一种传说不足为信，② 另一种观点亦认为不可信，但没有完全否认其存在，认为在朝鲜咸镜南道咸兴一带可能存在乐浪国，并用"小乐浪"与汉置"乐浪郡"相区别，③ 还有观点认为崔理的乐浪国是存在的，应是在西汉末东汉初由汉乐浪东部都尉崔理在"岭东七县"地区建立的割据政权。④ 还有学者则夸大解读崔氏乐浪的存在及作用，主张"乐浪国"是由古朝鲜人在今平壤建立的国家，并以此否定中国在朝鲜半岛设置乐浪郡的历史事实，认为西汉末期朝鲜半岛上既然存在崔氏乐浪国，就可以否定西汉在朝鲜半岛侨置过乐浪郡，同时又根据北魏侨置的乐浪郡的方位，将汉乐浪郡的位置确定在我国辽宁省境内。将崔理说成是由辽河之西抗拒汉武帝"侵略势力"而东迁的"古朝鲜人"，其建立的"乐浪国"即在今天的平壤地区。⑤ 对此，苗威指出正确认识崔理之乐浪国应解决两个问题：一是建立时间，二是建立位置。自朝鲜半岛北部纳入郡县体制以来，汉朝的治理策略一直处于探索与调整之中。但无论怎样，在朝政安宁之时，对于边郡的控制力度始终都没有减弱。所以若有强势图谋分离自立，基本是不太可能的。不过在王莽"新"政开始之后，实行了一系列错误的边疆政策，不仅逼使边疆少数民族政权高句丽"遂反"，也使乐

---

① 《三国史记》卷14《高句丽本纪》大武神王十五年（32）春三月条。
② 姜维东：《乐浪国传说研究》，《北华大学学报》（社会科学版）2006年第6期。
③ 曹德全：《〈三国史记〉中部分高句丽史料辨正》，氏著《高句丽史探微》，中华国际出版社2002年版，第124—151页。
④ 刘子敏：《"崔氏乐浪"考辨》，《北方文物》2001年第2期。
⑤ ［韩］尹乃铉：《汉四郡的乐浪郡和平城的乐浪》，顾铭学译，《历史与考古信息·东北亚》1990年第2期；［韩］尹乃铉：《韩国古代史新论》，一志社1988年版，第319页。

浪郡一度混乱，在乐浪的中心地区尚且有王调的反叛，在其他边远地区发生变故也是情理之中的事情了，所以崔理政权的建立时间，当在王调自立为太守前后，即公元25年前后。从《三国史记》关于崔理出迎好童游沃沮的记载看，其势力范围当在岭东地区。沃沮当为今咸镜南道之咸兴，是第一玄菟郡的郡治，若说崔氏乐浪在单单大岭以西，则不可能，因为从新莽末年至东汉初，此地是由王调所占据的。而岭东之地虽然是乐浪郡东部都尉的辖区，但是，在中原王朝鞭长莫及，乐浪中心又被王调割据的情况下，东部都尉地区失去了原来的秩序也是情理之中的。① 笔者以为苗威的分析是相对客观中肯的，当时岭东地区可能存在小的割据势力，至于《三国史记》中好童与妻之间的商议，割破鼓角等的细节描写，应该是撰史者粉饰的内容。这一阶段大武神王扩大了此前两王对东部地区的拓展范围，达到了岭东地区。其实这一问题在后来的历史中已经表明岭东地区乃至沃沮一带被高句丽占据，虽然说用后史无法去证明前史，但是前史和后史是有着一定的承接关系的。《三国史记》太祖大王四年（56）秋七月，伐东沃沮，取其土地为城邑，拓境东至沧海，南至萨水。② 《三国志·濊传》亦载："正始六年（245），乐浪太守刘茂、带方太守弓遵以岭东濊属句丽，兴师伐之，不耐侯等举邑降。其八年（247），诣阙朝贡，诏更拜不耐濊王。居处杂在民间，四时诣郡朝谒。二郡有军征赋调，供给役使，遇之如民。"③ 虽然太祖大王所记为东沃沮，正史两则史料发生的事件要比好童游沃沮以及灭崔氏乐浪晚了200年，但是东沃沮与沃沮显然是有着必然联系，而王莽新朝之后至东汉初由于边疆地区的混乱，尤其对朝鲜半岛的控制逐渐减弱，完全有可能高句丽在这一时期逐步控制岭东地区，以及以北的沃沮之地，否则也不会有好童游沃沮，太祖大王伐东沃沮，以及位宫在毌丘俭的打击下逃亡岭东后又奔北沃沮，更不会有乐浪太守刘茂、带方太守弓遵以岭东濊属句丽，兴师伐之的军事行动。

---

① 苗威：《乐浪研究》，高等教育出版社2016年版，第166—167页。
② 《三国史记》卷15《高句丽本纪》太祖大王四年（56）秋七月条。
③ 《三国志》卷30《濊传》。

二　高句丽族群的形成

在大武神王执政期间还有一个较为重要的事件值得注意，就是被中原王朝封王的问题，在中原史书中有较为明确的记载。先是较早成书的《三国志》载："汉光武帝八年（32），高句丽王遣使朝贡，始见称王。"①后来成书的《后汉书》记载为："建武八年（32），高句骊遣使朝贡，光武复其王号。"②《资治通鉴·汉纪》载："（建武八年）十二月，高句丽王遣使朝贡，帝复其王号。王莽贬高句丽为侯，今复其王号。"③《三国史记》则沿袭了《后汉书》和《资治通鉴》的记载：大武神王十五年（32）十二月，遣使入汉朝贡。光武帝复其王号，是建武八年也。④ 前文在高句丽侯"驺"身份的探讨中已述，东汉初期随着高句丽的不断壮大，区域的影响力越来越大，已经得到中原王朝的认可，这也是获得最为重要的外部认同的表现。尤其被中原王朝封王之后，高句丽在法理上赢得了认可，成为当时该区域一支重要的政治力量。当然在中原王朝的认可之下，对于高句丽政权的稳固与壮大，及其族群共同体的凝聚与拓展，将产生积极的意义。

这里存在一个小的问题需要说明，就是不同版本史料记载差别的问题，早成书的《三国志》记高句丽为"始见称王"，而晚成书的《后汉书》等史料则记为"复其王号"，二者有着明显的区别。

对此学界多有学者展开讨论，张碧波在《高句丽研究中的误区》一文中指出，从西汉末王莽时期，"当此时为侯国，汉光武帝八年，高句丽……始见称王"的记载可知，古高句丽不曾是古朝鲜的"侯国"，在西汉时为侯国，东汉初始称王。⑤ 朴灿奎指出，不否认《汉书》所记五威将军到过高句丽，但不同意此高句丽一定是朱蒙所建之高句丽，更不同意把朱蒙所建之高句丽国王更名为高句丽侯的见解。五威将军巡视和出使四方之事只能限于理解为王莽所派策命使，到乐浪、玄菟、高句丽、

---

① 《三国志》卷30《高句丽传》。
② 《后汉书》卷85《高句骊传》。
③ 《资治通鉴》卷42 世祖光武皇帝建武八年（32）十二月条。
④ 《三国史记》卷14《高句丽本纪》大武神王十五年（32）春三月条。
⑤ 张碧波：《高句丽研究中的误区》，《中国边疆史地研究》1999 年第 3 期。

夫余地区收汉室印绶而改授新室印绶。随之，可证明范晔之"更高句丽王为下句丽侯"之说缺乏合理的依据，不足为信。所以，在理解上述差异点时，应以《汉书》为准，理解为更名高句丽县为下句丽县。"始见称王"是指在朝贡之前，汉王朝并不知高句丽的最高统治者已经称王，而只是通过此"朝贡"事件得知了这一点。据此不难看出陈寿之原意，即汉朝得知高句丽称王，始于此时，则王莽改制时当然不知高句丽是王国，改高句丽王为侯更无从谈起。所以，陈寿在记述王莽改高句丽为下句丽之后，随后特意加上《汉书》未载的"当此时为侯国"之句。其意就是王莽时为侯国的高句丽，到光武帝时，才发展成为王国，对高句丽社会所发生的这一变化，汉王朝通过高句丽王的"朝贡"才开始有所了解。"复其王号"则表示此朝贡之前，高句丽就曾被封为王，后被王莽改王为侯，至光武帝时，又重新册封为王。这一提法实际上是延续了前面所犯的错误，进一步确认此时光武帝时朝贡之高句丽就是王莽朝高句丽记事中的高句丽。① 李淑英、耿铁华认为文献记载"更名高句骊为下句骊"，"更名高句丽为下句丽。当此时为侯国"，"更名高句骊王为下句骊侯"，都可以证明这样的史实：在王莽下令贬斥之前高句丽是称王的，是西汉边郡封国之王。"始见称王"之"始"，应该是指东汉光武帝开始时，高句丽称王了，这与高句丽在西汉时已经称王似乎并不矛盾。② 孙炜冉指出《汉书》成书于汉和帝建初八年（83），前后历时近四十年，而这段时间正是高句丽太祖大王崛起于海东之际，此时的高句丽经历了内部纷争之后步入第一个上升期，频繁地兼并周边的小国部落，想必此时早已蜚声中原内地，被中原史家所悉知。此时这个雄踞于东北的政权以"高句丽"为国名已无异议，班固在追述关于其国过去历史的时候便会以现在的名称冠之，这并不奇怪。与班固记述高句丽情况时犯同样问题的还有范晔，其在撰写《后汉书·高句骊传》时，在谈及东汉建武八年（32）高句丽遣使朝贡事件时，居然称"复其王号"，而没有遵从陈寿《三国志》中所

---

① 朴灿奎：《王莽朝高句丽记事的诸史料辨析——王莽朝高句丽记事与高句丽侯考（上）》，《延边大学学报》2000年第3期。

② 李淑英、耿铁华：《两汉时期高句丽的封国地位》，《中国边疆史地研究》2004年第4期。

载的"始见称王"的记载，一个"复"一个"始"所透漏出的信息完全不同，倘若是"复"，则表明其王号在新莽之前便被中央王朝敕封和认可；倘若是"始"，则表明此前所谓高句丽王不过是高句丽人自己啸聚山林的草头王罢了，是不被中央王朝认可的，即没有法理依据的部落首领。认为此时的高句丽政权只是高句丽县主其名籍（管理）的小部落，其名号应是"卒本夫余"，其不可能也没有资格被封王拜侯，甚至在琉璃明王在位的大部分时间内，卒本夫余（高句丽）也只是一个仅能自保一隅的小方国，且该阶段其与新朝交恶，更不可能得到认可。迨至大武神王无恤即位后，高句丽已然与夫余决裂，并且在军事战争中可以与夫余对抗，所以此时其已然不需要再在国号上攀附夫余，并且其已然据有了玄菟郡下的原高句丽县地方，所以其国号才由"卒本夫余"变更为"高句丽"，而大武神王此时最亟须的就是被中央王朝所认可，那么其"高句丽王国"才有了名正言顺的法理依据，于是才发生了建武八年（32）的朝贡事件。所以，陈寿作为比范晔更接近这段时间的史家，其所载的"始"才更符合当时的历史事实。①

关于大武神王时期高句丽称王的史料记载问题，笔者在前文分析高句丽侯"骓"身份时，在对《后汉书·高句骊传》辨析时作了分析判断。这里从高句丽族群形成的角度，再次分析如下。笔者以为在这一阶段，无论是开始称王，还是重新认可高句丽王国的地位，从政权的稳固发展，以及族群的凝聚壮大角度看都是有着积极意义的。对于此阶段前后高句丽政权的性质，有以下几点值得注意。首先，最早成书的《汉书》并没有记载高句丽称王或者高句丽为王国的任何信息，五威将军东出之时，也没有显示高句丽为王的信息，从后来的诱杀高句丽侯骓看，高句丽很可能在此时就是侯国。在王莽更高句丽为下句丽之后，也没有高句丽朝贡的信息，按照成书时间看，朝贡时间远早于成书时间。其次，在《三国志》中则清楚记载了具体年份，即建武八年（32）高句丽朝贡，这表明到《三国志》成书的时候史家掌握的信息比《汉书》时更多。但就"当此时为侯国"字面看，似乎在说明王莽"更名高句丽为下句丽"，将高句丽降为了侯国；而"始见称王"，指的是开始见到高句丽首领称王

---

① 孙炜冉：《高句丽诸王研究》，博士学位论文，东北师范大学，2016年。

第二章　政权建构：高句丽族群的核心凝聚与形成

了，也没有明确高句丽在此前是不是称过王。最后，到了更晚成书的《后汉书》则更为明确地记为"更名高句骊王为下句骊侯"，"光武复其王号"，这则清楚表达了高句丽此前为王国，在王莽时被称降为了侯国，到了东汉光武帝时，再次称王国。但是《后汉书》在降侯之前记载了诱杀高句丽侯"驺"问题，诱杀之后，"莽大说，下书曰：'乃者，命遣猛将，共行天罚，诛灭虏知，分为十二部或断其右臂，或斩其左腋，或溃其胸腹，或紬其两胁。今年刑在东方，诛貉之部先纵焉。捕斩虏驺，平定东域，虏知殄灭，在于漏刻。此乃天地群神社稷宗庙佑助之福，公卿大夫士民同心将率虓虎之力也。予甚嘉之。其更名高句骊为下句骊，布告天下，令咸知焉。'"① 从此条记载来看，高句丽侯"驺"定然是高句丽的最高统治者，这在前文中已经明确，若是仅仅诱杀的是高句丽的一个将领的话，王莽不会如此激动，也很难作出更名高句丽为下句丽的决定。

综上笔者认为，高句丽在早期有过侯国时代，高句丽侯"驺"就是高句丽侯国的首领，前文已述，基本就是朱蒙。王莽诱杀高句丽侯"驺"之后，更名高句丽为下句丽并不是高句丽县，而是高句丽侯国，在这一时间段高句丽的名称已经存在，班固即便存在后史前移的情况，高句丽更名为下句丽的记载显然不能是后史前移问题。《后汉书》中"更名高句骊王为下句骊侯"记载与较早成书高句丽侯"驺"记载显然存在矛盾，因为此前高句丽已经是侯了，还如何降王为侯呢？那么高句丽早期有没有可能为王国呢，也存在这一可能性，因为史料中明确记载高句丽存在一个"本涓奴部为王，稍微弱，今桂娄部代之"的过程，由于这一记载的时间上限无法明确，那么相应也无法明确涓奴部的时间。但是从史料的追记看，应该早于王莽时期，可能在西汉高句丽县设置前后就已存在，但是这里所谓的王是不是中原王朝所封之王是值得怀疑的，笔者以为极有可能是句骊部落的自称为王现象。《汉书》中五威将军巡视和出使四方改王为侯之时，在中原王朝的视野中其最高首领称之为驺。此后，高句丽首领不具备称王的条件。在《三国志》和《后汉书》成书之时，高句丽已然发展成为辽东地区重要政治势力，所以才有"当此时为侯国"这一阶段性认识，以及"始见称王"保守记载，并没有否定高句丽之前为

---

① 《汉书》卷99中《王莽传》。

王国和称王的情况，而到了《后汉书》成书时期，则明确记载更名王为侯。这一情况的原因主要是高句丽政权的壮大，尤其是从消奴部到桂娄部这种部落传承过程，并一直延续下来，使得高句丽不断强盛，自然会对其早期历史的所谓王进行追记，乃至合理性建构，这一建构在高句丽愈强大之时自然会愈强烈，并不断向中原地区传播，影响到中原史家的理解，甚至受到牵制，从而进行一定程度的建构。所以便出现了高句丽王国较早出现的倾向，乃至明确记载。其实问题的本质则是，在高句丽早期高句丽县管辖时代，中原王朝称其首领为"驹"，但在其部落里可能存在自称为王的情况，并未被中原王朝注意，更没有被认可。王莽改王为侯时，高句丽没有了称王的可能。但是随着高句丽族群的壮大，高句丽王族对早期历史不断地完善，乃至建构，在高句丽县统治下部落时代的所谓高句丽王不断清晰化和突出化，这使得后来的史书开始注意这段历史出现了"复其王号"的记载偏差。

至此，高句丽人获得了重要的外部认同，在赢得中原王朝认可的情况下，高句丽统治者也不断地对外扩张，影响亦是越来越大，尤为重要的是，其内外部的凝聚力也在这一时期达到了一定的高度。基本也就是在这一时期，高句丽人在句骊胡的基础上整合周边各类族群，形成具有自己清晰族群识别的新的人口共同体。在此前后从《汉书》起中原史家开始有"高句丽"的专门记载，并逐步为高句丽这一族群著书立传。这也从侧面反映高句丽族群在这一阶段形成并产生重要影响。

第五节　高句丽族群形成过程中的构成要素

高句丽族群的形成历经了一个较为漫长的阶段，从句骊胡开始高句丽族群开始有初步的凝聚，但是这一时期只能算是高句丽族群起源的启蒙阶段，算不上严格意义上的高句丽族群，在玄菟郡内迁在句骊胡聚集区基础上设立高句丽县之时，作为行政规划的高句丽开始出现。随着朱蒙、类利王族自夫余南下建立卒本夫余之后（或者在句骊侯国基础上），在高句丽县辖区内的人口不断凝聚，并不断高句丽化，后来高句丽成为政权名称和族称，并固定化。在这一过程中高句丽族群实现了核心凝聚过程，族群构成多样且复杂。大致包括王族势力集团、世居族群人口、征服与归顺集团以及汉人四大类。为了方便理解，笔者将这一时期的人口构成通过表 2-1 的形式加以彰显。

表 2-1　　　　　高句丽族群形成过程中的族群构成

族群大类	人口（群体）类型	备注
王族势力集团	乌伊、摩离、陕父"三人"	追随朱蒙夫余人
	扶芬奴、扶尉猒	可能追随朱蒙夫余人
	屋智、句邹、都祖"三人"	追随类利夫余人
世居族群人口	貊（貉）人	辽东至今鸭绿江区域族群较广统称
	句骊胡（句骊蛮夷）	今鸭绿江流域土著（局部统称）
	卒本夫余人	今浑江流域卒本地区土著
	沸流国人	今浑江与富尔江交汇区域土著
征服与归顺集团	再思、武骨、默居"三人"	夫余至卒本途中土著
	荇人国、北沃沮	今鸭绿江上游土著
	鹘川人	琉璃明王妃禾姬之部落
	鲜卑人	东胡灭亡后东南迁徙小部落
	沙勿氏、羽氏、大室氏	国内地区周边部落
	梁貊	高句丽县南部部落
	负鼎氏	沸流水上游部落
	夫余人	夫余王带素弟（掾那部）
	盖马国、句茶国	国内南部盖马山区域部落
	崔氏乐浪	岭东地区部落（沃沮南）
汉人	汉人	琉璃明王妃雉姬之部落

依托表 2-1 的梳理和前文对前三王时期族群凝聚的分析，结合笔者的一些分析认知，下文绘制了"高句丽族群形成过程中的族群示意图"。图 2-1 彰显的只是大致情况，其中包含着一些笔者的研究认识，并不完全准确，只是为了清楚说明和方便理解。

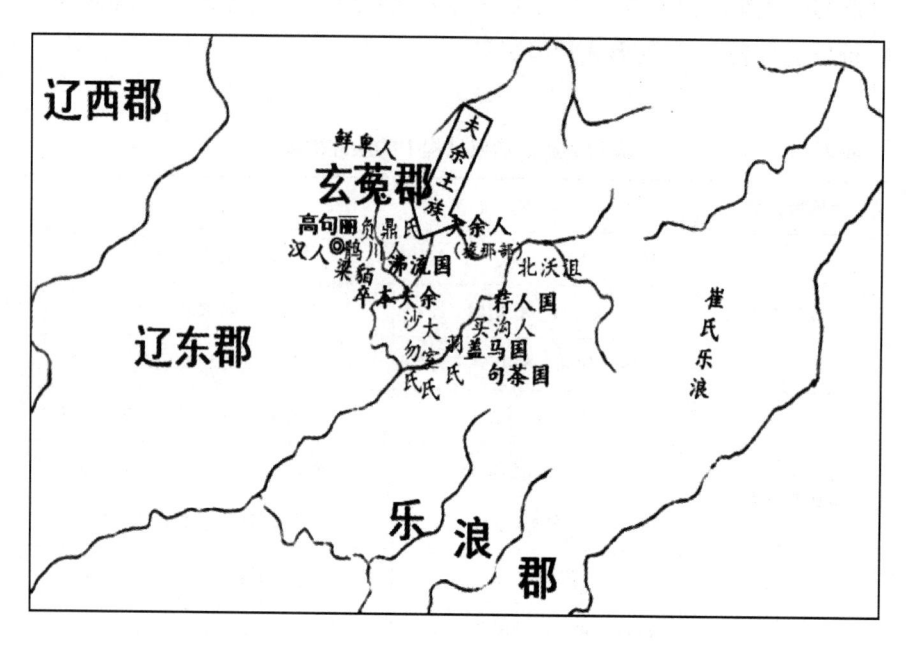

图2-1 高句丽族群形成过程中的构成要素示意

一 王族势力集团

所谓王族势力集团,即史料中高句丽王及其追随者。由于史料的匮乏,加之神话传说和史事混杂记载,很难去明确高句丽王族势力集团的具体构成和规模问题,而依据仅有史料的辨析,也一定程度能够洞察其基本面貌。王族势力集团主要由两支重要的人群组成,第一支为建国之前朱蒙从夫余南逃时的追随者,主要是以乌伊、摩离、陕父为首的部落,另一支是朱蒙之子类利与其母南逃投奔朱蒙的追随者,主要是以屋智、句邹、都祖为首的部落。除此之外,可能还有"扶芬奴""扶尉猒"等一些在高句丽建国过程中未有直接记载的群体。王族势力集团的记载存在着一定的神话色彩,但有一点可以肯定,在高句丽政权建立初期以王族为核心的族群凝聚一定是存在的,并且这一群体显然是高句丽族群形成过程中最为重要的一支力量。王族势力集团作为重要的政治力量通过建立政权,不断拓展疆土、掠夺人口,凝聚周边部族,最终使得高句丽族群这一特殊群体形成。

二 世居族群人口

所谓世居族群人口，主要是在王族势力集团到来之前在高句丽县境内包括后来高句丽政权拓展之后，所涉及的更大范围的土著群体和人口。这些群体和人口分为几个层次：其一是范围较大的族群总称"貊（貉）人"，众所周知，貊人在鸭绿江流域早已存在，汉武帝灭朝鲜之后的一段时间内在鸭绿江流域至少存在濊貊、古朝鲜人（卫氏朝鲜流民）、句骊人等群体。据《汉书》记载，在王莽时期，有涉及高句丽侯"驺"的"貉人犯法，不从驺起"的说法，这一定程度表明当时高句丽族群的族群识别还不够明晰，还属于"貉人"的一部分。建立政权和人口不断凝聚的过程中，自然在这一区域一定有大量的貊（貉）人存在，并参与高句丽族群的凝聚和群体的形成。其二是句骊胡（句骊蛮夷）这一群体也是一个族群共同体，相较"貉人"具有一定的族群识别，这一部分人是高句丽县得名的来源，应该建有侯国。可能王族势力正是与这一部落结合，最终缔造了高句丽政权。其三是卒本夫余和沸流国，史料中关于卒本夫余是有较为清晰的记载的，但是对于其政权建立时间稍有区别，前文在解构卒本夫余部分笔者已经有所分析，无论此时卒本夫余是早已存在还是朱蒙所创建的一个阶段，都是一支重要的土著力量（笔者更倾向认为卒本夫余早已存在）。而沸流国作为距离卒本不远的一个土著政权，累世居于这一区域，通过后来琉璃明王纳多勿侯之女为妃的记载看，沸流国人在王族势力建立政权之后依然极为强大，并有一定的影响力。

三 征服与归顺集团

征服与归顺集团，主要是指前三王通过各种形式对周边进行收服和凝聚的群体。首先是通过战争夺取的人口和土地，主要有荇人国、北沃沮、鲜卑人、梁貊、盖马国，其次是通过赐姓获得的人口，主要有再思、武骨、默居、沙勿氏、羽氏、大室氏、负鼎氏、崔氏乐浪人。再次是投奔联姻高句丽的重要群体，主要有鹘川人、夫余人、句茶国人。

四 汉人

高句丽政权建立在汉王朝的郡县制之下，当时大量的汉人移民生活在这一区域。早在箕子朝鲜之时就有大量中原人迁到此处，后来有属于战国燕国的属地，秦灭亡燕国之时，更有大批的燕人为躲避战争东迁。秦末汉初迁徙者更多。两汉时期郡县制设置之后，也有大量汉人移民于此。史书有"天下叛秦，燕、齐、赵民避地朝鲜数万口"[1]，"秦之亡人，避苦役适韩国"[2] 的记载。大量汉代城址和墓葬的发现更能说明这一地区汉人的存在和影响。在对桓仁地区、集安地区，以及鸭绿江、图们江两江流域等区域的考古调查中，先后出土了战国至两汉时期重要的文物和遗迹。[3] 针对这些遗物特点及与中原地区的接近程度，李大龙认为这并不是简单的文化之间的影响，它应该是汉人在该地区活动过的有力证据，属于西汉王朝直接管辖的区域。[4] 此外，根据文献记载高句丽"无良田，虽力佃作，不足以实口腹，其俗节食。……家家自有小仓，名之为桴京"[5]。这些史料记载表明在没有田地的情况下，高句丽人仍然努力地去耕作，而获得的收成是不能填饱肚子的。在《三国史记·高句丽本纪》记载的琉璃明王迁都国内时，也考虑到了国内地区"地宜五谷"的客观条件，把良田与耕作放在了首要考虑的位置。通过这一系列信息，不难看出高句丽人是极为重视田地和粮食耕种的。众所周知，高句丽人生存的鸭绿江河谷自然环境是"其地多大山深谷，无原泽。随山谷以为居，

---

[1] 《三国志》卷30《魏书·东夷传》。
[2] 《后汉书》卷85《东夷列传》。
[3] 李莲：《辑安发现古钱》，《文物参考资料》1957年第8期；古兵：《吉林辑安历年出土的古代钱币》，《考古》1964年第2期；曾昭藏、齐俊：《桓仁大甸子发现青铜短剑墓》，《辽宁文物》1981年第1期；王巍：《中国古代铁器及冶铁技术对朝鲜半岛的传播》，《考古学报》1997年第3期；集安县文物保管所：《集安高句丽国内城址的调查与试掘》，《文物》1984年第1期；集安县文物保管所：《集安发现青铜短剑墓》，《考古》1981年第5期；集安县文物保管所：《吉林集安发现赵国青铜短剑》，《考古》1982年第6期；丁贵民、韩彩霞：《吉林长白朝鲜族自治县发现蔺相如铜戈》，《文物》1998年第5期；辽宁省文物考古研究所：《五女山城1991—1999、2003年桓仁五女山城调查发掘报告》，文物出版社2004年版，第286—287页。
[4] 李大龙：《〈三国史记·高句丽本纪〉研究》，黑龙江教育出版社2013年版，第68页。
[5] 《三国志》卷30《高句丽传》。

食涧水"①。高句丽人对粮食和土地如此重视,这已经侧面表明高句丽人受汉人影响极大,更进一步说明高句丽人口中有大量的汉人存在。在琉璃明王时期更是娶了汉人女儿为妃,在汉人之女受到排挤时,毅然离开。琉璃明王得知后策马追之,雉姬竟然敢"怒不还",使得琉璃明王极为伤感,写下著名的诗句:"翩翩黄鸟,雌雄相依念我之独,谁其与归?"② 这也充分表明汉人的实力是如此之大。

---

① 《三国志》卷30《高句丽传》。相关内容在《后汉书》与《通典》中皆有记载:《后汉书》卷86《高句骊传》载:"……地方二千里,多大山深谷,人随而为居。少田业,力作不足以自资,故其俗节于饮食,而好修宫室……"《通典》卷186《边防二·东夷下·高句丽》载:"……地方二千里,多大山深谷,无原泽,随山谷而为居,少田业,力作不足以自资,其俗节于饮食……"可以看出成书较晚的《后汉书》与《通典》应该是沿袭了《三国志》的记载,仅有少许变化,整体内容是一致的。

② 《三国史记》卷13《高句丽本纪》琉璃明王三年(前17)冬十月条。

第 三 章

政权发展:高句丽族群的
进一步融合

本章主要探讨高句丽政权发展阶段高句丽的进一步融合情况,由于涉及时间跨度较长,国王众多,这里笔者只是选取了数个较为典型的高句丽王的纪事展开研究,并不全面。主要探讨的是高句丽族群形成之后,从太祖大王至广开土王阶段高句丽族群的凝聚过程,自广开土王之后鉴于高句丽政权开始走向衰落,群体出现离散现象,故这里未进行梳理,在未来的深化研究中将进一步拓展。

第一节 太祖大王时期高句丽族群的融合

按照《三国史记》的记载,太祖大王或云国祖王,讳宫,小名于漱,琉璃王子古邹加再思之子也,生而开目能视,幼而岐嶷。在位时间长达93年之久,年龄更是达到119岁。这一记载的可信度值得推敲,尤其其在位后期的一些记载,与中国正史所记存在明显偏差,下文论及之处将稍作说明。太祖大王的继位,是在大武神王不断将政权稳固、向周围拓展基础上进行的。前文已述,大武神王期间,征服了夫余,抵御了汉兵进攻,兼并周边开疆拓土、获得中原王朝认可。太祖大王可以说是在此基础上进一步稳固政权,拓展疆土,兼并人口,使得其族群不断壮大,这一时期是高句丽不断壮大到逐步在海东地区崛起的过程。

一 太祖大王与东汉关系

在大武神王的努力下,实力大增的高句丽开始与东汉边郡展开区域的争夺。在慕本王二年(49)高句丽遣将袭汉北平、渔阳、上谷、太原。而辽东太守蔡(《后汉书》作祭)肜以恩信待之,乃复和亲。① 然而当时东汉初年,百废待兴,忙于处理内忧的东汉政权,没有有效力量处理北方胡人的入侵。而彼时东北与北方地区边境形势更为复杂,匈奴和世居东北塞外的鲜卑、乌桓相互联合,有计划地组织对东汉的边疆进行侵掠。汉光武帝增加缘边诸郡的兵力,并在要害之处屯驻军马,严加守备。在这种背景下,时任东汉辽东太守祭肜采取"以夷制夷"、分化瓦解的策略,拆散"三胡"联盟,解除边境危机,为东汉初期东北边疆稳定做出了巨大贡献。史书记载:"肜之威声,畅于北方,西自武威,东尽玄菟及乐浪,胡夷皆来内附,野无风尘。乃悉罢缘边屯兵。"② 这是对祭肜功绩的充分肯定。在祭肜经略东北过程中,建武二十五年(49)春,"句骊寇右北平、渔阳、上谷、太原,而辽东太守祭肜以恩信招之,皆复款塞"。③ 也未与高句丽兵戎相见,亦是采取了怀柔的政策,有效化解了高句丽对辽东地区的进攻。

此时的高句丽也应该清楚百废待兴的东汉王朝是无暇东顾的。所以到了太祖大王时期,发生了一件极其有意思的事,太祖大王三年(55)春二月筑辽西十城,用以防备汉兵。关于此时高句丽是否有能力在辽西地区筑城,有学者是存在疑问的。④ 且不说此时筑辽西十城是事实与否,显然高句丽开始有防御东汉军队的进攻的考虑了。在此前后高句丽与东汉和平相处达半个多世纪。到了高句丽太祖大王五十三年(105),高句丽再次对东汉的边郡地区进行侵扰,打破了和平的局面。但是此次战争以高句丽大败而终。⑤ 随后高句丽便向东汉示好遣使入汉,贺安帝加元

---

① 《三国史记》卷14《高句丽本纪》慕本王二年(49)春条。
② 《后汉书》卷20《祭遵传》。
③ 《后汉书》卷80《高句骊传》。
④ 李大龙:《〈三国史记·高句丽本纪〉研究》,黑龙江教育出版社2013年版,第90—96页。
⑤ 《三国史记》卷15《高句丽本纪》太祖大王三年(55)春二月条。

服,贡献方物,求属玄菟。① 可以发现高句丽对东汉的交往是极其灵活的,换句话说,是相当的狡猾,可能正是这种狡猾的行为触怒了东汉王朝,东汉开始对高句丽展开反攻。太祖大王六十九年(121)汉幽州刺史、玄菟太守姚光、辽东太守等,领兵攻打高句丽,击杀秽貊渠帅,尽获兵马财物,取得了一定胜利。当时由于高句丽的诈降,使玄菟、辽东二郡遭偷袭。② 同年夏四月,高句丽乘胜又联合鲜卑进军辽队县,辽东太守领兵迎战,最终战死,可以说此一战东汉损失惨重。③ 但好战的高句丽并没有罢休,而是进一步加大对玄菟郡的进攻力度,同年十一月和次年(太祖大王七十一年,122)高句丽两次率马韩与獩貊一万余骑,围攻玄菟城,当时东汉借助夫余的援助,打败了高句丽。④ 这两次战争应该对高句丽造成了很大的震慑,使得高句丽再一次遣使入汉朝贡,对东汉俯首称臣。⑤

随后的二十余年战事极少,但是高句丽并没有改变西进的策略。太祖大王九十四年(146)秋八月,高句丽遣将袭击了辽东的西安平县,同时杀了带方令,掠走了乐浪太守妻子。显然这次军事行动也使东汉损失巨大,但是在《三国史记·高句丽本纪》中东汉却没有任何反应,笔者认为是不正常的,因为在《后汉书·高句丽传》中有此次战争的记载:"质、桓之闲,复犯辽东西安平,杀带方令,掠得乐浪太守妻子。"⑥《后汉书》并没有准确的时间记载,金富轼显然在撰史的过程中将其理解为汉质帝在位的146年,汉质帝仅在位一年之后汉桓帝继位。但是在《后汉书·高句丽传》中紧挨其后的记载便是"建宁二年(169),玄菟太守耿临讨之,斩首数百级,伯固降服,乞属玄菟云"⑦。

从上下的行文来看,很显然东汉此次主动出击高句丽的战争应该是对"质、桓之闲之战"的反击。但在《三国史记·高句丽本纪》中这一

---

① 《三国史记》卷15《高句丽本纪》太祖大王五十三年(105)条。
② 《三国史记》卷15《高句丽本纪》太祖大王六十九年(121)春条。
③ 《三国史记》卷15《高句丽本纪》太祖大王六十九年(121)夏四月条。
④ 《三国史记》卷15《高句丽本纪》太祖大王纪事。
⑤ 《三国史记》卷15《高句丽本纪》太祖大王七十二年(124)冬十月条。
⑥ 《后汉书》卷85《高句骊传》。
⑦ 《后汉书》卷85《高句骊传》。

战争发生时间却在新大王四年（168），时间与《后汉书》记载的169年并不一致，也与同书记载的太祖大王九十四年（146）的战争相差了20余年。这里笔者倾向于《后汉书》的记载较为接近史实，因为《三国史记》对太祖大王的年龄、卒年与晚年等相关史实记载存在很多问题，与《后汉书》《三国志》之间存在一定的出入。也就是在此之后，东汉显然已经对狡猾的高句丽频繁对辽东地区用兵有所担忧，并开始对高句丽进行反攻。

二 太祖大王对周边部族的兼并整合

借助于东汉百废待兴的局面，太祖大王对东汉钞寇的同时，也有计划对周边其他部族展开兼并，这使得高句丽在这一时期人口和疆土进一步拓展。太祖大王四年（56）秋七月，伐东沃沮，取其土地为城邑，拓境东至沧海，南至萨水。① 这里太祖大王伐东沃沮应该是大武神王时期好童游沃沮攻占崔氏乐浪的延续，从东沃沮的"东"字看，应该位于沃沮（崔氏乐浪）之地的东部，再从拓境至沧海看，东沃沮应该就是岭东地区的东部沿海一带。萨水这一概念，在前文中已经有所出现。大武神王二十七年（44），秋九月，汉光武帝遣兵渡海，伐乐浪，取其地，为郡县，萨水以南北属汉。② 但是当时萨水以北地区已经属于高句丽了，也就是说，在大武神王二十七年的时候，高句丽的疆土已经南至萨水了，为何太祖大王再一次经过拓境才南至萨水呢？这极有可能与建武二十三年（47）冬，句骊蚕支落大加戴升等万余口诣乐浪内属有关。③ ［《三国史记》记：闽中王四年（47）"冬十月，蚕支落部大加戴升等万余家，诣乐浪投汉。"④］从时间上看，这几阶段蚕支落大加戴升等万余口应该就是位于萨水边界靠近乐浪郡的高句丽人，此时太祖大王再次扩土到萨水，应该就是对这些投靠乐浪的人口和土地再次夺回。这次拓境拿下了东沃沮，并将其土地变为高句丽的城邑。太祖大王在海东地区的开疆拓土，使高

---

① 《三国史记》卷15《高句丽本纪》太祖大王四年（56）秋七月条。
② 《三国史记》卷14《高句丽本纪》大武神王二十七年（44）秋九月条。
③ 《后汉书》卷85《高句骊传》。
④ 《三国史记》卷14《高句丽本纪》闽中王四年（47）冬十月条。

句丽势力和影响都大为提高,这对周边部族产生了极强的震慑。太祖大王十六年秋八月曷思王孙都头以国来降就是很好的例证,高句丽接受都头并授其官为于台。① 紧接着太祖大王又遣贯那部沛者达贾伐藻那,虏其王;② 遣桓那部沛者薛儒伐朱那,虏其王子乙音为古邹加。③ 通过对周边部族的兼并,太祖大王时期高句丽的整体实力较大武神王时期进一步提升,势力壮大后高句丽重新开始觊觎东汉边郡的土地。太祖大王五十三年(105)遣将入侵汉辽东郡,并夺掠六县,但遭到辽东太守耿夔拒战而战败。④ 这表明高句丽实力虽然在海东地区取得一定壮大,但是与当时东汉相比还是有一定差距的,这也是后来山上王筑丸都城的重要深层原因。当年面对耿夔击破貊人,⑤ 高句丽受到较大的震慑,太祖大王有所警觉,同时加上高句丽受灾严重,太祖大王积极向东汉朝贡,贡献方物,并求属玄菟。显然这只是寻求机会再次对东汉的边郡展开进攻的权宜之计,并且西部与南部同时出兵。为何此时高句丽有能力对东汉不断骚扰呢?最为重要的原因就是高句丽实力的壮大,通过一系列的战争,高句丽对周边部族实现进一步的兼并和整合,自然土地和人口都有所扩大。这一过程中高句丽政权不断稳固,族群不断凝聚,群体内部诸族实现交往交融,高句丽化进一步加强。

第二节　山上王对政权的稳固与族群维护

　　山上王对政权的稳固包括两个方面的内容,其一是在王位之争中赢得胜利,高句丽政权得以稳定发展;其二是营建了丸都城,使高句丽拥有了一座较为稳固的都城。

---

① 《三国史记》卷15《高句丽本纪》太祖大王十六年(68)秋八月条。
② 《三国史记》卷15《高句丽本纪》太祖大王二十年(72)春二月条。
③ 《三国史记》卷15《高句丽本纪》太祖大王二十二年(74)冬十月条。
④ 《三国史记》卷15《高句丽本纪》太祖大王五十三年(105)春正月条。
⑤ 《三国史记》卷15《高句丽本纪》太祖大王五十三年(105)秋九月条。

一　发歧（拔奇）与延优王位之争

发歧（拔奇）与延优王位之争，在《三国史记》山上王元年条有清晰的记载：

> 故国川王无子，故延优嗣立。初，故国川王之薨也，王后于氏，秘不发丧，夜往王弟发歧宅曰："王无后，子宜嗣之。"发歧不知王薨，对曰："天之历数有所归，不可轻议。妇人而夜行，岂礼云乎？"后惭，便往延优之宅。优起衣冠，迎门入座宴饮。王后曰："大王薨，无子，发作长当嗣，而谓妾有异心，暴慢无礼。是以见叔。"于是，延优加礼，亲自操刀割肉，误伤其指。后解裙带裹其伤指。将归，谓延优曰："夜深恐有不虞，子其送我至宫。"延优从之，王后执手入宫，至翌日质明，矫先王命，令群臣，立延优为王。发歧闻之大怒，以兵围王宫，呼曰："兄死弟及，礼也。汝越次篡夺，大罪也，宜速出。不然则诛及妻孥。"延优闭门三日，国人又无从发歧者。发歧知难，以妻子奔辽东。见太守公孙度。告曰："某高句丽王男武之母弟也。男武死，无子，某之弟延优与嫂于氏谋，即位，以废天伦之义。是用愤悉，来投上国。伏愿假兵三万，令击之，得以平乱。"公孙度从之。延优遣弟罽须，将兵御之，汉兵大败。罽须自为先锋追北，发歧告罽须曰："汝今忍害老兄乎？"罽须不能无情于兄弟，不敢害之，曰："延优不以国让，虽非义也，尔以一时之愤，欲灭宗国，是何意耶？身没之后，何面目以见先人乎？"发歧闻之，不胜惭悔，奔至裴川，自刎死。罽须哀哭，收其尸，草葬讫而还。王悲喜，引罽须内中宴，见以家人之礼，且曰："发歧请兵异国，以侵国家，罪莫大焉。今子克之，纵而不杀足矣，及其自死，哭甚哀，反谓寡人无道乎？"罽须然衔泪而对曰："臣今请一言而死。"王曰："何也？"罽须曰："王后虽以先王遗命立大王，大王不以礼让之，曾无兄弟友恭之义。臣欲成大王之美，故收尸殡之，岂图缘此，逢大王之怒乎？大王若以仁忘恶，以兄丧礼葬之，孰谓大王不义乎？臣既以言之，虽死犹生。请出受诛有司。"王闻其言，前席而坐，温颜慰谕曰："寡人不肖，不能无惑，今闻子之言，诚知过矣。愿子无

责。"王子拜之,王亦拜之,尽欢而罢。秋九月,命有司,奉迎发歧之丧,以王礼葬于裴岭。王本因于氏得位,不复更娶,立于氏为后。①

这条史料记载了故国川王死后,为争夺王位发生了一场宫廷政变,政变的主要参与者是故国川王的弟弟发歧(拔奇)、延优(伊夷模)、(故国川王)王后于氏,以及辽东太守公孙度。政变的结果,发歧虽向公孙氏②借兵三万复国,但战败,延优夺去了王位,是为山上王。

相关记载在中国正史中也有提及,《三国志》载:

> 伯固死,有二子,长子拔奇,小子伊夷模。拔奇不肖,国人便共立伊夷模为王。自伯固时,数寇辽东,又受亡胡五百余家。建安中,公孙康出军击之,破其国,焚烧邑落。拔奇怨为兄而不得立,与涓奴加各将下户三万余口诣康降,还住沸流水。降胡亦叛伊夷模,伊夷模更作新国,今日所在是也。拔奇遂往辽东,有子留句丽国,今古雏加驳位居是也。其后复击玄菟,玄菟与辽东合击,大破之。③

史料中言"(高句丽)自伯固时,数寇辽东,又受亡胡五百余家。建安中,公孙康出军击之,破其国,焚烧邑落",表明自伯固开始,高句丽数次侵扰辽东,加之受亡胡五百家,应是公孙氏出兵高句丽的原因。后提到拔奇不得立,投降公孙康。另外接受的亡胡(投降的胡人)也背叛了伊夷模(山上王),伊夷模更作新国(应是山上王筑丸都城)。《三国史记》对此记载更为详细,指出公孙氏向发歧借兵三万复国,结果是

---

① 《三国史记》卷16《高句丽本纪》山上王元年(197)条。
② 此时的公孙氏史料记载有所区别,《三国史记》记为公孙度,《三国志》则记为公孙康,记载的不一致也使学者们对公孙氏出兵的时间和次数问题产生分歧。这里笔者参照魏存成先生的分析,即公孙氏出兵仅一次,时间在197年,此时公孙度在位,但出兵的是公孙康。文献中虽然几次出现公孙度同高句丽发生战争,但都没有明确记公孙度亲自出兵。而亲自出兵的应是公孙康,时间在建安中,即196—220年,正好包括197年在内,而这时公孙康并未继位。公孙康出兵"破其国,焚烧邑落",于是第二年山上王只好修筑丸都,到209年则移都于丸都。(参见魏存成《高句丽考古》,吉林大学出版社1994年版,第48页)
③ 《三国志》卷30《高句丽传》。

"延优遣弟罽须，将兵御之，汉兵大败"，对《三国志》中公孙氏出兵破其国、焚烧邑落之事只字未提。

针对以上史料，多有学者提出看法，其中以金毓黻[①]、顾铭学[②]、孙玉良[③]、魏存成[④]、耿铁华[⑤]等学者较具代表性。通过诸学者的研究，可以总结以下认识：第一，认为公孙氏出兵高句丽是没有问题的，且大多认为初次出兵时间是山上王继位的197年，有的认为仅有一次出兵，有的认为有两次出兵。第二，基本都认为公孙氏攻破了高句丽王都，且破坏、焚烧了国内城，故山上王才筑丸都城。

笔者认为公孙氏出兵高句丽是事实存在的，且时间应是山上王即位的197年，出兵的原因基于两个方面：一是高句丽"数寇辽东"，高句丽多次对辽东的侵扰在公孙氏割据辽东之前一直存在着。在公孙氏占据辽东之际，虽然伯固遣大加优居、主簿然人等助公孙度击富山贼，表现出双方友好的一面。[⑥]但这仅是权宜之计，或者说是高句丽方面的"一厢情愿"，当时的情况对于双方而言，都视对方为一大障碍。二是高句丽"受亡胡五百家"为公孙氏所不容，因为这些流亡的胡人实为汉中平（184—189）年间，因参与前太山相张举和前中山相张纯等反叛而败亡的辽西乌桓大人丘力居、从子蹋顿等人，这支胡人对汉廷幽州诸地危害甚苦。作为东汉封疆大吏的公孙度是有义务代表东汉对亡胡进行清剿的。[⑦]

二 山上王营建丸都城

丸都城是高句丽在鸭绿江流域"国内"地区修筑的重要城址之一，中国正史和朝鲜半岛等史书多有记载。该城在高句丽政权发展史中占有

---

① 金毓黻：《东北通史》上编，社会科学战线杂志社1980年版，第98—99页。
② 顾铭学：《〈魏志·高句丽传〉考释》，《学术研究丛刊》1981年第1、2期。
③ 孙玉良、李殿福：《高句丽同中原王朝的关系》，《博物馆研究》1990年第3期。
④ 魏存成：《高句丽考古》，吉林大学出版社1994年版，第48页。
⑤ 耿铁华：《中国高句丽史》，吉林人民出版社2002年版，第468页。
⑥ 《三国史记·高句丽本纪》新大王五年（169）王遣大加优居、主簿然人等，将兵助玄菟太守公孙度讨富山贼。《三国志·高句丽传》也有相关记载：灵帝建宁二年，玄菟太守耿临讨之，斩首虏数百级，伯固降，属辽东。（嘉）〔熹〕平（从卢弼说）中，伯固乞属玄菟。公孙度之雄海东也，伯固遣大加优居、主簿然人等助度击富山贼，破之。
⑦ 孙炜冉：《辽东公孙氏征伐高句丽的原因分析》，《通化师范学院学报》2015年第6期。

重要地位，在高句丽都城变迁史中亦扮演着重要角色。丸都城的营建与移都，一定程度上反映了高句丽在2世纪至3世纪初政权发展情况，也承载着这一阶段高句丽统治者对外政策和对内发展的心理变化；同时作为重要的历史遗迹在考古学角度亦是首要的研究对象之一。所以，学界一直以来从各个角度对高句丽丸都城展开了探讨。①

史料显示山上王二年（198）开始筑丸都城，直到十三年（209）移都于丸都城。可以发现，丸都城的营建花费长达十年多的时间。为何山上王此时花费如此多的时间筑丸都城呢？一般认为，由于公孙氏的出兵"焚烧邑落"破坏了高句丽的都城，所以山上王才筑丸都城。不否认有这方面的原因，但是从深层看，原因远不止于此，而是山上王对政权的稳固与壮大有着深层的考虑。这一点可以从琉璃明王迁都国内之后，尤其在太祖大王和新大王时期与东汉辽东的战和关系中进行总结，便可发现端倪，明确认知。

---

① 国内学者有：李殿福：《集安山城子山城考略》，《求是学刊》1982年第1期；李殿福：《集安高句丽山城子山城调查与考略》，《文物考古汇编》1982年第2期；李殿福：《高句丽丸都山城》，《文物》1982年第6期；魏存成：《高句丽初、中期的都城》，《北方文物》1985年第2期；李殿福、孙玉良：《高句丽的都城》，《博物馆研究》1990年第1期；李健才：《高句丽都城和疆域》，《中国边疆史地研究导报》1991年第1、2期；王绵厚：《高句丽城邑制度与都城》，《辽海文物学刊》1997年第2期；吉林省文物考古研究所、集安市博物馆：《丸都山城》，文物出版社2004年版；李殿福：《高句丽都城》，《东北史地》2004年第1期；李健才：《关于高句丽中期都城的几个问题探讨》，《东北史地》2004年第1期；冯永谦、孙进己：《高句丽国内城定点与建城时间论辩——兼考尉那岩城、丸都城、平壤城与黄城》，《哈尔滨社会科学》2004年第2期；耿铁华：《集安作为高句丽都城的考古学证明》，《东北史地》2004年第2期。国外学者有：[日]三品彰英：《高句麗王都考》，《朝鮮學報》1，1951年；[日]田中俊明：《前期・中期の王都》、《後期の王都》，中央公論社1995年版；[日]武田幸男：《丸都・国内城の史の位置—所在論から歴史論への試み—》，《高句麗史と東アジア〈広開土王碑研究序説〉》，岩波書店1989年版；[日]田村晃一：《高句麗の城郭》，《百済研究》第19輯，1988年；[日]東潮、田中俊明：《高句麗の歴史と遺跡》，中央公論社1995年版；[日]千田剛道：《高句麗都城の考古學的研究》，北九州中国書店2015年版；[韩]闵德植：《高句丽的中期都城》，《韩国史论》19，1989年；[韩]姜仙：《高句麗 國都 移動에 關한一考察：建國初부터 故國原王代까지》，《韓國學研究》4，1995年；[韩]余昊奎：《高句麗 城》I（압록강 중상류편），국방군사연구소，서울：国防军史研究所，1998—1999년；[韩]金顺南：《高句丽初期首都防御城体系》，《朝鲜考古研究》3，2000年；[朝鲜]孙永钟：《关于高句丽南道与北道的丸都城的位置（1）》，《历史科学》1989年第3期。

第三章 政权发展:高句丽族群的进一步融合

表3-1　慕本王二年至山上王元年高句丽与东汉的战和关系

	时间	事件	性质与结果
1	慕本王二年(49)	遣将袭汉北平、渔阳、上谷、太原。而辽东太守蔡(《后汉书》作祭)肜以恩信待之,乃复和亲	高句丽主动进攻,东汉和亲
2	太祖大王三年(55)	筑辽西十城	高句丽主动进攻备汉兵
3	太祖大王五十三年(105)	王遣将入汉辽东,夺掠六县。太守耿夔出兵拒之,王军大败	高句丽主动进攻,高句丽败
4	太祖大王五十七年(109)	遣使入汉,贺安帝加元服	臣服
5	太祖大王五十九年(111)	遣使入汉,贡献方物	求属玄菟
6	太祖大王六十六年(118)	王与濊(秽)貊袭汉玄菟攻华丽城	高句丽主动进攻,高句丽胜
7	太祖大王六十九年(121)	春,汉幽州刺史冯焕、玄菟大守姚光、辽东太守蔡讽等,将兵来侵,击杀秽貊渠帅,尽获兵马财物。王乃遣弟遂成,领兵二千余人,逆焕、光等。遂成遣使诈降,焕等信之。遂成因据险以遮大军,潜遣三千人,攻玄菟、辽东二郡,焚其城郭,杀获二千余人	东汉主动进攻,东汉败
8	太祖大王六十九年(121)	夏四月,王与鲜卑八千人,往攻辽队县。辽东太守蔡讽,将兵出于新昌,战没。功曹掾龙端、兵马掾公孙酺,以身捍讽,俱没于阵,死者百余人	高句丽主动进攻,东汉败
9	太祖大王六十九年(121)	十二月,王率马韩秽貊一万余骑,进围玄菟城。夫余王遣子尉仇台领兵二万,与汉兵并力拒战,我军大败	高句丽主动进攻,高句丽败
10	太祖大王七十年(122)	王与马韩濊(秽)貊侵辽东,夫余王遣兵救破之	高句丽主动进攻,高句丽败

续表

	时间	事件	性质与结果
11	新大王四年（168）	汉玄菟郡太守耿临来侵，杀我军数百人，王自降乞属玄菟	东汉主动进攻，高句丽败乞属玄菟
12	新大王八年（172）	汉以大兵向我，王问群臣，战守孰便。众议曰："汉兵恃众轻我，若不出战，彼以我为怯，数来。且我国山险而路隘，此所谓一夫当关，万夫莫当者也。汉兵虽众，无如我何，请出师御之。"答夫曰："不然。汉国大民众，今以强兵远斗，其锋不可当也。而又兵众者宜战，兵少者宜守，兵家之常也。今汉人千里转粮，不能持久。若我深沟高垒，清野以待之，彼必不过旬月，饥困而归。我以劲卒薄之，可以得志。"王然之，婴城固守。汉人攻之不克，士卒饥饿引还。答夫帅数千骑追之，战于坐原，汉军大败，匹马不反	东汉主动进攻，东汉败
13	故国川王六年（184）	汉辽东太守兴师伐我。王遣王子罽须拒之，不克。王亲率精骑往与汉军战于坐原，败之，斩首山积	东汉主动进攻，东汉败
14	山上王元年（197）	公孙氏出兵介入高句丽王位争夺（正史记公孙康出军击之，破其国，焚烧邑落）	东汉主动进攻，高句丽败

　　通过表3-1的总结，纵观高句丽迁都国内之后，尤其是慕本王、太祖大王、新大王执政以来，便频繁与东汉政权发生摩擦，其中慕本王、太祖大王时期高句丽寇钞东汉边境为主。到新大王开始到山上王时期，则以汉兵反攻高句丽为主。从慕本王到太祖大王时期高句丽主动进攻东汉行为共有7次（包含1次筑辽西十城以备汉军的主动行为），其间东汉有过1次反击，使得高句丽大败，臣服求属玄菟，还有1次主动进攻，以东汉战败而告终。从新大王开始到山上王元年皆为东汉主动进攻，共4次，各有胜负。整体上看，还是高句丽战败的次数较多。

史料记载，山上王二年（198）春二月，筑丸都城，① 这是《三国史记·高句丽本纪》关于丸都城的初次记载。

那么，公孙氏出兵与山上王筑丸都城有没有关系呢？应该存在一定的关系，但是这种关系应该不是学界所认为的，公孙氏攻破高句丽国都，焚烧了国内城，山上王只好筑丸都城。很可能公孙氏出兵高句丽并没有真正攻破高句丽国都，也没有焚烧高句丽的国都国内城（笔者认为这一时期高句丽的国都国内城不存在，可能是尉那岩城或汉代土城②）。关于公孙氏出兵高句丽问题，正史中唯有《三国志·高句丽传》着墨稍多，《后汉书·袁绍刘表列传》《三国志·公孙度传》仅一笔带过，《三国史记》记载仅为介入王位争夺一事，并未提《三国志》中"破其国，焚烧邑落"任何信息。大多学者依据《三国志·高句丽传》"破其国，焚烧邑落"记载认为公孙氏攻破了高句丽的国都，并焚烧了"国内城"，显然是不妥的。这里公孙氏出兵应该没有攻破高句丽的国都，所谓"破其国，焚烧邑落"里的"国"并非指"国都"而言，应理解为打败了高句丽小股部队，焚烧小的城邑。若是真的攻破所谓"国内城"，以《三国志》为代表的正史和高丽史书《三国史记》没有不记的道理，因为在此前高句丽与辽东、玄菟的战争，此后毌丘俭征高句丽等无论是正史还是《三国史记》都记载得较为清楚明了。合理的解释就是，公孙度的出兵仅是小规模作战，并未伤及高句丽根本。正如前文分析的那样，公孙氏出兵更为重要的原因是"高句丽受亡胡五百家"，并非是以灭亡高句丽为目的，而是以"降胡亦叛"为目标。

总之，前文分析总结的百余年高句丽与东汉的战和关系，促使高句丽王，尤其是山上王，深刻地意识到高句丽和东汉王朝之间的差距。高

---

① 《三国史记》卷16《高句丽本纪》山上王二年（198）春二月条。
② 在山上王执政开始的2世纪末期，高句丽可能有土城为其行政中心，且该土城名字不详，但新的考古资料表明目前集安市区古城（国内城）的夯土墙芯（土垣）的年代不早于公元4世纪前后（参见吉林省文物考古研究所、集安市博物馆《集安国内城东、南城垣考古清理收获》，《边疆考古研究》2012年第11辑），并非以往发掘报告所说的，土垣的修筑年代应在汉代乃至战国时期（参见集安县文物保管所《集安高句丽国内城址的调查与试掘》，《文物》1984年第1期；李殿福《国内城始建于战国晚期燕国辽东郡塞外的一个据点之上》，《东北史地》2006年第3期）。针对这一问题，这里不做过多论述。此处仅是要说明当时公孙氏应该没有攻破高句丽的国都。

句丽要发展势必要触及中原王朝核心利益，同时也会引起中原王朝的重视。臣服于中原王朝是可以平安无事的，若有不臣之心终究是要受到打击。百余年的战和关系基本就呈现了这一趋势，前期东汉无暇顾及弱小的高句丽，此阶段高句丽不断地寇钞东汉的辽东边郡，东汉以防守为主；后期随着高句丽的壮大，东汉也注意到存在的问题，开始对其进行打击。显然山上王对这一背景和相关情况是极为清楚的，也深刻地意识到一旦汉兵长驱直入打到高句丽国都地区，仅靠一座土城和规模较小的尉那岩城的防御是远远不够的。在高句丽国家经济实力大为增强、人口不断增多的情况下，集中力量筑一座大规模、坚固的都城是尤为必要的。所以，山上王筑丸都城，完全是基于特殊的历史背景和政权统治的内外环境而修建的。

另外值得一提的是，在将丸都城建成，并移都丸都城之后，山上王发起了对玄菟郡的征战。相关情况在《三国志》《梁书》《北史》等相关史料中都有记载：

> 降胡亦叛伊夷模，伊夷模更作新国，今日所在是也。拔奇遂往辽东，有子留句丽国，今古雏加驳位居是也。其后复击玄菟，玄菟与辽东合击，大破之。①
>
> 降胡亦叛伊夷模，伊夷模更作新国。其后伊夷模复击玄菟，玄菟与辽东合击，大破之。②
>
> 降胡亦叛，伊夷模更作新国。其后伊夷模复击玄菟，玄菟与辽东合击，大破之。③

《三国志》是最先记载复击玄菟之事的，仅从该句看没有主语，没法确定复击玄菟的主体是谁，但从上下文看应该是伊夷模。《梁书》《北史》则明确了复击玄菟的发起者是伊夷模。从描述的情况看，《梁书》《北史》应该是沿用的《三国志》，仅是具体表述有些许差别。对于此战役，《三

---

① 《三国志》卷 30《高句丽传》。
② 《梁书》卷 52《高句骊传》。
③ 《北史》卷 94《高句丽传》。

国史记·高句丽本纪》山上王记事中并无记载。这里可能是由于金富轼在记载故国川王、山上王和东川三王时，出现了混乱，即应该将山上王和东川王前移了一代，导致故国川王被认为是伊夷模，把山上王认为是位宫，其实伊夷模应是指山上王，位宫应是东川王。关于此三王的混乱记载可能导致此战出现错记或漏记的情况。这里鉴于正史对三王的记载是合乎顺序和逻辑的，对于此战还是以正史记载为准。

此时，山上王之所以主动出击玄菟郡应该是基于两个原因：

其一，"建安中，公孙康出军击之，破其国，焚烧邑落。拔奇怨为兄而不得立，与涓奴加各将下户三万余口诣康降，还住沸流水"。这一系列事件使得高句丽失去了疆域西部大片领土，此战正是山上王想夺回旧土的一战，由于玄菟与辽东的合击，使得高句丽没能如愿。

其二，正是笔者想要阐述的一个反证，即山上王建成丸都城并移都此城之后，有了较为坚固且易守难攻的国都，扫除了尉那岩城较小的担忧，才有信心出击玄菟。这也就证明山上王筑丸都城是基于深层的历史渊源和长远考虑的，因为在新大王四年到山上王元年期间，史料记载东汉共主动出击高句丽四次，高句丽并无一次主动出击东汉的行为，这就表明高句丽是没有实力和东汉正面抗衡的，仅是出现偶尔的寇钞。同时没有一座坚固的都城，高句丽也不敢与东汉进行大规模的正面作战。这进一步表明，山上王筑丸都城，是基于长时间与东汉边郡战事的驱使，尤其是新大王以来汉王朝的反击，使得高句丽王急切地需要构建一座坚固且庞大的都城。同时，只有构筑了坚固都城，高句丽才敢与东汉边郡（公孙氏割据势力）展开势力范围的争夺。

第三节　曹魏征讨高句丽以及中、西川王对高句丽族群的恢复

一　毌丘俭对高句丽的征讨与刻石纪功问题

历史学界关于曹魏毌丘俭征高句丽的讨论较多，其中"刻石纪功"问题是一个重要议题。核心争议点是究竟刊刻了几通石碑以及石碑所在位置等问题，同时也牵扯到高句丽都城国内城是否为不耐城的讨论。笔者认为，造成目前争议的根源在于《三国志》的记载存在歧义，后史在

传抄过程中出现了错误理解，使得这一问题变得越来越复杂。

从目前的资料看，关于毌丘俭刻石纪功的记载主要来自中国正史，此外朝鲜半岛史书也有记载，但基本沿袭正史内容。《三国志·毌丘俭传》首先记载了毌丘俭出征高句丽的大致过程和刻石纪功问题：

> 正始中，俭以高句骊数侵叛，督诸军步骑万人出玄菟，从诸道讨之。句骊王宫将步骑二万人，进军沸流水上，大战梁口。宫连破走。俭遂束马县车，以登丸都，屠句骊所都，斩获首虏以千数……宫单将妻子逃窜。俭引军还。六年，复征之，宫遂奔买沟。俭遣玄菟太守王颀追之，过沃沮千有余里，至肃慎氏南界，刻石纪功，刊丸都之山，铭不耐之城。①

这则史料概括了毌丘俭征高句丽的大致经过，涉及战争结束刻石纪功这一事件。《梁书·高句丽传》基本沿袭这一记载，从内容看，前半部分基本一致，但在刻石纪功部分含义有所变化，记为："（毌丘）俭使将军王颀追之，绝沃沮千余里，到肃慎南界，刻石纪功；又到丸都山，铭不耐城而还。"②将第一次刻石纪功位置定在了肃慎南界，随后"又到丸都山，铭不耐城"，将丸都山和不耐城理解为了同一区位。这一问题在《北史》中也有记载："（毌丘）俭使将军王颀追之，绝沃沮千余里，到肃慎南，刻石纪功。又刊丸都山、铭不耐城而还。"③可以发现，在肃慎南有过一次刻石纪功，在丸都山"又刊"，在不耐城又有"铭"，出现了三次刻石。《资治通鉴》载："未几，复击之，位宫遂奔买沟。俭遣玄菟太守王颀追之，过沃沮千有余里，至肃慎氏南界，刻石纪功而还。"④只记了肃慎南界刻石纪功。此外在《三国史记》等史料中亦有相关记载，但基本未超过以上情况，这里不一一列举。显然，关于"刻石纪功"文献记载出现了几个问题：纪功碑存在几处？不耐城与国内城是否在一处？

---

① 《三国志》卷28《毌丘俭传》。
② 《梁书》卷54《高句骊传》。
③ 《北史》卷94《高句丽传》。
④ 《资治通鉴》卷75《魏纪》7。

二者是怎样的关系？

　　针对纪功碑存在几处的问题，王国维在《魏毌邱俭丸都山纪功石刻跋》一文中依据上引《三国志》和《北史》的记载指出：毌丘俭刻石凡有三处，一肃慎南界，二不耐城，三丸都山。① 金毓黻则认为王国维这一认识"微误"，强调"盖魏志刻石纪功四字，不与上文至肃慎氏南界一语连读，实冠刊丸都之山，铭不耐之城二语，而总括之。盖北路之军讨句骊，刻石于丸都之山，南路之军讨附句骊之濊貊，刻石纪功于不耐城"②。

　　针对不耐城与国内城的关系，唐人张楚金在《翰苑》一书中"王颀逐北，铭勋不耐之城"一语下注："《高丽记》曰不耐城，今名国内城，在国东北六百七十里，本汉不而县也。"③ 将不耐城与国内城视为一地。清人杨守敬认为刻石纪功中的国内城与不耐城一东一西，相去不下千里，并非一处。④ 王国维也认为"不耐城在今朝鲜东海岸"⑤。《〈中国历史地图集〉释文汇编·东北卷》引用杨守敬的说法，认为《三国志·毌丘俭传》有"刊丸都之山，铭不耐之城"一语，过去多误解此语为到丸都郡之山铭不耐城，丸都即不耐，也认为二者为两地。⑥ 金毓黻则认为汉乐浪东部都尉所属七县有不耐，其后或移不耐于鸭绿江流域。⑦ 此外，耿铁华⑧、李殿福⑨、刘子敏⑩、李健才⑪等也对上述问题有过讨论，然而至今未形成共识。笔者较为认同上述金毓黻关于石碑数量的观点。《三国志》

---

① 王国维：《魏毌邱俭丸都山纪功石刻跋》，《观堂林集》第 4 集，中华书局 1959 年版，第 983 页。
② 金毓黻：《东北通史》上编，社会科学战线杂志社 1980 年版，第 118—119 页。
③ （唐）张楚金撰，雍公睿注：《翰苑》残一卷（第三十），《辽海丛书》（影印本）第 3 册，辽沈书社 1985 年版，第 2518 页。
④ （清）杨守敬：《汪士铎汉志释地驳议》，载《晦明轩稿（不分卷）》，《续修四库全书》编纂委员会：《续修四库全书·集部》第 1570 册，上海古籍出版社 2002 年版，第 113—117 页。
⑤ 王国维：《魏毌邱俭丸都山纪功石刻跋》，《观堂林集》第 4 集，中华书局 1959 年版，第 983 页。
⑥ 谭其骧：《〈中国历史地图集〉释文汇编·东北卷》，中央民族学院出版社 1988 年版，第 43 页。
⑦ 金毓黻：《东北通史》上编，社会科学战线杂志社 1980 年版，第 240 页。
⑧ 耿铁华：《中国高句丽史》，吉林人民出版社 2002 年版，第 463—464 页。
⑨ 李殿福：《高句丽的都城》，《东北史地》2004 年第 1 期。
⑩ 刘子敏：《关于高句丽第一次迁都问题的探讨》，《东北史地》2006 年第 4 期。
⑪ 李健才：《关于高句丽中期都城几个问题的探讨》，《东北史地》2004 年第 1 期。

成书3世纪后期与毌丘俭征高句丽的正始年间相差不远，记载应该相对准确。但最大的问题是存在两种理解的歧义：其一是针对不同阶段战事进行刻石纪功，一石刊丸都之山，一石铭不耐之城，两通石碑所立地区不同，铭记不同战事，"刻石纪功"一语为对前面战事的总结；其二是刻石纪功只刻了一通石碑，即已出土的《毌丘俭纪功碑》[①]，"刊丸都之山，铭不耐之城"两句为骈文对仗，丸都山和不耐城在同一处。由于《三国志》是较具总结性的概括记载，便产生了歧义，这是导致后史在传抄过程中出现错误的根源。从上文《梁书》和《北史》记载看，显然就是歧义导致的，出现了混乱。这一混乱更是对后来的研究产生了极为深远的影响，导致了上述争议的存在。

鉴于"刻石纪功"直接史料极少，又存在歧义和混乱。对相关史料的梳理分析，将是解决问题的突破口。依据《毌丘俭纪功碑》残片碑文和《三国志》记载，笔者认为碑文中"督七牙门讨句骊五"应指的是正始五年（244）出兵高句丽，《三国志》中的"正始中"应是"正始三年高句骊反"和五年出兵高句丽的整合记载。碑文中"复遣寇六年五月旋"，存在两种可能：其一，指的是《三国志》中的"六年复征"，对高句丽残余势力进行的打击，于五月结束战事；其二，指的是五年出兵直到六年五月结束，在冬季由于天气原因毌丘俭阶段性停止了战争。通过《三国志》正始六年（245）的相关记载看，"六年复征"应包括两个部分，其一是毌丘俭"遣玄菟太守王颀追之，过沃沮千有余里，至肃慎氏南界"，其二是"正始六年，乐浪太守刘茂、带方太守弓遵以岭东濊属句丽，兴师伐之，不耐侯等举邑降"[②]。乐浪和带方太守的出兵，发生的时间和出兵对象极为关键。对此，日本学者池内宏认为乐浪太守刘茂、带方太守弓遵征沃沮不是一次独立的战役，而是毌丘俭正始六年征高句丽之役的组成部分。[③] 杨军认为正始六年（245）出兵，应是在高句丽王宫战败溃逃之后，毌丘俭一方面派玄菟太守王颀追杀，另一方面派乐浪太

[①] 此碑于清光绪二十三年出土于辑安（今集安）县城西17公里的板岔岭西北天沟山坡上，发现时已为残石。

[②] 《三国志》卷30《濊传》。

[③] ［日］池内宏：《毌丘俭の高句丽征伐に関する三国史记の记事》，载《满鲜史研究》上世第一册，京都：祖国社1951年版，第251—294页。

守刘茂和带方太守弓遵经略高句丽控制下的沃沮和濊地。① 苗威则认为乐浪、带方太守出兵岭东地区，是正始六年毌丘俭复征高句丽的南路大军，是对东逃的位宫进行的堵截②。笔者认为以上学者的认识均是合理的。正始六年的复征，应是一次配合作战，南部派乐浪、带方太守出兵岭东，一方面收回岭东被高句丽蚕食的原东部都尉属地，另一方面还能堵截北路在王颀追击下可能南逃的高句丽王位宫，二者形成掎角之势。

通过以上分析，再来看《三国志》中的"刻石纪功"，显然"刊丸都之山"刻石纪功是铭记毌丘俭出兵"屠句骊所都"的战事；"铭不耐之城"刻石纪功指的是正始六年的配合战，即乐浪、带方太守收复岭东旧土以及王颀北路围堵高句丽王位宫的战事。

史料的歧义和混乱也导致了目前关于刻石纪功中的不耐城是不是高句丽国内城的学术争议。争议的原因在于上引唐张楚金《翰苑》注文所引《高丽记》的文字，这一记载将不耐城与国内城等同。关于此问题目前存在两种认识：

一种观点认为不耐城不是国内城，指出二者一东一西，并非一处。对此最早提出疑问的是清末民初的历史地理学家杨守敬，他指出："高句丽王宫东南走，过沃沮，已至秽貊界矣，其刊石于丸都者，高句丽之都城也，其刊石于不耐者，极高（句）丽王所走之地，一东一西，相去不下千里。合而一，何其读书不审也。"③

另一种观点认为国内城就是不耐城，并指出不耐城（不而县）存在过侨置。较早进行阐述的是金毓黻，在《东北通史》中，探讨安东都护府所属之州部分指出："《三国史记》谓国内一云不耐，汉乐浪东部都尉所属七县，有不耐，在今朝鲜咸镜南道，其后或移不耐于鸭绿江流域。"④

这两种认识学界一直存在争议，至今未有确论。通过前文对"刻石纪功"史料的解读，笔者认可第一种认识，即不内城与国内城没有必然联系。结合以往的研究，依托新资料，补充几点分析：

---

① 杨军：《4—6世纪朝鲜半岛研究》，吉林大学出版社2015年版，第26页。
② 苗威：《乐浪研究》，高等教育出版社2016年版，第126—127页。
③ 杨守敬：《汪士铎汉志释地驳议》，载《晦明轩稿（不分卷）》，第113—117页。
④ 金毓黻：《东北通史》上编，社会科学战线杂志社1980年印，第240页。

第一，国内城的年代较晚，毌丘俭征高句丽时可能根本就不存在国内城。之所以这么认为，一方面是《三国志》刻石纪功的记载中并没有国内城的任何信息，乃至《三国志》所有与高句丽相关的信息都未提及国内城，这是要尤为注意的。只是迨至唐时期的《高丽记》将不耐城与国内城结合起来了。另一方面是当时丸都山附近可能根本不存在"不耐城"。新的考古资料表明，集安市区古城（国内城）的夯土墙芯（土垣）的年代不早于公元4世纪前后，① 并非以往发掘报告所说的土垣的修筑年代应在汉代乃至战国时期。② 这也说明了为什么《三国志》中没有国内城的记载，因为《三国志》记录这段历史时，此地可能根本没有另一座城，更不可能有国内城。

第二，《高丽记》关于不耐城的记载存在一些无法解释的问题。《高丽记》所记前半句有"不耐城，今名国内城"，再结合《三国志》"刊丸都之山，铭不耐之城"的记载，显然能使人的思路向"二者为一城"倾斜。但是后半句"在国东北六百七十里，本汉不而县也"又该如何理解呢？国东北六百七十里，这里的"国"指的是什么？应该是指陈大德出使高丽（高句丽）国都长安城（平壤城），根据大致方位来看，国内城（今天的集安市城区）应位于当时高句丽国都的西北或者是北方，显然方位是不正确。那么东北方位指的是哪里呢？《高丽记》的下文已经给出了答案"本汉不而县也"。出现这些问题的原因有二：一是《翰苑》注引《高丽记》的过程中可能出现了问题，"王颀逐北，铭勋不耐之城"这一条目所指为正始六年出兵之事，但注引《高丽记》却将国内城与不耐城直接结合。关于"王颀逐北"，《三国志·夫余传》中有"诣夫余，位居遣大加郊迎，供军粮"③ 的记载，显然王颀的路线是途经夫余向东北方向直达肃慎南界，与国内城根本不是一个区域和方位。而乐浪、带方的出兵则是从朝鲜半岛西部向东部偏北行进。无论二者谁铭勋不耐城，从方位上看都不应该是国内城。二是陈大德在出使高丽期间，收集情报的过

---

① 吉林省文物考古研究所、集安市博物馆：《集安国内城东、南城垣考古清理收获》，《边疆考古研究》（第11辑），科学出版社2012年版，第39—47页。

② 集安县文物保管所：《集安高句丽国内城址的调查与试掘》，《文物》1984年第1期；李殿福：《国内城始建于战国晚期燕国辽东郡塞外的一个据点之上》，《东北史地》2006年第3期。

③ 《三国志》卷30《夫余传》。

第三章 政权发展:高句丽族群的进一步融合

程中可能没有真正考察清楚不耐城与国内城的关系,或者受到了高句丽人的误导,抑或在隋唐时期不耐城迁移至鸭绿江流域。这里笔者并不怀疑陈大德的学识和能力,在唐朝与高句丽关系如此微妙,高句丽有所防备的情况下,作为职方郎中,又有着"觇国虚实"使命的陈大德出使高句丽,高句丽人对陈大德的身份和目的应该有所了解,很可能对其有所防备,在其对重要的战略要地考察时进行误导,致使其判断出现失误。另外,我们还要注意的是,即便是陈大德所记无误,唐代的不耐城又称国内城,或者说唐时不耐城存在迁移至国内城的情况,但这与曹魏时期的丸都山附近有没有不耐城,或者岭东不耐城是否迁移毫无关系。

前文对刻石纪功影响的梳理过程中,笔者发现金毓黻针对刻石纪功问题存在两种不一致的表达。一方面针对纪功碑的数量金氏指出"北路之军讨句骊,刻石纪功于丸都山,南路之军讨附句骊之濊貊,刻石纪功于不耐城",显然金氏认为石碑为两通;另一方面金氏又指出"汉乐浪东部都尉所属七县,有不耐,其后或移不耐于鸭绿江流域"。这两种表达看似存在矛盾,故以往有学者将后者作为依据,论证不耐城与国内城为一处。其实不然,因为金毓黻的后者认识是有相关历史背景的,这一表达是金毓黻在探讨"安东都护府"时所说,且是存疑的,背景显然是较晚时期,并非在曹魏毌丘俭征高句丽之前。

此外,高福顺、姜维公等做出推论,可能在高句丽域内有两个国内城,其一为今吉林省集安市的老城区,其二为"汉不而县"。[①] 这一推论是否存在可能性,应该持谨慎的态度。因为王健群曾撰文认为高句丽琉璃明王迁都国内都城应位于朝鲜半岛东部近海永兴一带,[②] 这一认识不仅受到一些学者的批驳,[③] 也与今天的高句丽重要历史遗存分布严重不符。至于后来有没有在这一方位建一个国内城,更没有任何依据可以证明。

综上所述,关于毌丘俭征高句丽"刻石纪功"问题,正确认识应是正始五年(244)毌丘俭攻破高句丽丸都城,正始六年(245)毌丘俭再

---

① 高福顺、姜维公、戚畅:《〈高丽记〉研究》,吉林文史出版社2003年版,第279—280页。
② 王健群:《玄菟郡的西迁和高句丽的发展》,《社会科学战线》1987年第2期。
③ 李殿福:《高句丽的都城》,《东北史地》2004年第1期;耿铁华:《高句丽迁都国内城及相关问题》,《东北史地》2004年第1期。

次出兵收复岭东原东部都尉地，并进一步堵截高句丽王位宫，为纪念这两次战事分别进行了刻石纪功。丸都山作为当时高句丽都城所在，属第一次战争的核心地区，故进行"刊丸都之山"刻石纪功；"不耐城"属原岭东之地东部都尉治所，则是第二次战争的核心城市，故"铭不耐之城"，刻石纪功。并且，丸都山纪功碑已经出土为证，只不过不耐城尚未出土纪功碑而已。这里有一个问题需要说明，目前《毌丘俭纪功碑》由于是残片，文字不多，但出现了"督七牙门讨句骊五"和"复遗寇六年五月旋"的记载，这两条记载与毌丘俭正始五年（244）出兵以及正始六年（245）再次出兵基本相合，看似《毌丘俭纪功碑》将征讨高句丽的全部战事都进行了记载，似乎没有再刻一通石碑纪功的必要性。其实不然，下面将两种可能的情况稍作解释。

一方面，很难根据这两句话就说《毌丘俭纪功碑》完整记载了战事的全部经过。碑文"复遗寇六年五月旋"中的"复遗寇"可能指的不是六年复征，依然是五年出兵的组成部分，因为在《三国志》有"进军沸流水上""束马县车"的表述，这表明当时很有可能沸流水已结冰，山城有冰冻或者雨雪（也不排除山城陡峭难攻）。在《三国史记》中则明确记载了毌丘俭攻陷丸都城是在冬十月。① 这进一步印证了毌丘俭第一次出兵是在冬季，攻陷丸都城之后便进入了深冬，但战争应该尚未结束，只是进行了临时休整补充给养，直到来年五月战争才真正结束。从当时自然环境看，王颀北部和南部刘茂、弓遵南部岭东出兵不应该在寒冬进行，更难说五月已经结束所有战事，这一时期在东北地区极为寒冷，尤其王颀出兵至肃慎南界，这对当时的魏军来说是不利的，以毌丘俭的军事才干和对东北环境的了解看，不应该此时出兵。所以，"复遗寇六年五月旋"这一记载很有可能还是毌丘俭第一次战事的最后阶段，不能仅从残缺碑文且无上下文的两句话就断定《毌丘俭纪功碑》记载了全部战事。

另一方面，即便"复遗寇"指的就是针对逃窜高句丽王位宫的追讨，即《毌丘俭纪功碑》记载了战事的全部经过，这也不影响对不耐城存在刻石纪功的判断。因为毌丘俭作为主帅，主导了此次东征全部战事，显然毌丘俭亲征的丸都之战，攻陷了高句丽的都城，属于战争的核心，随

---

① 《三国史记》卷17《高句丽本纪》东川王二十年冬十月条。

后的复征则是毌丘俭指挥的战事,是战争的延续。两场战事均刻石纪功并不冲突,并且《毌丘俭纪功碑》处于主要地位,刊刻战事的全部经过,逻辑上并不矛盾。

由于《三国志》采取了整合记载,使得两次刊刻处于平等地位,故产生了歧义,使得后世的理解出现错误并且不断扩大,导致史料的混乱。由此牵扯到的不耐城并不是国内城,在曹魏时期丸都山附近有可能根本就不存在其他的城。唐人注引《高丽记》的记载只是孤证,存在很多疑点,并且时代不同,应当辩证地去看。

二 中川王、西川王对高句丽疆土与族群的恢复

中川王时期经过十余年的努力基本实现了对高句丽中部疆土的恢复。中川王七年(254)任用沸流沛者阴友为国相,应是实现沸流水地区归回的重要举措。① 虽期间曹魏对高句丽有所征伐,但是结果是高句丽占据上风。直到中川王十三年(260)高句丽应该真正收复了沸流水地区,因为在这一年中川王得以去卒本祭祀祖庙。② 西川王即位后,励精图治,经过努力进一步巩固了对疆域西部的控制,一方面与西部地区进行联姻,西川王二年(271)春正月,立西部大使者于漱之女为后;③ 另一方面同年九月西川王继续任用中川王时期国相阴友的儿子尚娄为国相。④ 这些举措显然意在拉拢高句丽西部部落势力,进一步加强和巩固对西部地区的控制。

另外值得一提的是,西川王十一年(280)高句丽面对肃慎来侵获得大胜,并最终实现了对梁貊和肃慎诸部落的兼统。这表明,高句丽在这一时期恢复了毌丘俭征讨之前的疆域规模,甚至在东北部地区进一步拓展。这一时期之所以高句丽中川王和西川王能够取得国家的统一,主要

---

① 《三国史记》卷17《高句丽本纪》中川王十二年(259)冬十二月条。
② 关于这一问题孙炜冉对大武神王至荣留王祭祀祖庙的情况进行过统计,指出高句丽诸王祭祀始祖庙的时间都是在继位的第二年,最迟是在第三年便赴卒本祭祀。唯独中川王却推迟至在位的第十三年才进行,表明毌丘俭东征高句丽后,高句丽丧失了卒本地区。(参见孙炜冉《高句丽诸王研究》,博士学位论文,东北师范大学,2016年)
③ 《三国史记》卷17《高句丽本纪》西川王二年(271)秋七月条。
④ 《三国史记》卷17《高句丽本纪》西川王二年(271)秋九月条。

是因为此时正值曹魏司马氏篡夺政权，无论是晚期的曹魏还是新建的西晋都没有太多精力顾及高句丽的情况。烽上王时期，史料显示慕容廆两次出兵高句丽，但都以失败告终。经过东川王以来诸王对高句丽国家疆土的恢复与巩固，加之当时中原王朝政权的更迭，高句丽国家获得了一定的发展，族群得以恢复并不断壮大。随后高句丽又开始对辽东和玄菟进行了一定程度的侵扰，获得了一些局部胜利，但在几次与慕容氏的交锋中基本处于劣势。

第四节 美川王与故国原王南部拓展与族群的壮大

一 美川王袭取乐浪和带方二郡

由于"西进"的屡屡受挫，"南进"可是说是高句丽政权发展的基本轨迹，但不同时期表现有所不同。魏明帝景初二年（238）曹魏消灭了辽东公孙氏政权，打破了"隔断东夷，不得通于诸夏"① 的局面，有利于曹魏对朝鲜半岛乐浪和带方二郡的经营。这一情况显然对高句丽是极为不利的。在曹魏平定公孙氏的过程中，高句丽极力表现出了对曹魏的忠心，斩杀孙吴来使，② 并将兵助魏讨伐公孙渊。③ 这一系列动作的目的是想借助于曹魏的力量灭掉公孙氏政权，进而从曹魏处获取一定的利益，扩大其在辽东的势力范围。但是，曹魏并没有与高句丽一起分享胜利的果实。在这一背景下，高句丽悍然发动了对辽东西安平的战争。④ 西安平位于今辽宁省丹东市九连城叆河尖古城，鸭绿江的入海口处。⑤ 这一位置正是曹魏连接朝鲜半岛乐浪、带方二郡的南大门。此时，高句丽出兵西安平可能也是觊觎朝鲜半岛的一次军事行动，因为汉末（190—220）"岭东七县

---

① 《三国志》卷30《魏书·东夷传序》。
② 《三国史记》卷17《高句丽本纪》东川王十年（236）秋七月条。
③ 《三国志》卷30《高句丽传》；《三国史记》卷17《高句丽本纪》东川王十二年（238）条。
④ 《三国志》卷30《高句丽传》；《三国史记》卷17《高句丽本纪》东川王十六年（242）条。
⑤ 谭其骧：《〈中国历史地图集〉释文汇编·东北卷》，中央民族学院出版社1988年版，第13页。

更属句丽"①,高句丽在朝鲜半岛东部地区已取得重要的进展,继而想通过西部海路,形成对朝鲜半岛的犄角之势。显然,这次对西安平的贸然出兵,是不合时宜的,也是不自量力的。正始五年(244)和正始六年(245)毌丘俭发动了一系列对高句丽的征讨。②高句丽几乎遭到了灭国的打击,曹魏实现了对辽东地区的绝对控制,并收复了朝鲜半岛岭东地区的大片土地。

随后,经中川王和西川王数十年的努力,一定程度恢复以往高句丽的经营范围,这主要是因为此时无论是晚期的曹魏,还是新建的西晋都没有太多精力顾及高句丽的情况。虽然中原王朝的朝代更迭和动乱使得高句丽的实力得以恢复,但是大致同时期在辽东之地逐步崛起的慕容鲜卑势力再次对高句丽的发展造成巨大威胁,在烽上王时期史料显示慕容廆两次出兵高句丽。③战争的结果都是高句丽取得胜利,这表明经过数十年的休整,高句丽已经一定程度上恢复了实力。两次交战之后,慕容氏已然与高句丽结下了仇怨,这为后来两者之间矛盾进一步深化,埋下了伏笔。

西川王时期,高句丽为了政权的发展和壮大,在不断进行西进或南进尝试,如果说目标尚不清晰的话,那么美川王、故国原王时期,高句丽基本确定了"南进"的发展策略,并且切实地去执行了这一策略。美川王时期,高句丽的实力进一步恢复壮大,借助于西晋末期的动乱,再次对玄菟郡和辽东郡用兵。美川王三年(302)秋九月侵玄菟郡,虏获八

---

① 《三国志》卷30《濊传》。
② 《三国志》卷28《毌丘俭传》。关于毌丘俭出兵高句丽的时间和次数问题,以往研究已经很多,在此不再赘述。笔者通过梳理认为毌丘俭征高句丽是一次机动性很强的系列化军事行动。正始五年(244)毌丘俭第一次出兵高句丽,与高句丽军队大战于梁口,最终攻陷丸都城,实现初步胜利。正始六年(245)再次出兵高句丽,这一次的出兵行动根据战事进展情况分前后两次进行,具有很强的机动性。一方面追击逃窜的高句丽王位宫,位宫逃窜至买沟,随后毌丘俭派玄菟太守王颀从北路出兵追之,直至肃慎氏南界;另一方面派乐浪太守刘茂、带方太守弓遵以岭东濊属句丽,兴师伐之,不耐侯等举邑降,这次战争目的指向明确,即打击属句丽的岭东濊。从"宫遂奔买沟"看前期位宫逃窜位置应该在单单大岭以东地区。这样大致可以明确正始六年复征高句丽战争的逻辑关系,应先是乐浪、带方出兵岭东地区,追堵位宫并打击领东濊,在这次军事行动的打击下不耐侯等举邑降,但是位宫继续逃窜至买沟,随后便又派玄菟太守王颀从北路出兵堵截。
③ 《三国史记》卷17《高句丽本纪》烽上王二年(293)秋八月条;《三国史记》卷17《高句丽本纪》烽上王五年(296)秋八月条。

千人。① 美川王十二年（311）秋八月，高句丽再次袭击西安平。② 这两次用兵，尤其是西安平用兵与曹魏时期截然不同，西晋无任何反应。原因是高句丽选择了极为恰当的时间，美川王三年（302）侵玄菟郡，时为西晋太安元年，当时正处于西晋八王之乱第二阶段；美川王十二年（311）八月的西安平用兵，西晋则刚经历永嘉之祸。显然这两次用兵都是借机进行的，具有一定的试探性。另外，高句丽的这两次用兵还有一个重要的目的，就是与慕容氏在辽东一代展开争夺，因为这一时期辽河流域的大片区域正是慕容氏所控制的范围。《梁书·高句骊传》载："句丽王乙弗利频寇辽东，廆不能制。"③ 这显然表明，此时高句丽在这一阶段的竞争中稍占优势。在西晋内乱无暇顾及，以及与慕容氏争夺占据优势的背景下，高句丽在美川王十四年（313）和十五年（314）相继南下吞并了乐浪和带方二郡。

关于南侵乐浪，《三国史记》记载较为简单，仅记为侵扰掳民。而《资治通鉴》中记载较为详细："辽东张统据乐浪、带方二郡，与高句丽王乙弗利相攻，连年不解。乐浪王遵说统帅其民千余家归廆，廆为之置乐浪郡，以统为太守，遵参军事。"④ 在此条史料中，由"连年不解"可知高句丽对乐浪、带方的进攻应是持续的。"乐浪王遵说统帅其民千余家归廆，廆为之置乐浪郡"，表明当时乐浪太守放弃了朝鲜半岛的乐浪郡故地，投奔了慕容廆，又在辽东地区置了新乐浪郡。此后，朝鲜半岛的乐浪郡故地显然被高句丽所占据，所以一年之后高句丽得以继续南进灭掉带方郡。面对这一情况，西晋根本无能为力。

袭取乐浪和带方二郡，是高句丽南进的重大突破，也就在此时高句丽基本确定了南进的发展策略。首先，通过以往高句丽"西进"与中原王朝的战事看，美川王显然已经明白，西进基本无望，只有在中原王朝动乱无暇顾及之时才能获得一定的进展，一旦被反攻，就要面临灾难。其次，乐浪、带方二郡是西晋鞭长莫及之地，加之慕容氏割据势力的隔

---

① 《三国史记》卷17《高句丽本纪》美川王三年（302）秋九月条。
② 《三国史记》卷17《高句丽本纪》美川王十二年（311）秋八月条。
③ 《梁书》卷55《高句骊传》。
④ 《资治通鉴》卷88 西晋建兴元年（313）四月条。

绝，使得二郡对西晋而言俨然成为了一块"飞地"，并且在张统的占据下早已名存实亡；再次，大同江流域相较于"国内"地区有着更好的经济基础，更优越的自然环境和地理位置，也是吸引高句丽采取南进策略的重要因素；最后，从战略角度考虑，经历毌丘俭东征之时的南北夹击，美川王显然明白，不能再让乐浪、带方成为其后方的威胁。

二 故国原王的朝鲜半岛征战

故国原王时期，在美川王的基础上，高句丽进一步加快南进的步伐。先是在南部朝鲜半岛控制地区增筑了平壤城，① 又在北部加强了防守，修筑国北新城。② 故国原王的这一系列动作，有着一定的预见性，因为美川王的南征北战给高句丽政权再次带来隐患，这一点故国原王是清楚的。尤其对于慕容氏而言，高句丽的壮大发展，是其所不容的，然而慕容氏此前并没有与高句丽展开较大范围的战争，主要是因为慕容氏也在借机吸纳流民、改革内政。到了慕容皝时代，随着前燕政权的建立，慕容氏实力已然壮大。而这一时期高句丽也在采取各种手段想方设法去削弱慕容氏的实力。东晋咸康四年（338）高句丽收容了前燕叛贼封抽、宋晃、游泓。③ 又与后赵联合，合谋对燕作战。④ 这一系列事件，使得慕容氏极为不满，随即出兵高句丽，故国原王意识到了问题的严重性，马上投降乞盟，⑤ 并遣世子朝觐燕王慕容皝。⑥ 显然高句丽的示好为时已晚，燕王

---

① 《三国史记》卷18《高句丽本纪》故国原王四年（334）秋八月条。这里的"平壤城"笔者认为位于大同江流域，所谓"增筑"应该理解为"新筑"，而非在旧城的基础上加筑，因为此时高句丽已经占据乐浪、带方故地，这为高句丽南部筑城提供了可能，在北部局势居于下风的高句丽也需要在南部拓展空间。此时的平壤城便是"平壤东黄城"中的"平壤"。关于这一问题笔者将另文探讨，这里稍作说明。

② 《三国史记》卷18《高句丽本纪》故国原王五年（335）春正月条。

③ 《资治通鉴》卷96东晋咸康四年（338）条。

④ 《资治通鉴》载："赵王虎遣渡辽将军曹伏将青州之众戍海岛，运谷三百万斛以给之；又以船三百艘运谷三十万斛诣高句丽，使典农中郎将王典帅众万余屯田海滨；又令青州造船千艘，以谋击燕。"[《资治通鉴》卷96东晋咸康四年（338）条]

⑤ 《三国史记》卷18《高句丽本纪》故国原王九年（339）条。

⑥ 《三国史记》卷18《高句丽本纪》故国原王十年（340）条。

下定了决心要先灭高句丽。① 故国原王十二年（342）十一月，慕容皝自将劲兵四万出南道，以慕容翰、慕容霸为前锋，别遣长史王寓等将兵万五千出北道，讨伐高句丽。② 此战的结果对于高句丽来说是极其悲惨的，一方面遭受了军事上的惨败，宫室被焚、国都被毁、国库被抢、人口被虏；另一方面遭受了国格上的羞辱，父墓被掘（尸骨被掳走）、母亲被囚。此后故国原王忍辱负重，向前燕不断示好，乞求归还父尸、母亲。在这一背景下，故国原王为了表示对前燕的臣服与忠心，在向前燕称臣、纳质修贡的同时，移居到远离前燕的朝鲜半岛平壤东黄城。③ 移居黄城之后，故国原王依然做出了一系列向前燕示弱的举动。面对慕容恪"拔南苏，置戍而还"的军事进攻，高句丽毫无反应，表现出了极度的屈从；④ 主动送还了于咸康四年（338）投附高句丽的旧臣东夷护军宋晃。⑤ 这一系列示弱的表现，最终赢得了前燕的谅解，在故国原王二十五年（355）"遣使诣燕，纳质修贡"之后，前燕景昭帝慕容儁送还了故国原王母亲周氏。更为重要的是，前燕还册封故国原王为征东大将军、营州刺史、封乐浪公，⑥ 一定程度承认了高句丽对朝鲜半岛乐浪故地的统领。

第五节　小兽林王至好太王时期对朝鲜半岛政权和族群的整合

一　小兽林王与故国壤王时期的休养生息与南部拓展

当高句丽南下政策制定并切实执行之后，与百济在朝鲜半岛势必正

---

① 《三国史记》卷18《高句丽本纪》故国原王十二年（342）冬十月条。《资治通鉴》卷97东晋咸康八年（342）冬十月条。

② 《资治通鉴》卷96东晋咸康八年（342）冬十一月条；《三国史记》卷18《高句丽本纪》故国原王十二年（342）冬十一月条。

③ 《三国史记》卷18《高句丽本纪》故国原王十三年（343）秋七月条。关于黄城的位置目前存在位于鸭绿江流域和大同江流域两种争议，笔者认为根据当时的背景看，黄城应位于朝鲜半岛。移居黄城表面看是远离前燕以示弱的表现，其实还有高句丽南进经营乐浪故地，并与百济展开争夺的目的。

④ 《三国史记》卷18《高句丽本纪》故国原王十五年（345）冬十月条。

⑤ 《三国史记》卷18《高句丽本纪》故国原王十九年（349）条。

⑥ 《三国史记》卷18《高句丽本纪》故国原王二十五年（355）冬十二月条。

面相向，矛盾和战争也就不可避免。4 世纪后期，高句丽与百济开启了第一阶段的半岛争夺战。①

据相关文献记载，百济的族源出自索离②、夫余③或高句丽④，这一情况在《三国史记·百济本纪》中有较为详细的阐述。⑤ 其建国之地有带方故地⑥和马韩故地⑦两种记载。对此，有学者指出，百济建都于慰礼城，该城应在马韩之地，而非带方故地，至于百济曾将其领土扩张至带方故地，则是后来的事。⑧ 由于百济政权地处朝鲜半岛南部地区，空间相对狭小，向北发展是百济的基本发展政策。百济在政权建立初期，受到了来自北部的靺鞨的入侵，采取了攻守结合的策略，占得先机。随后，便开启了向北拓展的步伐。始祖温祚王多次尝试北上，与乐浪郡之间摩擦不断。这主要是因为在西汉末，中原王朝无暇顾及边疆地区，使得对东北边郡的控制较为松弛，这些边郡对周边地区和部族的控制也相应弱化，边郡部族壮大之后，摩擦不断出现，乐浪郡和百济便属于这种情况。此时百济的北上并没有太明显的突破，主要还在汉江流域一带。东汉时期，中原加强了对边郡的控制，建武六年（30）收复了王调统治下的乐浪。⑨ 尤其是公孙氏雄张海东之时，特别强化了对朝鲜半岛的控制，"公孙康分屯有县以南荒地为带方郡"⑩ 此后东北边郡在朝鲜半岛的统辖得以巩固。这一阶段百济北上基本停止，史料显示在公元 1 世纪初之后至 3 世纪中叶前，百济与北部的边郡之间鲜有战事。

到了 3 世纪中叶，毌丘俭东征高句丽之时，百济再次借机北上，发起了对北部边郡的侵扰。百济古尔王十三年（246，曹魏正始七年），"魏

---

① 这里所说的第一阶段，是笔者所定义的，指的是 4 世纪后期高句丽与百济之间的半岛争夺战。这一阶段前期百济占据上风，后来高句丽占据优势，在好太王的打击下，4 世纪末二者之间的战事稍有缓和。
② 《北史》卷 94《百济传》。
③ 《魏书》卷 100《百济国传》。
④ 《隋书》卷 81《百济传》。
⑤ 《三国史记》卷 23《百济本纪》百济始祖温祚王元年（前 18）条。
⑥ 《隋书》卷 81《百济传》。
⑦ 《旧唐书》卷 199《百济传》。
⑧ 苗威：《乐浪研究》，高等教育出版社 2016 年版，第 375 页。
⑨ 《后汉书》卷 76《王景传》。
⑩ 《三国志》卷 30《东夷·韩》。

幽州刺史毌丘俭与乐浪太守刘茂、朔方太守王遵伐高句丽，王乘虚遣左将真忠，袭取乐浪边民，茂闻之怒，王恐见侵讨，还其民口"①。该史料中"朔方""王遵"分别应为"带方""弓遵"之误。此一战，百济受到了乐浪太守的谴责，百济王怕遭到讨伐，归还了所掳之民口。显然此时百济的北上还是阻力较大的。到了责稽王时期，由于高句丽对带方郡的侵扰，受带方的请求，百济再次北上。责稽王元年（286，西晋太康七年），"高句丽伐带方，带方请救于我。先是，王娶带方王女宝菓为夫人。故曰：'带方，我舅甥之国，不可不副其请。'遂出使救之，高句丽怨。王虑其侵寇，修阿旦城、蛇城备之。"② 这一战，可以说是百济与高句丽的首次交手，从此二者结怨。此战也让百济尤为担心，采取了修城防备的策略。这一时期，百济还对国都慰礼城进行了修缮，不久又潜师袭取乐浪西县。③ 可见百济在建国3个世纪之后，实力逐步增强，开始有计划地向汉江北部发展势力。

百济有计划有目的北上，正迎头碰上南进的高句丽，从此二者全面开启了朝鲜半岛的争夺战。故国原王三十九年（369），高句丽以兵二万南伐百济，结果是高句丽战败。④《三国史记·百济本纪》对此战有详细的记载："高句丽王斯由帅步骑二万，来屯雉壤，分兵侵夺民户。王遣太子以兵径至雉壤，急击破之，获五千余级，其虏获分赐将士。"⑤ 高句丽此战的目的并非要侵占百济领土，而是侵夺民户，战争的结果是高句丽战败，反而使得百济获五千余级。这说明此时高句丽与百济的实力比较，很难说孰强孰弱，甚至可以认为占据地理优势的百济实力稍强于高句丽。次年（370）一直对高句丽西进构成威胁的前燕被前秦所灭，在这种局面下，高句丽选择了将前燕逃来的太傅慕容评执送于前秦，保持北部的和平局面。这表明此时高句丽的发展重心基本集中在南部与百济争夺。所以，369年之战未达目的的高句丽，两年后（371）再次向百济开战。面对高句丽的进攻，百济伏兵于浿河上，采取守株待兔、急攻猛打的策略，

---

① 《三国史记》卷24《百济本纪》古尔王十三年（246）秋八月条。
② 《三国史记》卷24《百济本纪》责稽王元年（286）条。
③ 《三国史记》卷24《百济本纪》汾西王七年（304）春二月条。
④ 《三国史记》卷18《高句丽本纪》故国原王三十九年（369）秋九月条。
⑤ 《三国史记》卷24《百济本纪》近肖古王二十四年（369）秋九月条。

使得高句丽的进攻再次失败。① 在两战皆胜后，百济士气大振，显然欲进一步扩大战果，对高句丽展开了反攻。故国原王四十一年（371）冬十月，百济王率兵三万，来攻高句丽所居平壤城，此战故国原王被流矢击中，负伤于当月二十三日死。② 这是高句丽与百济战争中，最为悲惨的一战，国王战死，这在高句丽历史上是绝无仅有的。百济似乎意识到了问题的严重性，并没有进一步对高句丽进行攻击，而是选择了退军，并移都汉山。③ 随后丽济之间战事稍有平息。但是，在此期间百济并没有放弃在朝鲜半岛称雄的机会，战后立即便遣使入晋朝贡。④《晋书》载：（咸安）二年（372）春正月辛丑，百济、林邑王各遣使贡方物。……六月，遣使拜百济王余句为镇东将军，领乐浪太守。⑤ 同年（372）秋九月百济还越海向倭进献"七支刀"。⑥ 百济此时开展多方面的对外交流，目的显然是想获得各方对其在朝鲜半岛地位的认可。

经过小兽林王数年的休整，实力逐渐恢复的高句丽再次开启了南伐百济之路。小兽林王五年（375）⑦和六年（376）⑧，高句丽相继对百济北境展开进攻，百济虽然遣将拒之，但都以失败告终，再加上自然灾害的影响，此时百济对高句丽的拒战和进攻，都未能成功。近仇首王三年（377）冬十月，百济将兵三万，再次来侵平壤城。⑨ 同年十一月，高句丽作为回击，南伐百济。⑩ 对于这两战的细节，史料没有明确记载，想必百济应该没有取得较大的进展。应该说小兽林王时期对百济的军事压力，成效还是明显的，高句丽基本占据上风。

故国壤王时期，高句丽与百济之间的战事还在持续。前期由于后燕政权的建立，高句丽为了在北部占据优势，主动发起了进攻辽东的战事。

---

① 《三国史记》卷24《百济本纪》近肖古王二十六年（371）条。
② 《三国史记》卷18《高句丽本纪》故国原王四十一年（371）冬十月条。
③ 《三国史记》卷24《百济本纪》近肖古王二十六年（371）冬条。
④ 《三国史记》卷24《百济本纪》近肖古王二十七年（372）春正月条。
⑤ 《晋书》卷9《简文帝纪》。
⑥ 《日本书纪》卷9神功皇后五十二年（372）秋九月条。
⑦ 《三国史记》卷18《高句丽本纪》小兽林王五年（375）七月条。
⑧ 《三国史记》卷18《高句丽本纪》小兽林王六年（376）十一月条。
⑨ 《三国史记》卷24《百济本纪》近仇首王三年（377）冬十月条。
⑩ 《三国史记》卷18《高句丽本纪》小兽林王七年（377）十一月条。

此时高句丽与南部的百济之间没有发生连续性战争，直到故国壤王三年（386）才发兵南伐百济，① 随后百济也对高句丽进行了两次较小规模的进攻。② 这一期间丽济之间战争不多，且规模较小，一方面是因为高句丽开启了北部辽东的战事，在南部所花精力减少；另一方面是在此前后的十余年间，朝鲜半岛地区发生了持续性的灾荒。直至好太王时期，才再次打开了高句丽南进百济的新局面，同时随着"倭"的加入，使得朝鲜半岛局势也变得尤为复杂。

二 好太王称霸朝鲜半岛以及对族群的整合

好太王执政之后，南征北战，开疆拓土。在南部进一步加大对百济的压制。③ 据《好太王碑》载："百残、新罗，旧是属民，由来朝贡。而倭以辛卯年来渡，每破百残，□□□新罗，以为臣民。"④ 根据历史背景，这段记载是说百济和新罗过去是高句丽的属民，一直向高句丽朝贡，倭人在辛卯年打败了百济和新罗，迫使他们成为倭的臣民。也正是这个原因，好太王于六年丙申（396）发起了对百济的大规模攻击。"以六年丙申，王躬率水军，讨伐残国，军至口道，攻取宁八城、臼模卢城、各模卢城……残不服义，敢出百战，王威赫怒，渡阿利水，遣刺迫城，残口归穴，就便围城，而残主困逼，献出男女生口一千人、细布千匹归王，自誓从今以后永为奴客，太王恩赦先迷之愆，录其后顺之诚，于是得五十八城、村七百，将残主弟并大臣十人，旋师还都。"此次战役高句丽大获全胜，夺58城700村，并且使百济臣服，"永为奴客"。高句丽此时并未与倭直接正面接触，而是对百济展开进攻，主要是因为倭与高句丽之间隔着百济，同时百济早已与倭勾结，是倭进入朝鲜半岛的引入者。百济的臣服只是表面，不久便正式与倭结好⑤，共同对付高句丽。"好太王

---

① 《三国史记》卷18《高句丽本纪》故国壤王三年（386）秋八月条。

② 《三国史记》卷18《高句丽本纪》故国壤王六年（389）秋九月条、七年（390）秋九月条。

③ 此阶段的丽济战事述论，主要依托《好太王碑》碑文记载。

④ 《好太王碑》辛卯年记事。释读参见耿铁华《好太王碑一千五百八十年祭》，中国社会科学出版社2003年版，第157—226页。下文引《好太王碑》均据此，不再一一标注。

⑤ 《三国史记》卷35《百济本纪》阿莘王六年（397）夏五月条。

九年己亥（399），百残违誓，与倭和通，王巡下平穰，而新罗遣使白王云，倭人满其国境，溃破城池，以奴客为民，归王请命。太王恩慈，称其忠诚，特遣使还告以密计。"《好太王碑》由于百济违背誓言，与倭勾结，好太王亲自往下平穰巡视，进一步了解百济与倭的动向。此时，新罗借机向好太王表达了遭受倭入侵的情况。鉴于此前新罗对高句丽的修好与臣服，① 高句丽作为新罗的庇护者，于"好太王十年庚子（400），教遣步骑五万，往救新罗。从男居城至新罗城，倭满其中。官军方至，倭贼退。自倭背急追至任那加罗从拔城，城即归服。安罗人戍兵，拔新罗城、盐城，倭满倭溃，城内十九，尽拒陏倭。安罗人戍兵满罗城。□□其为倭□□□□言□辞□溃□□罗城，安罗人戍兵，昔新罗寐锦未有身来朝贡□□□□广开土境好太王□□□□寐锦□家仆句□□□□朝贡"《好太王碑》。十年庚子之战，可以说是丽济战争的连带战事，此战好太王之所以所向披靡，一方面是高句丽派步骑五万大军南下，这是此阶段朝鲜半岛战事中调遣兵力最多的一次，在六年丙申之战对百济重大打击之后，百济臣服，尚无能力对高句丽进行还击；另一方面，半岛南部安罗等部落对高句丽进行配合和策应。此一战击溃了倭人在新罗的势力。碑文后面部分文字漫漶严重，难以识读，仅从已有的文字看，可能是此战后从未亲自朝贡的新罗王，为了表达对高句丽的感恩与忠诚，亲自向高句丽好太王朝贡。4 世纪后期，朝鲜半岛的丽济战争告一段落，高句丽初步实现了对百济和新罗以及其他相关小国的收服，同时也极大地打击了倭人在朝鲜半岛的势力。

随后的 404 年，庚子之役失败的倭没有善罢甘休，对高句丽进行了主动进攻。好太王为了迎战，再次出兵朝鲜半岛。《好太王碑》载：

十四年甲辰，而倭不轨，侵入带方界。□□□□□石城□连船□□□□□率□□□平穰□□□锋相遇王幢要截荡刺，倭寇溃败，斩煞无数。

这一战仍是高句丽军大胜。此战应该是倭与百济的联合行动，因为

---

① 《三国史记》卷 18《高句丽本纪》故国壤王九年（392）春条。

在此前百济与倭国结盟,并保持了密切的联系。

> 阿莘王六年(397)夏五月,王与倭国结好,以太子腆支为质子。①
> 阿莘王十一年(402)五月,百济遣使去倭国求大珠。②
> 阿莘王十二年(403)春二月,倭国使者至,王迎劳之特厚。③
> 阿莘王十二年(403)秋七月,百济还遣兵入侵了新罗边境。④

阿莘王十二年(403)秋七月与新罗的战争,应该是倭国侵入带方之战的先声。百济与倭国的串通为好太王所不容,在处理完北部与后燕的战事之后,好太王便再次出兵朝鲜半岛,此一战好太王势在必得,誓将残余敌对势力一网打尽。《好太王碑》载:

> 十七年丁未,教遣步骑五万□□□□□□□□王师□□合战,斩煞荡尽。所获铠钾一万余领,军资器械不可称数。还破沙沟城、娄城、□□城、□□□□□□□□城。

仅从可以识读的文字中,大致可以看出这一战高句丽又取得了巨大胜利。通过一系列战事的结果,可以看出倭国介入朝鲜半岛争端,并没有取得任何进展,而是连遭挫败。后来在《三国史记·百济本纪》中还有部分史料记载倭国对新罗的侵扰:

> 实圣尼师今四年(405)"夏四月倭兵来攻明活城,不克而归"。⑤
> 六年(407),"春三月,倭人侵东边,夏六月又侵南边"。⑥

---

① 《三国史记》卷24《百济本纪》阿莘王六年(397)夏五月条。
② 《三国史记》卷24《百济本纪》阿莘王六年(397)夏五月条。
③ 《三国史记》卷24《百济本纪》阿莘王十一年(402)、十二年(403)条。
④ 《三国史记》卷24《百济本纪》阿莘王十二年(403)秋七月条。
⑤ 《三国史记》卷3《新罗本纪》实圣尼师今四年(405)夏四月条。
⑥ 《三国史记》卷3《新罗本纪》实圣尼师今六年(407)条。

显然这些战争都是极小的局部侵扰,此时新罗在高句丽的庇护下,倭国对新罗的侵略并没有取得太大的进展。好太王以武力对朝鲜半岛百济、新罗以及任那诸国进行了有效压制,同时还对盘踞在朝鲜半岛的倭人进行了巨大打击,使其势力退出朝鲜半岛。此时,高句丽基本称霸了整个朝鲜半岛。更为重要的是,长寿王即位后,中原王朝相继认可了高句丽在朝鲜半岛的称霸事实。长寿王即位之后,携战胜之资,遣使东晋。"高句骊王高琏,晋安帝义熙九年(413),遣长史高翼奉表献赭白马。以琏为使持节、都督营州诸军事、征东将军、高句骊王、乐浪公。"都督营州诸军事、乐浪公的头衔都反映出东晋授予高句丽管理朝鲜半岛的权力,也就是承认高句丽在朝鲜半岛的霸主地位。作为对照,东晋给百济王的封号是使持节、督百济诸军事、镇东将军、百济王,只承认其对百济国境内的统治权,百济王不再拥有"领乐浪太守"的头衔,也是因为其在与高句丽争夺乐浪、带方故地及汉人移民集团的斗争中失败。东晋无疑是承认了高句丽独霸朝鲜半岛的新政治格局。南朝刘宋又将高琏的征东将军升格为征东大将军,"加琏散骑常侍,增督平州诸军事",使高琏的头衔变为使持节、散骑常侍、都督营平二州诸军事、征东大将军、高句骊王、乐浪公。刘宋继承东晋的态度,承认高句丽在朝鲜半岛的霸主地位。[①]

三 4世纪后期东北亚各族群政治力量博弈与嬗变

西晋末年面对内部战乱,中原王朝根本无暇顾及边郡地区,对于朝鲜半岛上的乐浪和带方二郡,更是鞭长莫及。同时,在高句丽南进之前,乐浪、带方二郡已经被张统占据多年,早已名存实亡,在高句丽的进攻下乐浪太守王遵也放弃了所统之地,而"统帅其民千余家归廆"。乐浪郡的内迁只是在行政管辖上放弃对大同江流域的管辖,当时依然有大量的汉人人口留在乐浪、带方故地,加之新的内地移民不断到来,两郡故地汉人势力有了恢复性的发展,逐渐形成人口和势力聚集区。随着区域战

[①] 参见杨军《4—6世纪朝鲜半岛研究》,吉林大学出版社2015年版。

火燃起，外部环境不断恶化，汉人势力逐步衰落。① 其实此阶段前期的丽济战争与此地的汉人势力有着密切的联系。高句丽相继灭掉乐浪、带方二郡之后，并没有马上与百济产生冲突，主要原因可能就是此时二郡故地汉人势力强大，所以314年之后近半个世纪，丽济之间并没有正面冲突。在这半世纪二郡故地汉人发展自由，不仅保留自己的生活方式、风俗习惯，而且拥有自己的武装及统治机构，并且越海同东晋保持联系，并接受使用东晋赐予的官爵。随着丽济之间战事燃起，二者之间在带方郡故地一带展开拉锯战，且愈演愈烈。战争的深层原因应是为了争取二郡故地的汉人集团势力，并且经营二郡故地这块富饶的土地。其间百济占据优势之时，遣使朝贡东晋，受封为"乐浪太守"，可能就是为了笼络和统领该地区的汉人势力，进而牵制高句丽。同时为了赢得更大的认可，百济还越海向当时的倭人，进献宝物，取得其认可，并建立联系。此阶段的丽济战争，互有胜负，占据地理优势的百济基本占据上风。整体上看，朝鲜半岛的政治力量突出表现在高句丽与百济相互对峙，其他政权和势力的表现并不明显。

　　随着丽济之间战事进一步深化，汉人集团不断被波及，聚集区逐步走向解体，融入了高句丽、百济、新罗之中。汉人势力的融入，带来了先进的农业生产技术和冶铁技术，极大地促进了高句丽与百济的经济社会发展，经济实力的壮大又为战争补充了源源不断的动力。

　　故国原王战死之后，丽济之间迎来了短暂的休战。经过休养生息，小兽林王后期开启了为父报仇之路。此阶段高句丽再次赢得了机遇，拥有较强军事能力的百济近肖古王去世，同时百济遇到了多年的自然灾害，使得其实力大减，相关战事遭遇挫折，高句丽在这一阶段丽济战事中开始有所突破。故国壤王时期，由于高句丽北线与后燕的战事和灾荒原因，丽济之间战争规模和频率都有所下降。到了好太王时期，丽济战争的天平倒向了高句丽一方，拥有雄才大略的好太王开启了新一轮的南进朝鲜半岛战争。此时，朝鲜半岛的各政治力量也发生了悄然变化，北部高句

---

　　① 赵俊杰：《乐浪、带方二郡覆亡前后当地汉人集团的动向与势力发展》，《吉林大学社会科学学报》2012年第1期；赵俊杰：《乐浪、带方二郡的兴亡与带方郡故地汉人聚居区的形成》，《史学集刊》2012年第3期。

丽一家独大，南下征讨朝鲜半岛各方势力。在此前后，倭人势力进入朝鲜半岛，并逐渐染指半岛事务，辛卯年（391）时已然挫败百济、新罗，极大地危及高句丽的利益。虽然文献中没有体现百济、新罗成为倭的臣民，但是相关记载一定程度表明倭人的势力已经深入百济、新罗腹地。

被高句丽征讨的百济、新罗以及任那诸小国都欲借助倭的势力对抗南下的高句丽。对此有学者结合诸史料分析认为，在396年前后，朝鲜半岛南部的百济、新罗、加耶诸国，以及日本列岛的倭人，为对抗高句丽南下而结盟，在此同盟中发挥主导作用的应是百济，而倭人在其中的作用也极为重要，以此为契机，倭人在朝鲜半岛的势力达到了极盛。[①] 但是，南部联盟由于各方心怀鬼胎，在高句丽各个击破方针的打击下，并没有持续多久，便出现了瓦解。

高句丽先是与新罗修好，新罗王则遣侄实圣为质，听命于高句丽。随之受到倭的打击，才有好太王南巡下平穰时的遣使求助，以及庚子之役往救新罗。在与新罗修好之后，高句丽对百济采取越海战术，绕开陆上防守前沿，直达百济腹地，攻城略地，取得巨大胜利，使百济立誓永为奴客。而加耶诸国则在高句丽庚子年攻打倭时，出现了倒戈，成为高句丽的内应，《好太王碑》中所记的"安罗人"便是如此。

至此，4世纪后期东北亚区域各政治力量已然演变成，高句丽占有巨大优势，百济一定程度臣服于高句丽，新罗和加耶诸国审时度势归顺高句丽，倭人的势力被极大地削弱。这一格局为后来高句丽称霸东北亚奠定了坚实的基础。当然此时倭人也明白，其在朝鲜半岛最大的对手不是新罗、百济，而是高句丽。5世纪初，在高句丽与慕容氏征战时，倭人联合百济借机侵入高句丽南部带方郡地区，但基本无法改变整体局面，在好太王的打击下，倭人势力逐步退出朝鲜半岛。

以上述论，从多个维度展现了4世纪后期东北亚区域各族群政治力量嬗变的过程，可以发现任何政策的制定和军事行动，都包含着丰富的历史信息，也隐含着复杂的逻辑关系和战略博弈。在研究相关历史时，应当跳出事件本身，用更为宏大的视角去审视，对相关史料更要对比分析，辩证使用。本书的研究从高句丽南进政策制定到丽济战争的全面爆

[①] 参见杨军《4—6世纪朝鲜半岛研究》，吉林大学出版社2015年版，第103页。

发，再到高句丽在朝鲜半岛占据绝对优势，称霸东北区域，这其中前期牵涉到了曹魏、孙吴、公孙氏割据势力、西晋和前燕，后期涉及东晋、后燕、百济、新罗、加耶诸国、倭等各方势力，极为复杂，所以在探讨这一阶段的丽济战争时，对相关事件的因果联系和发展态势分析，不能仅仅局限于丽济两方或者朝鲜半岛这一较小的区域，应该在东北亚乃至东亚的视域下展开资料搜寻、分析与逻辑思辨。

此外，这里还涉及几个重要的问题，值得注意与进一步研究，在此提出。

第一，高句丽、百济的都城变迁问题。鉴于目前考古资料的有限性和碎片化，关于高句丽与百济都城变迁问题，依然有很多争议存在，而通过对文献和相关历史背景的梳理和逻辑分析，一定程度能够为都城变迁和位置考证提供一定的线索。比如，这一阶段高句丽在故国原王时期进行了平壤城"增筑"，后又移居平壤东黄城，以及发生平壤城之战，关于这些城的位置目前存在一定的争议。从前文论述中高句丽南进发展策略和丽济战争细节分析看，此时的高句丽平壤城应位于朝鲜半岛，是符合此时高句丽发展逻辑的。

第二，高句丽、百济被册封问题。这一时期，出现了两次重要的册封行为，一次是高句丽南进过程中，前燕封故国原王为征东大将军、营州刺史、封乐浪公；另一次是作为乐浪公的故国原王战死之后，百济向东晋朝贡，数月后东晋封百济王余句为镇东将军，领乐浪太守。从已有的史料来看，这两次册封是当时不同宗主国对高句丽、百济的明确册封行为，其中隐藏着丰富的历史信息，能够为当时丽济在大同江流域实际控制范围、东北亚诸政权关系等系列问题的研究提供线索。

第三，关于这一时期倭的性质问题。4世纪日本列岛正处于倭国古坟时代（又称大和时代，250—538）。这一时期来到朝鲜半岛的倭人，到底属于哪种性质，并出于何种目的，值得深入探讨。从《好太王碑》和《日本书纪》记载看，当时倭人在朝鲜半岛势力强大，在半岛南部联盟建立中充当重要的角色，并且能够对新罗持续进攻。仅从这些信息看，此时涉足朝鲜半岛的倭人是有组织、有计划的。不能简单地看成是海盗或者迁徙者，应该是代表大和政府或相关政治势力的利益。

第四，关于文献资料记载的内容辨别问题。在探讨高句丽与百济之间关系问题，我们多依托《三国史记》，但是由于此书成书较晚，其中一些记载存在一定的不足。比如，好太王时期的史料，《好太王碑》与《三国史记》的记载存在很大区别，尤其是关于好太王与百济、倭之间战争的记载。《三国史记》并没有记载倭人介入朝鲜半岛的情况，但碑文中记载却极为详细，虽然碑文存在一定的溢美之词，但成书较早的《日本书纪》，一定程度能够印证碑文的准确性。所以，我们在运用史料时，不同时期、不同类型的文献资料要对比分析，辩证使用。

第四章

政权灭亡：高句丽族群的流散与逐步消失

随着高句丽后期统治者的残暴，内部集团的矛盾和严重内讧，加之隋、唐两朝对高句丽的持续进攻，以及周边政权的觊觎，最终在总章元年（668），唐朝军队攻破高句丽首都平壤城，宣告了高句丽政权的灭亡。政权灭亡之后，高句丽人口不断迁移和流散，并与其他各族群交流交融，最终逐步消失，被其他族群所整合取代。

第一节 高句丽政权的灭亡

高句丽政权自建立到灭亡，至少经历了6个多世纪的时间，纵跨两汉至隋唐，前后20余位国王，疆土辽阔，一度成为东北地区第一大藩。其政权的终结并非偶然，是多重因素共同作用的必然结果，涉及当时整个东北亚局势的转变、唐朝廷的"大一统"政策、高句丽内部的暴政和内讧、周边新罗等政权的觊觎等因素。

一 高句丽政权灭亡前的历史背景

（一）唐王朝建立初期唐丽关系的嬗变

自唐朝建立后，唐朝廷与高句丽之间的关系呈现了一个变化的过程，一开始属于比较友好和睦的阶段，后来双方关系不断恶化，直至兵戎相见。唐朝建立，正值高句丽第二十七王荣留王高建武即位，此时留给荣留王的是隋丽战争的巨大创伤，高句丽社会动荡、经济凋敝、人口减少，需要及时整顿，以稳固统治。与此同时，唐王朝建立之初亦面临着战乱需要平复。这一背景为唐丽关系的缓和创造了条件。先是荣留王在即位之后立即遣使向唐朝进行朝贡，[①]并且是在祭祀祖庙之前进行的，表明了荣留王急切的心态。直到荣留王十二年（629）九月，荣留王在位前期的十二年间，共向唐朝派出使者多达九次。这期间，唐朝廷则在武德五年（622）赐建武书曰："朕恭膺宝命，君临率土，祗顺三灵，绥柔万国。普天之下，情均抚字，日月所照，咸使乂安。王既统摄辽左，世居藩服，思禀正朔，远循职贡。故遣使者，跋涉山川，申布诚恳，朕甚嘉焉。方今六合宁晏，四海清平，玉帛既通，道路无壅。方申辑睦，永敦聘好，各保疆场，岂非盛美。但隋氏季年，连兵构难，攻战之所，各失其民。遂使骨肉乖离，室家分析，多历年岁，怨旷不申。今二国通和，义无阻异，在此所有高丽人等，已令追括，寻即遣送；彼处有此国人者，王可放还，务尽抚育之方，共弘仁恕之道。"[②] 面对唐皇帝诏书要求，荣留王表现出积极配合的态度，"悉搜括华人，以礼宾送，前后至者万数"。[③] 唐高祖对荣留王的做法极为满意。需要指出的是，这一时期高句丽朝贡唐王朝，与同时期其他边疆政权的朝贡有着重要的区别。一般而言，藩国的朝贡多是因为唐王朝的建立，派遣使者前来请求通和，而高句丽此时显然有更为深层的原因，一方面不断地向唐王朝学习新的历法、宗教等信息，同时在唐王朝对突厥取得巨大胜利时，高句丽更是奉上"封域图"，表现出对唐王朝的向往与忠诚；另一方面更为重要的高句丽在朝贡时主动请求内附，这一情况在两唐书和《三国史记》中没有明确记载，但在《册府元龟》中明确记为："（武德）七年二月高句丽遣使内附，受正朔，请班历，许之。"[④] 两唐书和《三国史记》则明确记载了遣前刑部尚书沈叔安往册建武为上柱国、辽东郡王、高丽王的信息，这一记载正是高句丽请求内附之后，唐朝廷所做出的册封。[⑤] 表明了此一时期高句丽

[①] 《三国史记》卷20《高句丽本纪》荣留王二年（619）春二月条。
[②] 《旧唐书》卷199上《高丽传》。
[③] 《旧唐书》卷199上《高丽传》。
[④] 《册府元龟》卷977《外臣部·降附》。
[⑤] 《旧唐书》卷199上《高丽传》；《三国史记》卷20《高句丽本纪》荣留王七年（624）春二月条。

与唐王朝明确的藩属关系。

然而，高句丽与唐朝的这种友好的臣属关系，并没有持续太久。史料记载在荣留王十二年（629）朝贡之后至二十三年（640）再次朝贡前，十年左右的时间里荣留王再没有派使者对唐王朝进行朝贡，这和荣留王执政的前十余年相比完全不同。究其原因，从直接的史料可以看出是贞观五年（631）唐太宗诏遣广州都督府司马长孙师往收瘗隋时战亡骸骨，毁高丽所立京观。[①] 唐太宗此举应是唐高祖责令高句丽遣送、放还隋末远征士兵的延续，因为武德四年（621）高句丽遣使朝贡时，"高祖感隋末战士多陷其地"[②]，于是在武德五年（622）发布诏书责令高句丽遣送、放还遗留在高句丽境内的士兵。当然这一行为可能也是唐太宗执政之后对高句丽的一种震慑，同时一定程度也是安抚士兵家眷赢得拥护的姿态。从其他相关史料也可以看出唐太宗此时"往收瘗隋时战亡骸骨，毁高丽所立京观"的另一个重要原因，那就是东突厥的灭亡。史载，贞观三年（629）十一月庚申，"以行并州都督李世绩为通汉道行军总管，兵部尚书李靖为定襄道行军总管，华州刺史柴绍为金河道行军总管，灵州大都督薛万彻为畅武道行军总管，众合十余万，皆受李绩节度，分道出击突厥。乙丑，任城王道宗击突厥于灵州，破之"[③]。贞观四年（630）春正月，"李靖帅骁骑三千自马邑进屯恶阳岭，夜袭定襄，破之。突厥颉利可汗不意靖猝至，大惊曰：'唐不倾国而来，靖何敢孤军至此！'其众一日数惊，乃徙牙于碛口。靖复遣谍离其心腹，颉利所亲康苏密以隋萧后及炀帝之孙政道来降。乙亥，至京师。先是，有降胡言'中国人或潜通书启于萧后者'。至是，中书舍人杨文瓘请鞫之，上曰：'天下未定，突厥方强，愚民无知，或有斯事。今天下已安，既往之罪，何须问也！'李世绩出云中，与突厥战于白道，大破之"[④]。"……二月甲辰，李靖破突厥颉利可汗于阴山。"[⑤] "甲寅，以克突厥赦天下。"[⑥] "三月，戊辰，以突厥夹毕特勒

[①] 《旧唐书》卷199上《高丽传》。
[②] 《旧唐书》卷199上《高丽传》。
[③] 《资治通鉴》卷193贞观三年（629）十一月条。
[④] 《资治通鉴》卷193贞观四年（630）一月条。
[⑤] 《资治通鉴》卷193贞观四年（630）二月条。
[⑥] 《资治通鉴》卷193贞观四年（630）二月条。

第四章　政权灭亡：高句丽族群的流散与逐步消失

阿史那思摩为右武候大将军。"① 至此东突厥被唐所灭，"四夷君长诣阙请唐太宗为'天可汗'"。② 唐太宗这一时期的边疆经略取得了巨大胜利。在这一背景下，唐太宗也腾出手来去关注与东突厥有着密切关系的东北边疆民族和政权，而区域内强大的高句丽则首当其冲。此前唐王朝虽由于无暇关注，但也对当时的百济、新罗矛盾问题进行了调停。③ 所以东突厥的灭亡，也是此时太宗"往收瘗隋时战亡骸骨，毁高丽所立京观"的一个重要原因。因为在东突厥灭亡之后，对于战争中死亡的士兵，太宗下令"收瘗"，史载：贞观四年（630）九月庚午，"令收瘗长城之南骸骨，仍令致祭"④。针对高句丽方面"收瘗隋时战亡骸骨，毁高丽所立京观"应该是这一系列战后安抚战死者及其家属，并表现太宗仁政举措的延续。

针对唐朝皇帝"往收瘗隋时战亡骸骨，毁高丽所立京观"的做法，高句丽荣留王则表现得极为敏感，也特别恐慌。一方面，全面停止对唐朝廷的朝贡活动；另一方面，在辽东之地修筑千里长城，史载："建武惧伐其国，乃筑长城，东北自扶余城，西南至海，千有余里。"⑤ 这些行为显然是唐王朝所不容的，顷刻间将十余年的唐丽友好关系降到了冰点。但是此时面对荣留王停止朝贡、修筑千里长城等背离和对峙的行为，唐王朝并没有马上出兵高句丽，想必时机并不成熟，这也与唐太宗的"仁政"有着密切的关系。虽然唐朝对边疆的治理取得了一定的突破，但整体而言，由于战争给国家带来了灾难，需要休养生息，被征服地区需要有效管理，不宜再次发动战争。约十年之后高句丽遣世子桓权再次入唐朝贡，足见其改善与唐朝关系之决心，也有可能是当时在高句丽贵族胁迫下不得已的行为。⑥ 唐太宗也对桓权入唐朝贡极为重视，表现出了极大的宽容，不仅选派使者到边境迎接，而且对使者"劳慰、赐赉之特厚"，

---

① 《资治通鉴》卷193 贞观四年（630）三月条。
② 《资治通鉴》卷193 贞观四年（630）三月条。
③ 《三国史记》卷20《高句丽本纪》荣留王九年（626）条。
④ 《旧唐书》卷3《太宗下》。
⑤ 《旧唐书》卷199上《高丽传》。
⑥ 此时高句丽内部对与唐政府关系应该存在分歧，盖苏文专权可能对荣留王的执政和决策产生影响。相关分析可参见孙炜冉《高句丽诸王研究》，博士学位论文，东北师范大学，2016年，第五章第三节"荣留王时期高句丽王权的旁落"。

同时还允许高句丽王弟子前往大唐学国学。① 这充分表明了唐太宗的胸怀。当然此时唐王朝之所以如此，应该也有休养生息的考虑，必然会择机对高句丽展开攻打，这是当时唐太宗大一统思想所决定的。次年，唐太宗派遣职方郎中陈大德出使高句丽，就一定程度表明唐朝最终还是要对高句丽进行收服的。史载：贞观十五年（641）七月，太宗"遣职方郎中陈大德使高丽，以刺探高句丽国内情况；八月，己亥，自高丽还。大德初入其境，欲知山川风俗，所至城邑，以绫绮遗其守者，曰：'吾雅好山水，此有胜处，吾欲观之。'守者喜，导之游历，无所不至，往往见中国人，自云：'家在某郡，隋末从军，没于高丽，高丽妻以游女，与高丽错居，殆将半矣。'因问亲戚存没，大德绐之曰：'皆无恙。'咸涕泣相告。数日后，隋人望之而哭者，遍于郊野。大德言于上曰：'其国闻高昌亡，大惧，馆候之勤，加于常数。'上曰：'高丽本四郡地耳，吾发卒数万攻辽东，彼必倾国救之，别遣舟师出东莱，自海道趋平壤，水陆合势，取之不难。但山东州县雕瘵未复，吾不欲劳之耳！'"② 这条文献首先表明了当时唐太宗派遣陈大德出使高句丽的原因，即刺探高句丽国内情况，这显然是为下一步制定应对策略做准备。陈大德从高句丽返回向太宗作了汇报，谈到在高句丽境内生活的隋人情况，也谈到了高句丽方面对唐朝的恐惧与防范。太宗则谈道："吾发卒数万攻辽东，彼必倾国救之。别遣舟师出东莱，自海道趋平壤，水陆合势，取之不难。但山东州县凋瘵未复，吾不欲劳之耳。"③ 表明在这一时期唐朝一些地方仍旧民生"凋瘵"，唐太宗的"不欲劳之"的态度，也表达了太宗"仁政"的一面。可想而知，十年前的唐太宗贞观五年（631），国内情况只能比此时更差，所以当时"往收瘗隋时战亡骸骨，毁高丽所立京观"行为，仅仅就是贞观四年（630）九月"令收瘗长城之南骸骨"的延续，可能其中有对高句丽震慑的目的，但当时对于太宗而言绝无出兵的计划。不过容留王却对此作出了误判，使得当时二者之间的关系从和谐变得极为紧张。

（二）唐太宗时期藩属体系的初步形成

唐王朝建立之后，经过唐高祖和唐太宗的努力，唐王朝藩属体系逐

---

① 《三国史记》卷20《高句丽本纪》荣留王二十三年（640）春二月条。
② 《资治通鉴》卷196贞观十五年（641）七、八月条。
③ 《三国史记》卷20《高句丽本纪》荣留王二十四年（641）条。

步形成。在高祖时期,众多边疆民族和政权积极同唐朝建立朝贡关系,主动向唐王朝纳贡称臣。李大龙先生根据两唐书、《资治通鉴》、《册府元龟》、《唐会要》等文献资料统计得出,从武德元年(618)至武德九年(626)的九年间,先后有西突厥、龟兹、吐谷浑、高昌、靺鞨、党项、高句丽、罽宾、牂洲蛮首、西爨蛮、牂柯蛮、百济、新罗、西域二十二国、昆明蛮、林邑王、契丹、白简(兰)、白狗羌、突厥、真腊国、白兰羌、康国、曹国、交州、唐国等族群和政权遣使或者首领入唐朝贡。① 这一系列朝贡活动,为唐初期藩属体制的逐步形成奠定了坚实的基础。到了唐太宗时期,对高祖时期的藩属体系进行了一系列调整,初步建立起相对完善的藩属体系。其一,调整原"敌国"关系政权向"藩属"关系转变,主要调整了当时对唐政权有重要威胁的突厥,与突厥汗国的"敌国"关系被彻底改变,代之以羁縻府州统治方式下的"藩臣"关系;其二,进一步规范"藩臣"关系,主要是从调整与吐谷浑、高昌的关系开始并逐步拓展;其三,确立九瀛之内必须称臣的观念,主要是武力统一在中国东北隅的高句丽。其四,"和亲"与"甥舅"关系的创立,主要是对吐蕃的和亲。其五,薛延陀汗国的灭亡与燕然都护府的设置。经过唐太宗上述调整,以及在这些调整所带来的影响下,唐王朝的藩属体制在太宗时期已初步形成,唐朝确立起在东亚的绝对权威地位,四夷君长诣阙推举唐朝皇帝为"天可汗"。② 有学者亦将这种藩属体制称为"中华册封体系",指出贞观时期的"中华册封体系"与以往任何王朝相比,都有着某种本质的区别,唐朝在这一体系中有着绝对的权威,它可以根据需要随时向属国征调兵员,也有能力调节属国之间的矛盾。唐朝之所以能有如此巨大的成就,固然离不开其百战百胜的军威,当然更重要的恐怕还是"宽容政策"为唐政权赢得巨大凝聚力和感召力的结果。正因为如此,唐朝的国家利益也不仅仅在中原之地,而是存在于整个"中华封贡体系"之中,唐朝的责任也就不仅仅是捍卫中原地区的安宁,而且还需要确保该体制内部的正常秩序不受破坏。③ 在这一体系和秩序下,任何违

---

① 李大龙:《汉唐藩属体制研究》,中国社会科学出版社2006年版,第338—340页。
② 李大龙:《汉唐藩属体制研究》,中国社会科学出版社2006年版,第341—377页。
③ 刘矩、姜维东:《唐征高句丽史》,吉林人民出版社2006年版,第32—35页。

背或破坏者,自然会被唐朝廷所不容,这也是后来唐朝廷派兵攻打高句丽的重要原因之一。

(三)高句丽与百济联盟

所谓高句丽、百济、倭联盟的瓦解,指的是高句丽政权灭亡之前,与高句丽有着密切关系的百济和倭相继被唐王朝所摧毁,这是唐王朝灭亡高句丽政权前主要的军事行动,加速了高句丽政权的灭亡。在探讨这一"联盟"瓦解之前,需简单交代一下这一"联盟"的建立情况。

在4世纪开始高句丽逐步将发展方向调整至朝鲜半岛,并开启了南进步伐,4世纪中期开始与百济摩擦不断,后来倭的势力进入朝鲜半岛,并不断参与高句丽、百济、新罗在半岛的纷争。由于高句丽的南进对百济和倭是不利的,所以前期高句丽与百济、倭为敌对关系。4世纪末期在好太王的经略下,高句丽在朝鲜半岛占据巨大优势,百济一定程度臣服于高句丽,新罗和加耶诸国审时度势归顺高句丽,倭人的势力被极大地削弱。但这一局面并没有持续多久,随着长寿王迁都平壤之后,高句丽与新罗、百济的矛盾再度激化,曾经矛盾不断的百济和新罗为了共同利益,结合在一起对抗高句丽,新罗讷祗王三十九年(455)冬十月高句丽入侵百济,新罗派兵救援。① 其实在很早以前百济与倭就为了共同利益而"结盟",据《日本书纪》载:神功皇后五十二年(372)秋九月百济越海向倭进献"七支刀"。② 在百济与新罗结盟之后的近百年时间里,二国与高句丽之间在朝鲜半岛争斗不断,并且相互向中原王朝朝贡,以期赢得庇护。直到553年出现了变化,这一年秋七月新罗出兵百济东鄙,置新兴。③ 作为回应,次年七月百济王领兵来攻新罗管山城,④ 新罗伏兵发与战,百济王战死。⑤ 此二战之后,标志着在455年建立的百济与新罗联盟瓦解,而这正是高句丽方面所希望看到的,因为此时高句丽正面临腹背受敌的局面,阳原王七年(551)高句丽国家北面出现了危机,九月突厥

---

① 《三国史记》卷3《新罗本纪》讷祗麻立干三十九年(455)冬十月条。
② 《日本书纪》卷9《神功皇后》五十二年(372)秋九月条。
③ 《三国史记》卷4《新罗本纪》真兴王十四年(553)秋七月条。
④ 《三国史记》卷4《新罗本纪》真兴王十五年(554)秋七月条。
⑤ 《三国史记》卷26《百济本纪》圣王三十二年(554)秋七月条。

来围新城。① 突厥来袭可以说给阳原王当头一棒，打破了高句丽多年维持的北部和平局面，也让阳原王意识到北部危机的严重性，当时高句丽所依靠的北朝（北齐）无法给高句丽带来保障。同时南部新罗也是咄咄逼人。在高句丽南北受敌的情况下，阳原王做出了一个长远的打算——筑长安城，为高句丽的发展留一条后路。此后虽然阳原王也做出了南伐百济的再次尝试，但仍以失败告终。② 不久之后丸都城干朱理的叛乱③更是使此时的高句丽雪上加霜。平原王即位后，继续保持向北齐朝贡，但在第二年（561）便向南陈朝贡，这一行为是高句丽中断近20年南朝朝贡之后的重启，显然有着特殊的意义，在其执政期间共向南陈朝贡6次，④还是比较频繁的。众所周知，南朝在这一时期一直是百济朝贡的对象和宗主国，高句丽此时的南陈朝贡行为显然与百济有着密切的关系。一方面，高句丽奉南陈为宗主主要是因为北部出现的复杂局面，北齐很难保证其安全，采取多面的对外策略也是权宜之计；另一方面，作为百济宗主国的南陈应该能在此时的丽济关系协调上起到一定作用，从而避免高句丽腹背受敌，同时也向百济表明高句丽此时的态度。高句丽这一系列政策显然是奏效的，自平原王时起高句丽与百济之间鲜有战事出现。尤其在后来隋对高句丽征伐过程中，百济并没有借机对高句丽进攻，史载：武王十三年（612）"隋六军度辽，王严兵于境，声言助隋，实持两端"。⑤ 并且百济还出兵围困新罗椵岑城，一定程度制约了新罗"奉表请师"助隋的目的。⑥ 从百济这一态度和行为看，此时的百济显然已经站在高句丽一边，这也显示除了百济此时的复杂心理，隋作为二者宗主国，百济并没有尽藩属的义务，显然表明百济有着自己的打算。如果高句丽灭亡，百济则会是隋朝的下一个目标，高句丽若不灭则是一个很好的屏障，虽然高句丽也会对百济造成很大的威胁，但自平原王以来的一些友好政策，应该得到了百济的认可。在这一系列事件的促使下，高句丽与

---

① 《三国史记》卷19《高句丽本纪》阳原王七年（551）秋九月条。
② 《三国史记》卷27《百济本纪》威德王元年（554）冬十月条。
③ 《三国史记》卷19《高句丽本纪》阳原王十三年（557）冬十月条。
④ 《三国史记》卷19《高句丽本纪》平原王记事。
⑤ 《隋书》卷81《高丽传》；《三国史记》卷27《百济本纪》武王十三年（612）条。
⑥ 《三国史记》卷4《新罗本纪》真平王三十三年（611）条。

百济最终走到了一起，百济义慈王三年（643）冬十一月，百济王与高句丽和亲，并合谋对新罗出兵。① 至此，高句丽与百济之间联盟得以成形。

二 高句丽政权的灭亡

高句丽政权自建立到灭亡，经历了从政权草创到逐步壮大，再到称霸于朝鲜半岛，最后逐渐没落。从表面看，高句丽政权灭亡主要受到来自中原王朝隋唐的持续进攻，但从深层次分析看，统治者的暴政、内讧加之唐王朝的向心力，都是导致其灭亡的重要因素。高句丽向来对国内统治就极为严苛，早在《三国志》中就有如此记载："其国中大家不佃作，坐食者万余口，下户远担米粮鱼盐供给之。……无牢狱，有罪诸加评议，便杀之，没入妻子为奴婢。"② 《三国史记·高句丽本纪》中对烽上王的暴政亦有记载，诸如枉杀功臣、诛杀弟侄、不恤民苦、增营宫室，残酷的暴政最终引发官怒民怨，被弑杀。③ 孙玉良、孙文范二人通过对比《隋书》和两《唐书》中关于高句丽百姓和唐朝百姓赋税劳役情况，指出高句丽统治者不仅制定森严的法律以迫使人民服从，在经济上对人民的盘剥更是达到中原的两倍之多。④ 如果说以往的暴政高句丽百姓一定程度还能忍耐的话，那到了盖苏文时期高句丽的暴政几乎达到顶峰，到了百姓无法忍耐的地步。

史载：

> 有盖苏文者，或号盖金，姓泉氏，自云生水中以惑众。性忍暴。父为东部大人、大对卢，死，盖苏文当嗣，国人恶之，不得立，顿首谢众，请摄职，有不可，虽废无悔，众哀之，遂嗣位。残凶不道，诸大臣与建武议诛之，盖苏文觉，悉召诸部，绐云大阅兵，列馔具请大臣临视，宾至尽杀之，凡百余人，驰入宫杀建武，残其尸投诸沟。更立建武弟之子藏为王，自为莫离支，专国，犹唐兵部尚书、

---

① 《三国史记》卷28《百济本纪》义慈王三年（643）冬十一月条。
② 《三国志》卷30《高句丽传》。
③ 《三国史记》卷17《高句丽本纪》烽上王记事。
④ 孙玉良、孙文范：《简明高句丽史》，吉林人民出版社2008年版，第287页。

中书令职云。貌魁秀，美须髯，冠服皆饰以金，佩五刀，左右莫敢仰视。使贵人伏诸地，践以升马。出入陈兵，长呼禁切，行人畏窜，至投坑谷。①

这段记载表明盖苏文属于极为狡诈残暴之人，其父东部大人、大对卢去世之后盖苏文应当嗣位，但是国人比较厌恶盖苏文，对此持反对意见，不让其嗣位。在这一情况下盖苏文表现出其狡诈的一面，向众人顿首谢罪，请求摄职，并作出承诺，这一表现赢得了众人的同情，盖苏文如愿得以嗣位。盖苏文嗣位之后并没有履行承诺，而是变得更为凶残不道，不断扩大势力。高句丽王建武与大臣商议计划除掉他，但是事情走漏风声被盖苏文得知，后者召集旧部先下手为强，杀朝臣百余人，并闯入宫中弑杀高句丽王建武，更残忍的是将建武碎尸并投入沟中。随后立建武侄子为王，自己为莫离支，相当于唐朝的兵部尚书、中书令的级别，揽大权于一人。此后盖苏文又表现出跋扈的一面。《三国史记·盖苏文传》记为："于是号令远近，专制国事。甚有威严，身佩五刀，左右莫敢仰视。当令贵人武将伏地而履之。出行必布队伍，前导者长呼，则人皆奔迸，不避坑谷，国人甚苦之。"② 为了转移国内注意力，巩固统治，盖苏文需要做出一些"努力"去转移矛盾、树立个人威望。此时面对百济的和亲，丽济一拍即合，同时盖苏文还积极与倭国取得联系，《日本书纪·皇极天皇本纪》载："壬辰，高句丽使人泊难波津。丁未，遣诸大夫于难波郡，检高丽国所贡银等，并其献物。使人贡献既讫，而谘云，去年六月弟王子薨，秋九月伊梨柯须弥弑大王，并杀伊梨渠世斯等百十余人，似以弟王子儿为王。"这条史料中记载的是盖苏文政变的第二年（643），派使者前往倭国通报了相关情况，表明这一时期盖苏文与倭国取得联系，并十分友好。此时盖苏文这些动作的目的是对新罗施压，但也引起了唐王朝的注意，《资治通鉴》贞观十七年闰六月条载：

上曰："盖苏文弑其君而专国政，诚不可忍，以今日兵力，取之

---

① 《新唐书》卷220《高丽传》。
② 《三国史记》卷49《盖苏文传》。

不难，但不欲劳百姓，吾欲且使契丹、靺鞨扰之，何如？"长孙无忌曰："盖苏文自知罪大，畏大国之讨，必严设守备，陛下少为之隐忍，彼得以自安，必更骄惰，愈肆其恶，然后讨之，未晚也。"上曰："善！"戊辰，诏以高丽王藏为上柱国、辽东郡王、高丽王，遣使持节册命。①

此时唐王朝并没有对盖苏文采取行动，而是静观其变。果不其然，高句丽联合百济对新罗采取了行动。新罗难以招架，遣使唐朝乞兵救援。② 644年，唐朝廷遣司农丞相里玄奖赍玺书往说谕高句丽，令勿攻新罗。但盖苏文并没有听从使者的劝告，反而极为专横，盖苏文谓玄奖曰："高丽、新罗，怨隙已久。往者隋室相侵，新罗乘衅夺高丽五百里之地，城邑新罗皆据有之。自非反地还城，此兵恐未能已。"玄奖曰："既往之事，焉可追论？"盖苏文依然没有听从使者的告诫。太宗顾谓侍臣曰："莫离支贼弑其主，尽杀大臣，用刑有同坑穽，百姓转动辄死，怨痛在心，道路以目。夫出师吊伐，须有其名，因其弑君虐下，败之甚易也。"③于是，贞观十九年（645）太宗亲帅大军征高句丽，命刑部尚书张亮为平壤道行军大总管，领将军常何等率江、淮、岭、硖劲卒四万，战船五百艘，自莱州泛海趋平壤；又以特进英国公李绩为辽东道行军大总管，礼部尚书江夏王道宗为副，领将军张士贵等率步骑六万趋辽东；两军合势，太宗亲御六军以会之。④ 此战唐军先后破盖牟城、沙卑城、辽东城、白崖城等数城，并围攻安市城。太宗以辽东仓储无几，士卒寒冻，乃诏班师。面对唐王朝的征伐，高句丽表现出了屈服的一面，贞观二十年（646），高句丽遣使来谢罪，并献二美女，被唐太宗拒绝。贞观二十二年（648），唐太宗再次派兵征讨高句丽，遣右武卫将军薛万彻等往青丘道伐之，万彻渡海入鸭绿水，进破其泊灼城，俘获甚众。同时唐太宗命江南造大船，遣陕州刺史孙伏伽召募勇敢之士，莱州刺史李道裕运粮及器械，贮于乌

---

① 《资治通鉴》卷197贞观十七年闰六月条。
② 《三国史记》卷21《高句丽本纪》宝臧王二年（643）秋九月条。
③ 《旧唐书》卷199上《高丽传》。
④ 《旧唐书》卷199上《高丽传》。

胡岛，将欲大举以伐高句丽。① 后因为太宗去世而未能实施。

唐高宗继位以后，命兵部尚书任雅相、左武卫大将军苏定方、左骁卫大将军契苾何力等先后讨伐高句丽，皆无大功而还。② 后高宗改变策略，先伐百济摧垮丽济之间的联盟。永徽二年（651），降玺书与百济义慈王：

> 至如海东三国，开基自久，并列疆界，地实犬牙。近代已来，遂构嫌隙，战争交起，略无宁岁。遂令三韩之氓，命悬刀俎，寻戈肆愤，朝夕相仍。朕代天理物，载深矜愍。去岁王攻高丽、新罗等使并来入朝，朕命释兹雠怨，更敦款穆。新罗使金法敏奏书："高丽、百济，唇齿相依，竞举兵戈，侵逼交至。大城重镇，并为百济所并，疆宇日蹙，威力并谢。乞诏百济，令归所侵之城。若不奉诏，即自兴兵打取。但得故地，即请交和。"朕以其方既顺，不可不许。昔齐桓列土诸侯，尚存亡国；况朕万国之主，岂可不恤危藩。王所兼新罗之城，并宜还其本国；新罗所获百济俘虏，亦遣还王。然后解患释纷，韬戈偃革，百姓获息肩之愿，三蕃无战争之劳。比夫流血边亭，积尸疆场，耕织并废，士女无聊，岂可同年而语矣。王若不从进止，朕已依法敏所请，任其与王决战；亦令约束高丽，不许远相救恤。高丽若不承命，即令契丹诸蕃渡辽泽入抄掠。王可深思朕言，自求多福，审图良策，无贻后悔。③

唐高宗玺书中清楚地表明了自己的态度，警告百济与高句丽不得侵吞新罗土地，互相侵占应相互归还，否则将出兵征讨。但是面对唐王朝的玺书，百济与高句丽并没有收手，而是进一步联合展开对新罗的攻伐。永徽六年（655），面对百济与高句丽的进攻，新罗王金春秋又表称百济与高丽、靺鞨侵其北界，已没三十余城。在这一情况下，显庆五年（660）三月辛亥，唐廷发神丘道军伐百济。八月庚辰，苏定方等讨平百

---

① 《旧唐书》卷199上《高丽传》。
② 《旧唐书》卷199上《高丽传》。
③ 《旧唐书》卷199上《百济传》。

济，面缚其王扶余义慈。国分为五部，郡三十七，城二百，户七十六万，以其地分置熊津等五都督府。曲赦神丘、昆夷道总管以下，赐天下大酺三日。十一月戊戌朔，邢国公苏定方献百济王扶余义慈、太子隆等五十八人俘于则天门，责而宥之。①

至此百济国灭亡，百济灭亡后高句丽与百济联盟自然瓦解，这对高句丽而言是沉重打击。唐朝廷乘势于龙朔元年（661）夏五月丙申，命左骁卫大将军、凉国公契苾何力为辽东道大总管，左武卫大将军、邢国公苏定方为平壤道大总管，兵部尚书、同中书门下三品、乐安县公任雅相为浿江道大总管，以伐高句丽。② 与此同时，金仁问带着唐高宗诏书回国，诏书曰："朕既灭百济，除尔国患，今，高句丽负固，与秽貊同恶，违事大之礼，弃善邻之义，朕欲遣兵致讨，尔归告国王，出师同伐，以殄垂亡之虏。"自唐归罗，以致帝命，国王使仁问与庾信等，练兵以待。③ 待唐兵到来便举兵相应。④ 再一次展开对高句丽的攻伐。乾封元年（666）盖苏文死，这对唐朝廷而言是重要的契机，一方面盖苏文的顽强抵抗一定程度延缓了高句丽灭亡的进程，而其死亡则一定程度使高句丽的抵抗能力大大下降，面对暴政和连年战争高句丽百姓和士兵早已厌倦，这大大加速了高句丽内部的瓦解；另一方面接替盖苏文权力的三个儿子泉男

---

① 《旧唐书》卷4《高宗上》。
② 《旧唐书》卷4《高宗上》。
③ 《三国史记》卷44《金仁问传》。
④ 关于新罗文武王领命举兵相应问题，《三国史记·新罗本纪》记载：文武王元年（661）六月，入唐宿卫仁问、儒敦等至。告王："皇帝已遣苏定方领水陆三十五道兵伐高句丽，遂命王举兵相应。虽在服，重违皇帝敕命。"[《三国史记》卷6《新罗本纪》文武王元年（661）六月条，第80页] 这段话清楚地记载了入唐宿卫仁问、儒敦从唐朝廷到来，是领皇帝的敕命的，并且命令百济王举兵相应，同时百济王也表达了"重违"（不能违背）意思。显然已经表明唐朝廷与新罗的一种上下级的隶属与管理和被管理关系。学界多用"唐罗联军"或者唐与新罗联盟的表述显然是不符合史实的。李大龙通过对相关文献记载分析，亦指出"唐罗联军"这种表达和观点是不准确的。其原因并不仅仅是新罗军队只是唐朝进攻高句丽的"蕃汉"军队的组成部分，并没有发挥多少作用，更重要的是即便是发挥了一定作用也不能称为"联军"，因为唐朝和新罗的关系是不对等的，"联军""联盟"之说有违史实，也容易使人误解 [参见李大龙《唐罗"联军"灭亡高句丽考辨》，《通化师范学院学报》（人文社会科学版）2016年第5期]。笔者认为李大龙这一认识是中肯的，也极为关键，从"敕命"以及新罗王的反应，进一步表明这一认识符合当时唐王朝与东北亚诸政权之间关系的客观史实，也为我们开展相关问题的阐释和表达指明了正确的史观。

第四章 政权灭亡：高句丽族群的流散与逐步消失

生、泉男建和泉男产由于权力之争和相互猜疑，出现了内讧，进一步加速了高句丽政权的灭亡。史载：

> 盖苏文死，其子男生代为莫离支，与其弟男建、男产不睦，各树朋党，以相攻击。男生为二弟所逐，走据国内城死守，其子献诚诣阙求哀。诏令左骁卫大将军契苾何力率兵应接之。男生脱身来奔，诏授特进、辽东大都督兼平壤道安抚大使，封玄菟郡公。①

与此同时，盖苏文弟净土亦请割地降。② 此后，唐王朝再次大规模调兵遣将对高句丽发起进攻，最终于总章元年（668）年攻破高句丽平壤城。关于高句丽最终灭亡的过程，《新唐书·高丽传》中有较为详细的记载：

> 乾封元年（666），藏遣子男福从天子封泰山，还而盖苏文死，子男生代为莫离支，有弟男建、男产相怨。男生据国内城，遣子献诚入朝求救，盖苏文弟净土亦请割地降。乃诏契苾何方为辽东道安抚大使，左金吾卫将军庞同善、营州都督高偘为行军总管，左武卫将军薛仁贵、左监门将军李谨行殿而行。九月，同善破高丽兵，男生率师来会。诏拜男生特进、辽东大都督兼平壤道安抚大使，封玄菟郡公。又以李绩为辽东道行军大总管兼安抚大使，与契苾何力、庞同善并力。诏独孤卿云由鸭渌道，郭待封积利道，刘仁愿毕列道，金待问海谷道，并为行军总管，受绩节度；转燕、赵食餍辽东。明年正月，绩引道次新城，合诸将谋曰："新城，贼西鄙，不先图，余城未易下。"遂壁西南山临城，城人缚戍酋出降。绩进拔城十有六。郭待封以舟师济海，趋平壤。三年（668）二月，绩率仁贵拔扶余城，它城三十皆纳款。同善、偘守新城，男建遣兵袭之，仁贵救偘，

---

① 《旧唐书》卷199上《高丽传》。
② 《旧唐书》卷199上《高丽传》。此时净土的请割地降，并没有马上实现归附唐朝的目的，最终投于新罗，时隔一年后（668）净土受新罗文武王所遣入唐，留不归。参见《三国史记》卷6《新罗本纪》文武王六年（666）冬十二月和八年（668）春条。

战金山,不胜。高丽鼓而进,锐甚。仁贵横击,大破之,斩首五万级,拔南苏、木底、苍岩三城,引兵略地,与绩会。侍御史贾言忠计事还,帝问军中云何,对曰:"必克。昔先帝问罪,所以不得志者,虏未有衅也。谚曰'军无媒,中道回'。今男生兄弟阋很,为我乡导,虏之情伪,我尽知之,将忠士力,臣故曰必克。且《高丽秘记》曰:'不及九百年,当有八十大将灭之。'高氏自汉有国,今九百年,绩年八十矣。虏仍荐饥,人相掠卖,地震裂,狼狐入城,蚡穴于门,人心危骇,是行不再举矣。"

男建以兵五万袭扶余,绩破之萨贺水上,斩首五千级,俘口三万,器械牛马称之。进拔大行城。刘仁愿与绩会,后期,召还当诛,赦流姚州。契苾何力会绩军于鸭渌,拔辱夷城,悉师围平壤。九月,藏遣男产率首领百人树素幡降,且请入朝,绩以礼见。而男建犹固守,出战数北,大将浮屠信诚遣谍约内应。五日,阉启,兵噪而入,火其门,郁焰四兴,男建窘急,自刺不殊。执藏、男建等,收凡五部百七十六城,户六十九万。诏绩便道献俘昭陵,凯而还。十二月,帝坐含元殿,引见绩等,数俘于廷。以藏素胁制,赦为司平太常伯,男产司宰少卿;投男建黔州,百济王扶余隆岭外;以献诚为司卫卿,信诚为银青光禄大夫,男生右卫大将军,何力行左卫大将军,绩兼太子太师,仁贵威卫大将军。剖其地为都督府者九,州四十二,县百。复置安东都护府,擢酋豪有功者授都督、刺史、令,与华官参治,仁贵为都护,总兵镇之。是岁郊祭,以高丽平,谢成于天。①

从唐军最后一次征伐高句丽的过程看,唐军一路阻力相对较小,高句丽整体战斗力大大降低,不少将领弃城逃跑或举城投降,这足见高句丽此时已是人心涣散、毫无斗志。导致这一情况的原因是显而易见的,多年的战乱使高句丽早已满目疮痍,加之盖苏文暴政与泉氏兄弟的内讧更是使得高句丽人心离散。与此同时,唐太宗一直推行仁政,政策极为开明,这也起到了瓦解高句丽军民斗志的作用。所以高句丽灭亡之前,

---

① 《新唐书》卷220《高丽传》。

已是人心思乱、离心离德,灭亡也是必然的。①

由于政权的灭亡,高句丽人口也分化解体、四散而迁,主要流向唐朝的内地、渤海、新罗等地区,最终被其他民族所同化。

第二节 高句丽族群的流散与消亡

政权是族群得以凝聚壮大的基本前提,一旦政权不存在也就意味着族群难以维系。高句丽政权的终结,使得高句丽族群也无法得以保全,逐渐分化解体,融入其他族群当中。

一 政权终结之时高句丽人口状况

高句丽政权灭亡时的人口状况,史料是有明确的记载。但是这一记载是一个笼统的数字,学界对于其中不同群体的比重存在一定争议。

首先,高句丽灭亡时的户口数,众多史料都有较为清晰的记载。《旧唐书》载:

> 其城一百七十,户六十九万七千。②
> 高丽本五部,一百七十六城,户六十九万七千。③
> 高丽国,旧分五部,有城百七十六,户六十九万七千。④

《新唐书》载:

> 收凡五部百七十六城,户六十九万。⑤

《资治通鉴》载:

---

① 孙玉良、孙文范:《简明高句丽史》,吉林人民出版社2008年版,第293—294页。
② 《旧唐书》卷5《高宗本纪》。
③ 《旧唐书》卷39《地理志》。
④ 《旧唐书》卷199上《高丽传》。
⑤ 《新唐书》卷220《高丽传》。

分高丽五部，百七十六城，六十九万余户。①

《三国史记》载：

　　分五部，百七十六城，六十九万余户。②

　　以上关于高句丽灭亡较为重要的文献，基本清楚地记载了当时高句丽的人口数量。仅有些许差别，有些为大概数字，有些则是准确数字，但是保底在69万户，按照每户平均5人计算，高句丽当时的人口达到350万人左右。需要指出的是，这些人口属于高句丽在册的户籍人口，包括高句丽统治下的不同族属的人口类型，应该称为高句丽国人。有学者经过对比分析对其中高句丽族人（高句丽族）的数量进行了研究。

　　高句丽国亡后，唐凡收其"户六十九万"，此为高丽国境内的总户数，其中包括了许多非高句丽族户。杨保隆认为《三国遗事》记"高丽全盛之日，二十一万五百八户"，该户数是据69万户推算，虽不能说很准确，但如考虑到隋炀帝曾调动百万军队征高句丽，新罗又趁机夺其地"五百里"，则高丽国进入唐代以后不应有21万余户，拟以15万户较近史实。这15万户高句丽人在高丽国亡后去向有四：迁居中原各地、投入新罗、亡投靺鞨（渤海）、散入突厥。③耿铁华认为《三国遗事》载高句丽全盛之日，二十一万五百八户，这里的全盛日当在长寿王时期，至唐朝初年，高句丽经过征战，人口数量略有减少，但幅度不会太大，若依理论增长的户口数与全盛之日户口数相校正，灭国前高句丽户口（高句丽族口）应有17.2万户，人口86万人左右。④杨军则分析认为无法找到高句丽政权灭亡前期境内存在大量非高句丽族的证据，进而认为高句丽族人口应该更多，唐灭高句丽时所收69.7万户中，高句丽族约占55万户。若依一户五口计算，高句丽全国人口约350万，其中高句丽族约270

---

① 《资治通鉴》卷210总章元年（668）十二月条。
② 《三国史记》卷21《高句丽本纪》宝臧王二十七年（668）十二月条。
③ 杨保隆：《高句骊族族源与高句骊人流向》，《民族研究》1998年第4期。
④ 耿铁华：《中国高句丽史》，吉林人民出版社2002年版，第323页。

万人。①

以上是关于高句丽灭亡时高句丽户籍人口和高句丽族人口的大致情况。这里有一个问题需要说明，就是高句丽族人和高句丽户籍人口关系问题，其实在这一时期无论是高句丽族人还是高句丽户籍人口，应该都属于此时的高句丽人范畴，也是本章研究的主要对象。这里笔者不再去进一步细化统计高句丽族人与高句丽户籍人口的区别和数量，二者都属于高句丽灭亡时的69.7万户之中。下文探讨的高句丽人口流向中不仅仅有高句丽族人，也有高句丽户籍人口，比如靺鞨人是指高句丽的户籍中的靺鞨人，这些人就是后来移民渤海的主要人口。此外所谓的69.7万户约350万口应该是决战之前的统计人口，不应该是决战之后的高句丽人口，高句丽灭亡之后的人口应该少于这一数字。

二 迁入中原地区的高句丽人口

高句丽人向中原迁移，在高句丽政权灭亡之前就已经大规模地开始进行，政权灭亡后又进行了更大规模的人口迁移。大致分为两个阶段，第一阶段是唐太宗时期，第二阶段为唐高宗时期。

前文已述在永徽六年（655）新罗遣使求救于唐朝，唐朝廷再次起兵征伐高句丽，到总章元年（668）攻下高句丽国都平壤城，再到仪凤二年（677）高藏谋反。这一过程高句丽人有数次移民中原的浪潮。

第一次是泉氏兄弟内讧，泉男生率众归附的情况。《新唐书》载：男生走保国内城，率其众与契丹、靺鞨兵内附，遣子献诚诉诸朝，高宗拜献诚右武卫将军，赐乘舆、马、瑞锦、宝刀，使还报。诏契苾何力率兵援之，男生乃免。授平壤道行军大总管，兼持节安抚大使，举哥勿、南苏、仓岩等城以降。② 这一记载发生在泉氏兄弟内讧期间的乾封初（666—668），当时泉男生率领自己的部众和契丹、靺鞨兵内附，作为继承盖苏文权力并"为莫离支，兼三军大将军，加大莫离支，出按诸部"③

---

① 杨军：《高句丽民族与国家的形成和演变》，中国社会科学出版社2006年版，第158—165页。
② 《新唐书》卷110《泉男生传》。
③ 《新唐书》卷110《泉男生传》。

的泉男生，其部众和拥护者定不在少数。这一情况在其墓志中有了明确的记载："（泉男生）率国内等六城十余万户，书籍辕门；又有木底等三城，希风共款，聂尔危矣，日穷月蹙，举哥勿、南苏、仓岩等城以降。"①表明当时泉男生所率部众达六城十余万户，保底就有 50 万口，再加上木底等三城和哥勿、南苏、仓岩等城以降人口，以及契丹、靺鞨兵，这一次内迁的人口应该更多。鉴于当时战乱，尤其还有泉男建的阻挠，唐朝廷为迎接泉男生入唐采取了有效措施。史载：

> 乾封初，高丽大将泉男生率众内附，高宗遣将军庞同善、高侃等迎接之，男生弟男建率国人逆击同善等，诏仁贵统兵为后援。同善等至新城，夜为贼所袭。仁贵领骁勇赴救，斩首数百级。同善等又进至金山，为贼所败，高丽乘胜而进。仁贵横击之，贼众大败，斩首五万余级，遂拔其南苏、木底、苍岩等三城，始与男生相会。②

唐高宗先是派遣将军庞同善、高侃前去迎接，遭到了泉男建的阻拦，后来又诏薛仁贵统兵后援。通过迎救泉男生，唐军又攻下南苏、木底、苍岩等三城。根据以上情况，有学者指出依照六城十余万户的比例推算，处于同一地区的南苏、木底、苍岩等三城人口当有五万户，当初随泉男生主动归降的十余万户也有相当一部分被迁往内地，保守估计超过一半，即六万户左右。因而，乾封年间在泉男生归降之后内迁的高句丽居民大约有 11 万户，合计 55 万口。③

第二次是唐高宗最终灭亡高句丽战争前后向中原内迁人口。唐朝与高句丽决战之时有大量的高句丽人被迁入中原地区。同时在战后不久也进行了大规模的移民。

《新唐书》载：

> 男建以兵五万袭扶余，绩破之萨贺水上，斩首五千级，俘口三

---

① 周绍良：《唐代墓志汇编》（上），上海古籍出版社 1998 年版，第 668 页。
② 《旧唐书》卷 83《薛仁贵传》。
③ 苗威：《高句丽移民研究》，吉林大学出版社 2011 年版，第 196 页。

第四章 政权灭亡：高句丽族群的流散与逐步消失

万，器械牛马称之。进拔大行城。刘仁愿与绩会，后期，召还当诛，敕流姚州。契苾何力会绩军于鸭渌，拔辱夷城，悉师围平壤。九月，臧遣男产率首领百人树素幡降，且请入朝，绩以礼见。而男建犹固守，出战数北，大将浮屠信诚遣谍约内应。五日，阖启，兵噪而入，火其门，郁焰四兴，男建窘急，自刺不殊。执臧、男建等，收凡五部百七十六城，户六十九万。诏绩便道献俘昭陵，凯而还。①

这是总章元年（668）唐军与高句丽决战之时的情况，先是唐军破高句丽于萨贺水上，俘获高句丽人3万口。同年九月高句丽战败投降，国王臧遣男产率首领百人树素幡降，且请入朝。但是泉男建拒不投降，后谍约内应，一举打败高句丽。除去萨贺水一战俘口三万之外，这里未记载其他区的战俘或其他人口的具体数字。但从"诏绩便道献俘昭陵，凯而还"看，一定有大量的高句丽战俘和人口被迁入中原。关于这一情况，《三国史记·新罗本纪》中的记载应该引起我们的注意。

> 九月二十一日，与大军合围平壤，高句丽王先遣泉男产等，诣英公请降。于是，英公以王宝臧、王子福男、德男、大臣等二十余万口回唐。②

这一记载显示，在唐军灭亡高句丽之后进行了一次超大规模的移民行为，唐军主帅李绩将高句丽王族、大臣等20余万口移至唐境。

随后在总章二年（669），唐朝再次移高句丽人于中原地区，这次的移民情况，史书作了清晰的记载：

> 二年（669）五月庚子，移高丽户二万八千二百，车一千八十乘，牛三千三百头，马二千九百匹，驼六十头，将入内地，莱、营二州般次发遣，量配于江、淮以南及山南、并、凉以西诸州空闲处

---

① 《新唐书》卷220《高丽传》。
② 《三国史记》卷6《新罗本纪》文武王八年（668）九月条。

安置。①

　　高丽之民多离叛者，敕徙高丽户三万八千二百于江、淮之南，及山南、京西诸州空旷之地，留其贫弱者，使守安东。②

　　夏四月，高宗移三万八千三百户于江、淮之南，及山南、京西诸州空旷之地。③

　　这三条来源不同的史料记载此次内迁人口数有所不同，第一条《旧唐书》所记与《资治通鉴》和《三国史记》所记大致差1万人。具体人数不得而知，取其平均数大致在3.3万余口。

　　以上是唐朝灭亡高句丽时进行的内地移民行为，从数字看这一阶段迁往内地的高句丽人相较其他次数量最多、规模最大，前后大致在26万余人。

　　第三次是高藏谋反后唐朝对高句丽人的内迁。唐朝占领高句丽之后将高藏移至中原地区，九年之后的仪凤二年（677），唐朝又将其派回了辽东故地，任辽东州都督、朝鲜王，负责安辑高丽余众。为何唐朝采取这一举动呢？主要是因为当时的唐王朝受到了来自西南吐蕃的巨大威胁，仪凤元年（676）吐蕃大举进攻唐朝，唐朝派周王李显、相王李轮为行军元帅，并将工部尚书刘审礼、左卫大将军契苾何力等，一并讨吐蕃，但是当时二王没有听从命令，使得吐蕃方面的入侵进一步扩大，唐朝不得不召回在海东镇守的刘仁轨。在这种背景下，唐朝为了保持对辽东与朝鲜半岛高句丽百济故地的控制，而不得已派遣当时在内地原高句丽王高藏和原百济太子扶余隆返回故地。《资治通鉴》载：

　　二月，丁巳，以工部尚书高藏为辽东州都督，封朝鲜王，遣归辽东，安辑高丽余众；高丽先在诸州者，皆遣与藏俱归。又以司农卿扶余隆为熊津都督，封带方王，亦遣归安辑百济余众，仍移安东都护府于新城以统之。时百济荒残，命隆寓居高丽之境。藏至辽东，

---

①《旧唐书》卷5《高宗本纪》。
②《资治通鉴》卷201 高宗总章二年（669）四月条。
③《三国史记》卷22《高句丽本纪》宝藏二十七年（668）至总章二年（669）夏四月条。

第四章 政权灭亡：高句丽族群的流散与逐步消失

谋叛，潜与靺鞨通；召还，徙邛州而死，散徙其人于河南、陇右诸州，贫者留安东城傍。高丽旧城没于新罗，余众散入及突厥，隆亦竟不敢还故地，高氏、扶余氏遂亡。①

高藏返回辽东上任之后不久，便偷偷与靺鞨相通，试图谋叛，后事情败露，被唐朝召还，配流四川邛州。这一过程中又有大量的高句丽人被迁至内地，即"散徙其人于河南、陇右诸州，贫者留安东城傍"。这里有一个问题需要说明，就是原来在总章年间乃至更早时间内迁的高句丽人，在高藏返回辽东任职时，有一部分跟随其返回了故地，即"高丽先在诸州者，皆遣与藏俱归"。有多少高句丽人返回，没有明确数字，从"高丽先""皆遣"看，应该有一定数量的人口。但人数应该不会太多，因为唐灭高句丽之时，对其人口内迁花费巨大，不可能没几年再都遣返回去，否则将又会对唐朝廷造成威胁，这一情况唐朝廷不可能不考虑。

表4-1　　　　　高句丽灭亡前后移民中原人口简表②

时间	事件	移民于唐人数	材料出处
乾封元年（666）至乾封二年（667）	（泉男生）率国内等六城十余万户，书籍辕门，又有木底等三城，希风共款，蕞尔危矣，日穷月蹙，举哥勿、南苏、仓岩等城以降	十一万户（推测五十五万口）	《泉男生墓志》《新唐书·泉男生传》
乾封二年（667）	高丽大将泉男生率众内附……仁贵领骁勇赴救，斩首数百级。……仁贵横击之，贼众大败，斩首五万余级，遂拔其南苏、木底、苍岩等三城，始与泉男生相会。遂先锋而行，贼众来拒，逆击大破之，杀获万余人，遂拔扶余城	获万余人	《旧唐书·薛仁贵传》

---

① 《资治通鉴》卷202仪凤二年（677）条。
② 表4-1来源于苗威关于高句丽移民唐朝的人数统计，有改动。参见苗威《高句丽移民研究》，吉林大学出版社2011年版，第201—202页。

续表

时间		事件	移民于唐人数	材料出处
乾封元年（666）至乾封三年（668）		高性文预见高丽之必亡，遂率兄弟归款圣朝。高足酉效款而往	推测五千人	《高慈墓志》《高足酉墓志》
乾封三年（668）		男建以兵五万袭扶余，绩破之萨贺水上，斩首五千级，俘口三万	俘口三万	《新唐书·高丽传》
		时高句丽十五万屯辽水，引靺鞨数万众据南苏城，何历奋击，破之，斩首万级，乘胜进，拔八城		《新唐书·契苾何力传》
		薛仁贵杀获万余人	八千	《册府元龟》卷986
		拔大行城（故址为今丹东市娘娘庙山城，位于鸭绿江口北岸，丹东市西南三十二里处）、辱夷城（当在鸭绿江南，今朝鲜境）		
乾封三年（668）	九月	藏遣男产率首领百人树素幡降，且请入朝	一百口	《新唐书·高丽传》
		高句丽王先遣泉男产等诣英公请降，于是英公以王宝臧、王子福男、德男、大臣等二十余万口回唐	二十万口	《三国史记·新罗本纪》
总章二年（669）	五月	移高丽户二万八千三百，配江淮、岭南、山南、京西	二万八千三百户（十九万一千五百口）	《通典·高句丽》
仪凤二年（677）		以工部尚书高藏为辽东州都督，封朝鲜王，遣归辽东，安辑高丽余众；高丽先在诸州者，皆遣与藏俱归。……藏至辽东，谋叛，潜与靺鞨通；召还，徙邛州而死，散徒其人于河南、陇右诸州，贫者留安东城傍	十万口（推测）	《资治通鉴》卷202《唐纪》高宗仪凤二年

三　流入新罗的高句丽人口

新罗在地理位置上在高句丽南部，与高句丽相邻，在高句丽灭亡前积极配合参与唐朝的军事行动。无论自然流入还是人为迁徙，高句丽人口大量流入新罗是必然的。从高句丽灭亡前后的历史记载看，高句丽人流入新罗包括三个方面，其一是在高句丽与新罗的前期征战中新罗对高句丽人的掠夺；其二是高句丽政权即将灭亡之时人口投奔新罗；其三是高句丽灭亡之后新罗积极占有高句丽人口。

在高句丽与隋的征战中，新罗就已经开始对高句丽有所觊觎，"欲请隋兵以征高句丽"①，并适时侵吞高句丽土地和人口，占领高句丽东南部500里，将其城邑皆据为己有。② 这也是后来盖苏文不听唐朝廷告诫，依然联合百济攻打新罗的主要原因。盖苏文虽多次用兵，但效果并不明显，只是夺回两城而已。其实新罗在早期是高句丽盟友，4世纪后在受到百济的欺压进而遭倭国染指之时，高句丽曾出手相救，此时背离高句丽，并策应隋唐两朝攻打高句丽，实有其自己的打算。新罗的目的很明确，就是借中原王朝的力量剪灭百济和高句丽，进而设法取得在朝鲜半岛的优势，侵吞土地和人口，乃至称霸朝鲜半岛。在显庆五年（660）之时，新罗已经很好地利用了唐朝的力量，实现了对百济的剪灭。自然其下一步渴望再次借助唐军力量灭亡高句丽。龙朔元年（661）夏五月，面对举兵再次征讨高句丽的唐军，在平定百济过程中表现突出并与刚刚即位的百济王法敏举兵相应。

第一，高句丽与新罗的前期征战中新罗对高句丽人的掠夺情况。在百济被灭之后，唐兵大举征讨高句丽，在此期间新罗策应，并提供粮草。粮草运送过程中新罗与高句丽有一场大仗。《三国史记·新罗本纪》载：

> 文武王二年（662）春正月，唐使臣在馆，至是，册命王为开府仪同三司上柱国乐浪郡王公新罗王。拜伊餐文训为中侍。王命庾信与仁问、良图等九将军，以车二千余两（辆），载米四千石、租二万

---

① 《三国史记》卷4《新罗本纪》真平王三十年（608）条。
② 《三国史记》卷21《高句丽本纪》宝臧王三年（644）春正月条。

二千余石,赴平壤。十八日,宿风树村,冰滑道险,车不得行,并载以牛马。二十三日,渡七重河,至蒜壤。贵幢弟监星川、军师述川等,遇贼兵于梨岘,击杀之。二月一日,庾信等至塞獐塞,距平壤三万六千步。先遣步骑监裂起等十五人,赴唐营。是日,风雪寒冱,人马多冻死。六日,至杨隩,庾信遣阿飡良图、大监仁仙等致军粮,赠定方以银五千七百分、细布三十四、头发三十两、牛黄十九两。定方得军粮,便罢还。庾信等闻唐兵归,亦还渡果瓜川。高句丽兵追之,回军对战,斩首一万余级,虏小兄阿达兮等,得兵械万数。论功,中分本彼官财货、田庄、奴仆,以赐庾信、仁问。①

此段史料记载了当时唐军征伐高句丽之时,新罗负责运送粮草,过程极为艰难,并且遇到了高句丽兵的追击,金仁问指挥新罗军回击高句丽追兵,取得大胜,斩杀高句丽军一万余人,从斩杀士兵人数看战争规模还是比较大的,同时新罗还掳得高句丽小兄阿达兮,获兵械万数。显然在这一战中新罗所获颇丰,文献中没有说明获得人口情况,但从《三国史记·金仁问传》中可以得到答案:

龙朔元年(661),高宗召谓曰:"朕既灭百济,除尔国患,今,高句丽负固,与秽貊同恶,违事大之礼,弃善邻之义,朕欲遣兵致讨,尔归告国王,出师同伐,以歼垂亡之虏。"仁问便归国,以致帝命,国王使仁问与庾信等,练兵以待。皇帝命邢国公苏定方,为辽东道行军大总管,以六军,长驱万里,连丽人于浿江浿江,击破之,遂围平壤,丽人固守,故不能克。士马多死伤,粮道不继。仁问与留镇刘仁愿,率兵兼输米四千石、租二万余斛,赴之,唐人得食,以大雪,解围还。罗人将归,高句丽谋要击于半途,仁问与庾信,诡谋夜遁。丽人翌日觉而追之,仁问等,回击大败之,斩首一万余级,获人五千余口而归。②

---

① 《三国史记》卷6《新罗本纪》文武王二年(662)条。
② 《三国史记》卷44《金仁问传》。

第四章 政权灭亡:高句丽族群的流散与逐步消失

此战,新罗获得高句丽人口五千,并移至新罗。

第二,高句丽政权即将灭亡之时人口投奔新罗的情况。这一人口迁移主要发生在泉氏兄弟内讧期间。盖苏文去世后,其子争权而产生内讧,长子泉男生因受泉男建和泉男产的排挤与攻击,降唐内附。在这一背景之下,盖苏文弟净土见大势已去,遂决定降唐,但未能如愿,而入新罗,以城十二,户七百六十三,口四千五百四十三,投入新罗。新罗将净土及其从官二十四人安置王都及州府,并遣士卒镇守。①

第三,高句丽灭亡之后新罗积极占有的高句丽人口情况。该部分人口在流入新罗的高句丽人口中占比最大,包括决战之时新罗获得的高句丽战俘人口和战后投靠新罗的人口,以及在开元二十三年(757)浿江以南划归新罗的高句丽人口。新罗策应唐军进攻高句丽,最终于总章元年(668)灭亡高句丽。这一过程中新罗方面参与多次战争,对高句丽早有觊觎的新罗自然想获得高句丽土地和人口。《新唐书》载:"旧城往往入新罗,遗人散奔突厥、靺鞨,由是高氏君长皆绝。"②《通典》载:"其后余众不能自保,散投新罗、靺鞨旧国,土尽入于靺鞨,高氏君长遂绝。"③《三国史记·新罗本纪》文武王八年(668)十一月五日载:"王以所掳高句丽人七千入京。"④ 安东都护府设立之后,高句丽人亦"颇有逃散"⑤,应该也有部分高句丽人逃往新罗。除此之外,其他史料中鲜有清晰记载新罗所获战利情况,尤其是关于人口的掠夺和迁移并无明确记载。但是,从其他相关的信息中一定程度能洞察,新罗在最后的决战中应该还有人口占有情况。《三国史记·新罗本纪》文武王八年(668)冬十月二十二日载:"赐庾信位太大角干太大角干,仁问大角干,已外伊餐、将军等把那并为角干,苏判已下并增位一级。大幢少监本得,蛇川战功第一。汉山州少监朴京汉,平壤城内杀军主述脱,功第一。黑岳令宣极,平壤城大门战功第一,并授位一吉餐,赐租一千石;誓幢幢主金遁山,平壤军营战功第一,授位沙餐,赐租七百石;军师南汉山北渠,平壤城

---

① 《三国史记》卷6《新罗本纪》文武王六年(666)冬十二月条。
② 《新唐书》卷220《高丽传》。
③ 《通典》卷186《边防二》。
④ 《三国史记》卷6《新罗本纪》文武王八年(668)冬十一月条。
⑤ 《旧唐书》卷199上《高丽传》。

北门战功第一，授位述干，赐粟一千石；军师斧壤仇杞，平壤南桥战功第一，授位述干，赐粟七百石；假军师比列忽世活，平壤少城战功第一，授位高干，赐粟五百石；汉山州少监金相京，蛇川战死，功第一，赠位一吉餐，赐租一千石。"该史料记载高句丽灭亡后新罗对决战有功的将士进行嘉奖，可以看出在与高句丽最后决战中新罗方面参与了多场战争，包括蛇川之战、平壤城内之战、平壤城大门战、平壤军营战、平壤城北门战、平壤南桥战、平壤少城战。这一系列战争中新罗取得重要战绩，自然获得一定的战俘和人口。

总之，在唐军灭亡高句丽之时，新罗积极参与，定然获得大量高句丽战俘和人口。从上引史料可以总结，唐军占领平壤、设置安东都护府期间肯定有大量的高句丽人口逃至新罗，加之新罗方面积极掠夺和迁移人口，移民新罗的人口应该占有高句丽外流人口的一定比例。需要指出的是，在高句丽灭亡之战中新罗起到的只是辅助作用，虽然新罗觊觎高句丽人口和土地，但是相较于唐朝而言，新罗对高句丽人口的支配能力还是处于弱势的。虽然文献记载较少，但从地缘和"王以所携高句丽人七千入京"的角度看，除了入京以外，其他地区也会有大量的高句丽人迁入，只是数字难以确定。

高句丽灭亡之后，安胜投靠新罗，也是高句丽人移民新罗的一次浪潮。据《三国史记·高句丽本纪》载："二年，己巳二月，王之庶子安胜，率四千余户，投新罗。……夏四月，剑牟岑欲兴复国家，叛唐，立王外孙安舜为主。唐高宗遣大将军高侃，为东州道行军总管，发兵讨之。安舜杀剑牟岑，奔新罗。二年辛未岁，秋七月，高侃破余众于安市城。三年壬申岁，十二月，高侃与我余众，战于白水山，破之。新罗遣兵救我，高侃击克之，虏获二千人。四年癸酉岁，夏闰五月，燕山道总管大将军李谨行，破我人于瓠泸河，获数千人。余众皆奔新罗。"① 这一段史料记载了安胜投奔新罗的情况，其中提到安胜和安舜二人，目前的史料关于二人记载稍有混乱，总结起来有两种解读：其一，二者为一人，实乃高句丽王臧的外孙，即盖苏文弟净土之子；其二，二者为二人，安胜为高句丽王臧的庶子，安舜为净土之子。这里不做过多的探讨，安胜投

---

① 《三国史记》卷22《高句丽本纪》宝臧王二十七年（668）条。

奔和安舜杀剑牟岑奔新罗都属于高句丽人流入新罗的情况。仅从史料记载看先是安胜率四千余户投新罗，大致有2万人。紧接着是剑牟岑叛唐，欲兴复国家，这表明剑牟岑也是一支较为强大的势力，否则也没有复国的能力。关于剑牟岑叛唐复国情况，《三国史记·新罗本纪》载："六月，高句丽水临城人牟岑大兄，收合残民，自穷牟城，至浿江南，杀唐官人及僧法安等。向新罗行，至西海史冶岛，见高句丽大臣渊净土之子安胜，迎致汉城中，奉以为君，遣小兄多式等，哀来告曰：'兴灭国，继绝世，天下之公义也，推惟大国是望。我国先王臣以失道见灭，今臣等得国贵族安胜，奉以为君，愿作藩屏，永世尽忠。'王处之国西金马渚。"① 剑牟岑叛唐向新罗行，在西海史冶岛与安胜相遇，并奉安胜为君。新罗对此并没有过激的反应，而是作了较为妥善的处理，将其国设在了西金马渚，并且奉安胜王为"高句丽王"，让其"抚集遗民，绍兴旧绪"，并于此高句丽国"永为邻国，事同昆弟"。② 想必这是新罗的缓兵之计，也一定程度表明这支势力不容小觑。随后不久新罗开始对这一支高句丽人进行"和平演变"，首先在新罗文武王十四年（674）九月，封安胜为报德王，并在文武王二十年（680）三月将王妹嫁给安胜为妻。同年夏五月，安胜使大将军延武等上新罗表曰："臣安胜言：大阿飡金官长至，奉宣教旨，并赐教书，以外生公女，为下邑内主，仍以四月十五日至此，喜惧交怀，罔知攸寘。窃以帝女降妫，王姬适齐，本扬圣德，匪关凡才。臣本庸流，行能无算，幸逢昌运，沐浴圣化，每荷殊泽，欲报无阶。重蒙天宠，降此姻亲，遂即秋华表庆，肃雍成德。吉月令辰，言归弊馆，亿载难遇，一朝获申，事非望始，喜出意表。岂惟一二父兄，实受其赐？其自先祖已下，寔宠喜之。臣未蒙教旨，不敢直朝，无任悦豫之至，谨遣臣大将军太大兄延武，奉表以闻。"③ 从安胜的表书可能看出，当时所谓"高句丽国"依然是新罗的属国（臣国），新罗的安抚拉拢也起到很好的效果。后来新罗进一步将安胜从西金马渚迁至京都，并且征安胜为苏判，赐金姓、甲地、良田。至此，以安胜为首的高句丽移民已经基本新

---

① 《三国史记》卷6《新罗本纪》文武王十年（670）六月条。
② 《三国史记》卷6《新罗本纪》文武王十年（670）秋七月条。
③ 《三国史记》卷6《新罗本纪》文武王二十年（680）三月条。

罗化。

除了以上高句丽人流入新罗的情况外,在开元时期唐王朝对新罗的赐地,也是高句丽人口流入新罗的变相形式。《册府元龟》载:

> 六月,新罗王金兴光遣使贺献表曰:"伏奉恩敕,浿江以南,宜令新罗安置。臣生居海裔,沐化圣朝,虽丹素为心,而功无可效,以忠正为事,而劳不足赏。陛下降雨露之恩,发日月之诏,锡臣土境,广臣邑居,遂使垦辟有期,农桑得所。臣奉丝纶之旨,荷荣宠之深,粉骨縻身,无繇上答。"①

《三国史记》载:

> 三十五年,夏六月,遣使入唐贺正,仍附表陈谢曰:"伏奉恩敕,赐浿江以南地境。臣生居海裔,沐化圣朝,虽丹素为心,而功无可效,以忠贞为事,而劳不足赏。陛下降雨露之恩,发日月之诏,锡臣土境,广臣邑居,遂使垦辟有期,农桑得所。臣奉丝纶之旨,荷荣宠之深,粉骨縻身,无由上答。"②
>
> 始与高句丽、百济,地错犬牙,或相和亲,或相寇钞。后与大唐侵灭二邦,平其土地,遂置九州。……于故高句丽南界,置三州:从西第一曰汉州,次东曰朔州,又次东曰溟州。③

以上史料的前两则是唐朝赐浿江以南高句丽南疆土地予新罗之后,新罗上表唐朝谢恩的记载,第三则是新罗对高句丽、百济土地的管理,置九州。这九州中汉州、朔州、溟州三州属于原高句丽南疆土地,汉州为原高句丽汉山郡,领州一、小京一、郡二十七、县四十六;朔州原高句丽牛首州,领州一、小京一、郡十一、县二十七;溟州原高句丽河西州,

---

① 《册府元龟》卷971《外臣部·朝贡第四》。
② 《三国史记》卷8《新罗本纪》圣德王三十五年(736)夏六月条。
③ 《三国史记》卷34《地理一》。

领州一、郡九、县二十五。① 纳入新罗之后，居住这里的高句丽人自然融入新罗。

四　流入渤海的高句丽人口

流入渤海的高句丽人口包括两部分，其一是具有靺鞨族群识别的高句丽国人（户籍人口），其二是非靺鞨的高句丽国人口。靺鞨与高句丽关系密切，不仅边界相邻而且二者交往极为密切。据史书记载靺鞨在高句丽的北面，邑落俱有酋长，不相总一。凡有七种：其一曰粟末部，与高丽相接，胜兵数千，多骁武，每寇高丽中。其二曰伯咄部，在粟末之北，胜兵七千。其三曰安车骨部，在伯咄东北。其四曰拂涅部，在伯咄东。其五曰号室部，在拂涅东。其六曰黑水部，在安车骨西北。其七曰白山部，在粟末东南。② 这七大部落组成了靺鞨族群。通过对两《唐书》中关于靺鞨与高句丽之间的关系记载看，应该有一定数量的靺鞨人属高句丽管辖，极有可能是高句丽户籍人口的一部分。

> 靺鞨，盖肃慎之地，后魏谓之勿吉，在京师东北六千余里。东至于海，西接突厥，南界高丽，北邻室韦。其国凡为数十部，各有酋帅，或附于高丽，或臣于突厥。③
>
> 渤海，本粟末靺鞨附高丽者，姓大氏。高丽灭，率众保挹娄之东牟山，地直营州东二千里，南比新罗，以泥河为境，东穷海，西契丹。筑城郭以居，高丽逋残稍归之。④
>
> 渤海，本粟末靺鞨附高丽者，姓大氏。高丽灭，率众保挹娄之东牟山，地直营州东二千里，南比新罗，以泥河为境，东穷海，西契丹。筑城郭以居，高丽逋残稍归之。⑤
>
> 其白山部，素附于高丽，因收平壤之后，部众多入中国。汨咄、安居骨、号室等部，亦因高丽破后奔散微弱，后无闻焉，纵有遗人，

---

① 《三国史记》卷35《地理二》。
② 《隋书》卷81《靺鞨传》。
③ 《旧唐书》卷199下《靺鞨传》。
④ 《旧唐书》卷199下《渤海靺鞨传》。
⑤ 《新唐书》卷219《渤海传》。

并为渤海编户。①

　　白山本臣高丽，王师取平壤，其众多入唐，汨咄、安居骨等皆奔散，寖微无闻焉，遗人迸入渤海。②

　　（贞观）十九年（645）高丽北部傉萨高延寿、南部耨萨高惠贞率高丽、靺鞨之众十五万来援安市城。……太宗简傉萨以下酋长三千五百人，授以戎秩，迁之内地。收靺鞨三千三百，尽坑之，余众放还平壤。③

　　（贞观）十九年（645）其冬，太宗拔辽东诸城，破驻跸阵，而高丽莫离支潜令靺鞨诳惑夷男，啖以厚利，夷男气慑不敢动。④

　　永徽六年（655），百济与高丽、靺鞨率兵侵其北界，攻陷三十余城，春秋遣使上表求救。⑤

　　乾封元年（666），又为辽东道行军大总管，兼安抚大使。高丽有众十五万，屯于辽水，又引靺鞨数万据南苏城。⑥

　　从以上史料可以发现几个问题。第一，靺鞨曾经或附于高丽，或臣于突厥，也就是说，靺鞨曾经归附高句丽，受高句丽的统辖，至少白山部与大祚荣所部粟末靺鞨和靺鞨白山部曾为高句丽附属，尤其是靺鞨白山部一直归高句丽管辖。第二，高句丽与靺鞨一度联盟，抵抗唐朝的征伐，通过"附于高丽"看，很可能这一部分靺鞨就是高句丽户籍百姓。第三，从"高丽莫离支潜令靺鞨诳惑夷男"看，这些附于高句丽的靺鞨受高句丽的管辖和派遣，听从高句丽官员的命令。那么在太宗和高宗两朝征伐高句丽时期，显然有大量的靺鞨人属于高句丽的臣民，由于北部同时存在靺鞨七部，这些在高句丽管辖下的靺鞨人族群识别比较明显，并没有完全融入高句丽族群。在高句丽政权灭亡之时，为了躲避战乱，这些靺鞨人自然会移民旧部靺鞨七部之中。至于人数尚无资料明确记载，

---

① 《旧唐书》卷199下《渤海靺鞨传》。
② 《新唐书》卷219《黑水靺鞨》。
③ 《旧唐书》卷199上《高丽传》。
④ 《旧唐书》卷199下《铁勒传》。
⑤ 《旧唐书》卷199下《铁勒传》。
⑥ 《旧唐书》卷190《契苾何力传》。

第四章　政权灭亡：高句丽族群的流散与逐步消失

应该不在少数。

除了有自己族群识别的高句丽管辖的靺鞨人逃向渤海外，高句丽人（高句丽族人）中也有一定数量的人口流入渤海。关于这一问题史书有所提及：

> 自是高丽旧户在安东者渐寡少，分投突厥及靺鞨。①
> 旧城往往入新罗，遗人散奔突厥、靺鞨，由是高氏君长皆绝。②
> 自是高句丽旧户在安东者渐寡少，分投突厥及靺鞨。③

这几则资料提到的分投靺鞨之高句丽人应该就是高句丽族人，亦或可称之为非靺鞨的高句丽人，所谓"高句丽旧户"可能指的就是世居于高句丽故地的高句丽族人。除此之外，在渤海建国的文献中也能够发现归入渤海的高句丽人。当然这些人很可能与上引史料中分投靺鞨的高句丽人有一定的重合，或者是同一阶段和批次。《旧唐书》载：

> 渤海靺鞨大祚荣者，本高丽别种也。高丽既灭，祚荣率家属徙居营州。万岁通天年（696），契丹李尽忠反叛，祚荣与靺鞨乞四比羽各领亡命东奔，保阻以自固。尽忠既死，则天命右玉钤卫大将军李楷固率兵讨其余党，先破斩乞四比羽，又度天门岭以迫祚荣。祚荣合高丽、靺鞨之众以拒楷固，王师大败，楷固脱身而还。属契丹及奚尽降突厥，道路阻绝，则天不能讨，祚荣遂率其众东保桂娄之故地，据东牟山，筑城以居之。……祚荣骁勇善用兵，靺鞨之众及高丽余烬，稍稍归之。④

这则史料记述了在营州之乱后，大祚荣东奔建国的情况。上引文献已述"粟末靺鞨附高丽者，姓大氏。高丽灭，率众保挹娄之东牟山"。表

---

① 《旧唐书》卷199上《高丽传》。
② 《新唐书》卷220《高丽传》。
③ 《唐会要》卷95《高句丽》。
④ 《旧唐书》卷199下《渤海靺鞨传》。

明大祚荣为粟末靺鞨的首领，并且其部原依附于高句丽，所谓"高句丽别种"，有学者指出"别种"应该指"别部"，为政治上相统属种族上十九不相同之部落。① 关于大祚荣本高句丽别种的认识，金毓黻先生指出："大氏之先世，因居于高丽北部近粟末部之旧壤，其是否与高丽同种，当撰《旧唐书》时已不能详，故称之曰高丽别种，谓尚与高丽正胤有别也。"② 后在《东北通史》中结合《新唐书》《新五代史》《三国遗事》的记载，进一步指出："愚谓欧宋公撰《新书》时，得见张建章之《渤海国记》，所言必有依据，试观唐太宗亲征高丽一役中，有靺鞨兵来助高丽，是其附于高丽已久，大氏一族亦其伦也。《三国遗事》称祚荣为高丽旧将，亦即靺鞨人仕于高丽之证。"③ 通过上引文献关于靺鞨依附高句丽情况看，笔者以为大祚荣所谓"高句丽别种"应该跟种族关系不大，只是一种依附，不属于高句丽的族人，但是又归高句丽管辖。虽然"籍贯"为靺鞨，但是由于世居高句丽，并在朝为官，故称其为高句丽的别种。④ 所以，这里的大祚荣及其所部应属于高句丽户籍人口流入渤海者。除此之外，该条史料中还记"祚荣合高丽、靺鞨之众以拒楷固"，这说明当时跟苏大祚荣东奔的部众中高句丽人占一定比例。这一情况在《新唐书》中营州之乱后大祚荣东奔时就已经有所提及，"万岁通天（969）中，契丹尽忠杀营州都督赵翙反，有舍利乞乞仲象者，与靺鞨酋乞四比羽及高丽余种东走，度辽水，保太白山之东北，阻奥娄河，树壁自固"。⑤ 在大祚荣"东保桂娄之故地，据东牟山，筑城以居之"之后，高句丽余烬稍稍归之，这表明又有一拨高句丽人流入了渤海。

关于流入渤海的高句丽人具体数量，我们不得而知。这些高句丽人（包括依附高句丽的靺鞨人）逐步融入渤海族群之中，史书很少再以高句

---

① 周一良：《论宇文周之种族》，载林幹编《匈奴史论文集》，中华书局1983年版，第54页。

② 金毓黻：《渤海国志长编》卷19《丛考》，文海出版社1977年版。

③ 金毓黻：《东北通史》上编，社会科学战线杂志社1980年印，第254页。

④ 至于大祚荣具体的族属问题，不能依据一条史料孤证去判断，这是不科学的，还应结合历史背景和其他文献资料进行考证。有学者认为大祚荣是白山靺鞨人，还有学者认为其族属为契丹，可供参考。参见李健才《唐代渤海王国的创建者大祚荣是白山靺鞨人》，《民族研究》2000年第6期；苗威《大祚荣族属新考》，《中国边疆史地研究》2013年第3期。

⑤ 《新唐书》卷219《渤海传》。

丽这一特殊的族群识别记载他们。但是，通过其姓氏的相关记载，一定程度能够了解这些高句丽人（高句丽族人）在渤海拥有一定的地位，在渤海国的内政和对外关系等方面发挥了重要作用。据《松漠纪闻》载：渤海国……其王旧以大姓，右姓曰：高、张、杨、窦、乌、李，不过数种。其中高姓就是高句丽之后。张、李两姓也可能与高句丽有关。金毓黻《渤海国志长编·宗臣列传》列了116人，其中高姓占了29人，加上其他姓的高句丽人，可以看出高句丽人在渤海族群中占比和地位都比较高。

五 战死的高句丽人口

战死的高句丽人本应属于高句丽人口的一部分，以往学界在讨论高句丽政权灭亡时，讨论较少。这一部分人口应该也属于高句丽灭亡时的六十九万余户的一部分，前文已述高句丽的六十九万余户应该不是唐军灭亡高句丽时做的统计，而应该是唐朝得到的高句丽户籍所记，但是这一户籍统计时间为何时，不得而知，粗略估计应该在灭亡前20年左右的时间，一般而言统计户籍和人口不能数十年不变，应该在10年到20年做一次新的统计。这里的户籍人口应该指的是高句丽所有人口，故应该包括高句丽士兵在内。故笔者在此搜罗各类文献，从唐高宗永徽年间开始算起。高宗即位之后下诏百济与高句丽，勿再对新罗进行侵扰。但是丽济并没有听从，反而联合起进一步攻打新罗。在新罗的求救之下唐朝再次展开对高句丽的攻打。直到高句丽灭亡期间史料对高句丽士兵战死情况都有记载，包括高句丽灭亡之后一些局部战争依然有斩杀高句丽士兵的记载。自永徽五年（654），高句丽以靺鞨兵攻契丹开始，直到咸亨三年（672）高侃与高丽余众战于白水山止，高句丽历经多次战争，死亡士兵众多。笔者将文献中历次战争的死亡士兵记载情况作了粗略统计，见表4-2。

表4-2　高句丽灭亡前后士兵战死情况记载整理（永徽—咸亨）

时间	事件	斩首人数	材料出处
永徽五年（654）	藏以靺鞨兵攻契丹，战新城，大风，矢皆还激，为契丹所乘，大败。契丹火野复战，人死相藉，积尸而冢之	不详	《新唐书》卷220《高丽》

续表

时间	事件	斩首人数	材料出处
永徽六年（655）	五月，程名振率兵渡辽水至高丽，以名振兵少，乃开六城门，出兵渡贵端水与名振合战，贼徒大败奔走，过水欲入城不得，杀获千余人，名振纵兵焚其罗郭及村落而还	千余人	《册府元龟》卷986《外臣·征讨五》
显庆二年（657）	诏仁贵副程名振于辽东经略，破高丽于贵端城，斩首三千级。诏副程名振于辽东经略，大破高丽于贵端水，焚其新城，斩三千级	三千级	《旧唐书》卷83《薛仁贵》、《册府元龟》卷358《将帅部·立功十一》
显庆三年（658）	六月，营州都督兼东夷都护程名振、右领军郎将薛仁贵率兵攻高丽之众烽镇，即拔之，斩首四百余级，生擒首领以下百余人。俄而，高丽遣其大将立方娄率众三万人来拒，官军名振率契丹兵逆击，大破之，逐北二十余里，斩首二千五百级	约三千	《册府元龟》卷986《外臣·征讨五》
龙朔元年（661）	又为辽东道行军大总管。九月，次于鸭绿水，其地即高丽之险阻，莫离支男生以精兵数万守之，众莫能济。何力始至，会层冰大合，趣即渡兵，鼓噪而进，贼遂大溃，追奔数十里，斩首三万级，余众尽降，男生仅以身免。会有诏班师，乃还	斩首三万级	《旧唐书》卷190《契苾何力》
新罗文武王二年（662）	定方得军粮，便罢还。庾信等闻唐兵归，亦还渡果瓜川。高句丽兵追之，回军对战，斩首一万余级，虏小兄阿达兮等，得兵械万数	斩首一万余级	《三国史记》卷6《新罗本纪》文武王二年二月条

续表

时间	事件	斩首人数	材料出处
乾封元年（666）	又为辽东道行军大总管，兼安抚大使。高丽有众十五万，屯于辽水，又引靺鞨数万据南苏城。何力奋击，皆大破之，斩首万余级，乘胜而进，凡拔七城	斩首万余级	《旧唐书》卷190《契苾何力》
乾封初（666—667）	高丽泉男生内附，遣将军庞同善、高侃往慰纳，弟男建率国人拒弗纳，乃诏仁贵率师援送同善。至新城，夜为虏袭，仁贵击之，斩数百级	斩数百级	《新唐书》卷111《薛仁贵》
乾封三年（668）	二月，绩率仁贵拔扶余城，它城三十皆纳款。同善、侃守新城，男建遣兵袭之，仁贵救侃，战金山，不胜。高丽鼓而进，锐甚。仁贵横击，大破之，斩首五万级，拔南苏、木底、苍岩三城，引兵略地，与绩会	斩首五万级	《新唐书》卷220《高丽》
乾封三年（668）	男建以兵五万袭扶余，绩破之萨贺水上，斩首五千级，俘口三万，器械牛马称之。进拔大行城。刘仁愿与绩会，后期，召还当诛，赦流姚州。契苾何力会绩军于鸭渌，拔辱夷城，悉师围平壤	斩首五千级	《新唐书》卷220《高丽》
咸亨三年（672）	高侃为东州道行军总管左监门大将军与高丽余众战于白水山，大破之。时，新罗还将救高丽以拒官军，侃与副将李谨行等引兵迎击高丽，斩首三千级	斩首三千级	《册府元龟》卷358《将帅部·立功十一》

仅从这些明文记载的数据看，高句丽战死人数就已达11万人左右，想必未记载的应该远多于这个数字。有学者研究从乾封元年至总章元年三年间与唐朝的战争中高句丽战死人数约为14万人，在此前太宗和高宗的骚扰战中（贞观二十一年、二十二年，永徽六年，显庆三年、五年对高句丽战争），高句丽士兵死亡人数近4.4万人。再加上新罗文武王二年

斩杀的高句丽兵 1 万人。① 大致在这期间高句丽战死人数达到近 20 万人，除去贞观二十一年、二十二年太宗时期的万余人，基本达到 19 万左右。

六 高句丽故地遗民

所谓高句丽故地遗民，指的是高句丽灭亡之后留在高句丽故地的高句丽人口，包括高句丽疆域区域内的朝鲜半岛北部和辽东地区两大部分。唐朝灭掉高句丽之后对其故地按照唐朝的行政体制进行了重新划分，自然将其人口也编入了唐朝户籍。

《旧唐书》载：

> 高丽国旧分为五部，有城百七十六，户六十九万七千；乃分其地置都督府九、州四十二、县一百，又置安东都护府以统之。擢其酋渠有功者授都督、刺史及县令，与华人参理百姓。乃遣左武卫将军薛仁贵总兵镇之，其后颇有逃散。②

> 总章元年（668）九月，司空李绩平高丽。高丽本五部，一百七十六城，户六十九万七千。其年十二月，分高丽地为九都督府，四十二州，一百县，置安东都护府于平壤城以统之。用其酋渠为都督、刺史、县令，令将军薛仁贵以兵二万镇安东府。③

《新唐书》载：

> 高丽降户州十四，府九。南苏州　盖牟州　代那州　仓岩州　磨米州　积利州　黎山州　延津州　木底州　安市州诸北州　识利州　拂涅州　拜汉州　新城州都督府　辽城州都督府　哥勿州都督府　卫乐州都督府　舍利州都督府　居素州都督府　越喜州都督府　去旦州都督府　建安州都督府。④

---

① 苗威：《高句丽移民研究》，吉林大学出版社 2011 年版，第 226—228 页。
② 《新唐书》卷 220《高丽传》。
③ 《旧唐书》卷 39《地理志·安东都护府》。
④ 《新唐书》卷 34 下《地理七下·安东都护府》。

以上史料清楚说明了高句丽灭亡之后，唐朝对高句丽故地行政设置情况，之所以如此设置，并委派左武卫将军薛仁贵总兵镇之，一定程度表明当时在高句丽故地的遗民还是比较多的。为了方便治理，唐朝在选官上也采取了因地制宜的措施，"擢其酋渠有功者授都督、刺史及县令，与华人参理百姓"。虽然后来唐朝对高句丽人进行了移民，并且高句丽人也"颇有逃散"，但整体上在高句丽故地遗民还是占有一定比例的。

七　流入突厥、倭等其他地区的高句丽人口

流入其他地区的高句丽人，比较典型的是流入突厥和倭等地区的高句丽人，这一部分相较于前文所述所占比例不大，也不具代表性，故将其统划为流入其他地区。前文探讨高句丽人流入渤海的情况时，笔者已经列举相关文献资料，先是在流入渤海的同时，高句丽人也流入了突厥。①

《新唐书》载：

> 默啜屡击葛逻禄等，诏在所都护、总管掎角应援。虏势寖削。其婿高丽莫离支高文简，与跌跌都督思太，吐谷浑大酋慕容道奴，郁射施大酋鹘屈颉斤、苾悉颉力，高丽大酋高拱毅，合万余帐相踵款边，诏内之河南。引拜文简左卫大将军、辽西郡王，思太特进、右卫大将军兼跌跌都督、楼烦郡公，道奴左武卫将军兼刺史、云中郡公，鹘屈颉斤左骁卫将军兼刺史、阴山郡公，苾悉颉力左武卫将军兼刺史、雁门郡公，拱毅左领军卫将军兼刺史、平城郡公，将军皆员外置，赐各有差。②

《资治通鉴》载：

> 突厥十姓降者前后万余帐。高丽莫离支文简，十姓之壻也，二

---

① 参见《旧唐书》卷199上《高丽传》和《新唐书》卷220《高丽传》的记载。
② 《新唐书》卷215上《突厥传上》。

月，与跌跌都督思泰等亦自突厥帅众来降。①

这两则史料记载了开元年间突厥投唐的情况，其中特别提到了高丽莫离支文简和大酋高拱毅，此二人在突厥中拥有一定的地位，其中高丽莫离支高文简还是突厥默啜的女婿，显然地位不一般。这次突厥降唐有万余帐，六名将领中高句丽人占其二。这一定程度表明突厥内部高句丽人所占比例不高，这些高句丽人极有可能就是高句丽灭亡之后"遗人散奔突厥"的一部分。除此之外，《三国史记》记载在高句丽灭亡并设置安东都护府后，鸭渌以北逃城七，分别是：鈆城，本乃勿忽；面岳城；牙岳城，本皆尸押忽；鹫岳城，本甘弥忽；积利城，本赤里忽；木银城，本召尸忽；梨山城，本加尸达忽。② 这些城全部位于今鸭绿江以北地区，试想他们逃亡会去哪里？首先不会是唐朝，否则就不会是"逃城"而是"降城"，此外这些人主观上也不会逃亡唐朝统治区，否则也就没有逃的必要了。由于地理区位在鸭绿江以北地区，这些人应该也不会逃往新罗和日本方向，因为路途过于遥远，还隔着当时安东都护府统治的核心区域（676年之前，平壤地区）。这些人应该也不会逃至靺鞨，因为当时靺鞨在唐朝的控制之下，并且已处于奔散的过程中。所以通过排除来看，这些高句丽人最有可能向着西北方向逃至突厥地区。这七城人数应该也不少，按照高句丽灭亡时"一百七十六城，户六十九万七千"的平均数计算，大概一城户数在3900户，口数1.95万，七城口数大致有14万口。在流入倭方面，由于交通不便，并没有大量的普通人口流入，主要是一些僧人和文武官员，人数较少。据《日本书纪》的记载，在天武天皇十四年（686）、朱鸟元年（686）、持统天皇元年（687）和七年（693）均有高句丽人前往日本的记载。③

八 高句丽族群的消失

所谓高句丽族群的消失，指的是族群共同体名称"高句丽"不存在

---

① 《资治通鉴》卷210玄宗开元三年（713）条。
② 《三国史记》卷37《地理四·高句丽》。
③ 苗威：《高句丽移民研究》，吉林大学出版社2011年版，第222—223页。

第四章 政权灭亡:高句丽族群的流散与逐步消失

了,历史上的高句丽人还在存续,但不断弱化,最终消失。前文我们分析了七类高句丽人口流向问题,除去战死的高句丽人之外,流入中原的高句丽人逐步融入了华夏族群之中;流入新罗的高句丽人逐步新罗化,后来成为朝鲜半岛王氏高丽、朝鲜人;流入渤海的高句丽人逐步渤海化,尤其在辽灭渤海之后,渤海一部分成为辽朝百姓,一部分迁往今辽宁、内蒙古东部一带,金代之时又进一步内迁至山东,逐步融入华夏族中;高句丽故地的遗民也编入唐朝的户籍,后来随着渤海国的壮大和新罗的北上,这一部分遗民也一定程度融入了渤海和新罗;流入突厥的高句丽人被突厥化,后突厥降唐也大量迁入内地,融入华夏族群。最终,自西汉末就存在并不断壮大,有着清晰族群识别的高句丽人消失在了历史的长河中。

结　语

关于高句丽政权建构与族群凝聚研究的几点思考

一　高句丽族群的形成与发展演变特征

高句丽起源于东北地区鸭绿江和长白山的大山河谷之中，按照时间段来看，早期这一区域生活着众多族群和部落方国，整体处于一种大杂居的状态，文化形态类似。高句丽人起源于汉武帝至汉昭帝之间的句骊胡，或称句骊蛮夷，该群体在这一时期有着较为明显的族群识别，在汉昭帝时期玄菟郡内迁，其辖县高句丽县正是在"句骊胡"聚集地所建，起名"高句丽"，其高字应该源于中原王朝的定名，并非早已有之，与"高夷"之"高"应该关系不大，而与当时玄菟郡另外两个辖县"西盖马""上殷台"中的"西"和"上"有着密切的关系。在高句丽县设立之后，由于行政建制和城市的形成，这一区域人口不断凝聚。高句丽早期政权应为侯国，其首领称为"驺"，而所谓夫余王子朱蒙南下卒本建立政权，应该是后来高句丽政权壮大之后对前史进行的合理建构，属于神话和史事的混杂记载，应该辨证看待。高句丽早期的王族无论是从夫余而来，还是本地势力的壮大，都不是核心问题，在高句丽政权建立之前在卒本地区至少存在句骊胡、卒本夫余、沸流国等世居族群和政权，高句丽王族对这些族群进行了有效整合，在两汉交替之时壮大并实现自我认同和外部认可，形成具有明显族群识别的高句丽人。高句丽族群的形成是一个复杂到单一的过程，在族群形成初期至少包含着王族势力集团、世居族群人口、征服与归顺集团和汉人四类群体。最终通过政权的建立和族群的凝聚，使这些群体不断融合并单一化，形成高句丽族群。

结语　关于高句丽政权建构与族群凝聚研究的几点思考

随着高句丽政权的发展，其实力和疆土不断壮大，内部人口也不断增长，高句丽这一群体也不断固定化。在其政权发展过程中，经历了大致五个阶段。第一阶段为壮大到崛起时期，大致是高句丽建立政权之后尤其是大武神王到太祖大王时期，这一阶段高句丽政权稳固，尤其获得东汉的认可，取得了快速的发展，对周边部族进一步兼并，其人口不断壮大。第二阶段为削弱低迷期，大致是山上王至小兽林王期间，高句丽先后遭到公孙氏、毌丘俭和慕容氏的征讨，政权几度处于崩溃的边缘，虽前期经过东川王、中川王、西川王的努力，后期经小兽林王的休养生息，使得其政权和族群得以保全，但这一整个阶段高句丽政权和族群处于比较低迷的状态，其间虽然高句丽南进占领乐浪和带方二郡，主要是因为中原王朝放弃了管理，高句丽虽名义占领但实质上在这一时期并没有真正管辖这一区域。第三阶段为全盛时期，经好太王的南征北战，高句丽实现了夙愿，占领辽东，称霸朝鲜半岛，同时长寿王将国都迁至大同江流域，高句丽开启长达近300年的半岛经略时代。第四阶段为衰落期，这一时期高句丽王权统治能力不断被削弱，内部斗争不断，其政权维护和族群凝聚能力不断下降。第五阶段为消亡期，随着高句丽政权的灭亡，高句丽人口流散，虽然部分移民和遗民在一定时间段内还保持着高句丽的族群识别，但是随着时间的流逝最终被其他新族群所同化取代，消失在多民族融合的汪洋之中。

二　高句丽族群起源及其几个关键要素问题

高句丽族群起源问题是高句丽民族史研究中被关注最多的领域之一，也是争议最大的地方。笔者认为判断古代民族（某一族群）起源需要明确几个要素：第一，族源的时间上限到何时，如何界定？第二，族源的主体和分支如何区分？第三，王族在起源民族中如何定位？对于高句丽人的起源而言，更有其特殊性，需要在这三个基本要素的基础上具体分析。首先在族源的时间上限上，众所周知，以往的研究对于高句丽民族起源有秽貊、高夷、炎帝、商人、夫余（通古斯—肃慎）、多元等多种说法，可以看出一个重要问题，是将高句丽民族起源上限进行了较长的拉伸，这就会导致一个问题，即在较长的时间段内高句丽的先民与其他族群的先民同属，且混杂在一起。根本就无法判断到底高句丽的族源是哪一群体，即便有所明确到最后会追溯到同一个根上，那就失去了探讨族源的意义。对于高句丽而言，笔者认为应该大致框定一个时间阶段，然后在这一阶段内去探讨族源问题，无论是主源还是支源（支流）问题都有了大致的时间坐标，在此基础上再结合文献和考古资料从空间、文化等角度去加以区分。

从时间上看，判断高句丽族群起源的时间阶段大致应该在西汉时期，细化一点的话大致在汉武帝至汉昭帝时期。之所以确定在这个时期，主要是出于以下几个方面的考虑：其一，汉武帝太初时期并无高句丽亦无句骊蛮夷的记载，司马迁在《史记·货殖列传》中有如下记载："夫燕亦勃、碣之间一都会也。南通齐、赵，东北边胡。上谷至辽东，地踔远，人民希，数被寇，大与赵、代俗相类，而民雕捍少虑，有鱼盐枣栗之饶。北邻乌桓、夫余，东绾秽貊、朝鲜、真番之利。"这段史料涉及了辽东之东的族群情况，并无高句丽任何信息，表明这时尚不存在具有明显族群识别的句骊或者高句丽族群，或者说高句丽的族群在这一时期处于一个模糊状态。此外，在《史记·朝鲜列传》中也有相关记载："会孝惠、高后时天下初定，辽东太守即约满为外臣，保塞外蛮夷，无使盗边；诸蛮夷君长欲入见天子，勿得禁止。以闻，上许之，以故满得兵威财物侵降其旁小邑，真番、临屯皆来服属，方数千里。"这其中亦无高句丽的任何信息。这一时期可以看作是高句丽族源的重要时间节点。其二，在武帝至昭帝时期东北地区出现了重要的变动，朝鲜半岛结束卫氏朝鲜时代，进入郡县制时期，尤其到汉昭帝之时对东北的郡县进行了大调整，中原史书开始对这一地区状况有大致记载。其三，从《汉书》开始对高句丽及其前史有了一定的记载，其中涉及高句丽人形成前的族群构成内容，同时相对而言进入郡县制时期之后这一地区的考古学文化面貌较清晰，能够一定程度上区分不同文化类型，并与高句丽早期文化进行对比和归类。所以在这个时间段内查询文献记载和考古发现，来分析高句丽族源的构成和文化面貌等问题，能够相对明确一些。

在确定大致的时间段之后我们再去看高句丽早期族群构成，文献中有较为明确的追记，即《汉书》中"玄菟、乐浪，武帝时置，皆朝鲜、濊貊、句骊蛮夷"。这是班固在记载燕地情况时，对玄菟郡与乐浪郡两郡具体大致属民情况的追记。在前文章节中笔者已经探讨，此时班固是在其时空环境下做的记录。虽然提到"武帝时置",但记载内容应该是汉昭帝玄菟郡内迁,合并大乐浪郡之后。否则没有不记真番、临屯二郡的道理。虽然提到汉武帝时设置,这并不矛盾,的确元封年间设置四郡时,设置了玄菟、乐浪二郡,只是在汉昭帝之时作了调整而已。可以明确,无论是文献记载还是考古资料,在这一时期根本没有高句丽一说,也没有高句丽县,仅仅有句骊蛮夷。再来看这一时期的族群情况,即"朝鲜、濊貊、句骊蛮夷",这三大族群类型,是当时中原史家得到的信息,笔者认为这显然是较为笼统的记载,或者说只是记载了当时这一区域主要的族群类型,并没有更细化的亚类。仅就这三类族群可以稍作分析,朝鲜人显然指的是卫氏朝鲜的遗民,应该主要是大乐浪郡的属民,濊貊人应该是生活在鸭绿江中上游地区的土著部落,而句骊蛮夷,从史料中玄菟郡"徙郡句丽西北"的记载来看,其位置大致在玄菟郡郡治的东南方向,与濊貊相仿,也在鸭绿江中游一带。再从后来的高句丽县设置看,应该距区域内句骊聚集区或者是句骊侯国的所在地不远,史料中"汉时赐鼓吹技人,常从玄菟郡受朝服衣帻,高句丽令主其名籍。后稍骄恣,不复诣郡,于东界筑小城,置朝服衣帻其中,岁时来取之,今胡犹名此城为帻沟溇。沟溇者,句丽名城也"。应该指的就是这一时期的情况。所以,从这些分析看,高句丽人的族源在这一阶段,主要就是句骊胡和濊貊群体,也包括一定量的朝鲜流民,当时这一地区应该已经混杂在一起了。除此之外,作为汉代的郡县之地,加之多次的中原移民,应该还包括大量的汉人群体。但是,最主要的来源应该就是"句骊蛮夷"。当然这一认识是较短时间内的溯源,从名字传承关系看似乎不需要进行过多的探讨,但是这一步尤为重要,因为只有确定句骊蛮夷,才可以在此基础上再进一步进行上溯。句骊蛮夷并不是空穴来风,起源于何种族群,或者说其从何处剥离而来,并无明确的文献记载,但是其他相关记载能够透露一些信息。在《汉书》中,王莽征高句丽兵伐胡,由于高句丽犯法为寇,使得王莽极为恼火,在对高句丽侯驺进行处罚时,严尤有如此表达:"貊人犯法,不从驺起,正有它心,宜令州郡且慰安之。今猥被以大罪,恐其遂畔,夫余之属必有和者。匈奴未克,夫余、秽貊复起,此大忧也。"针对严尤的劝解,王莽并没有采纳慰安秽貊部落的建议,使得其遂反。后来王莽诏严尤对秽貊进行反击。并诱杀了高句骊侯驺,同时更名高句骊为下句骊。在此影响下貊人愈犯边。这些记载显示了几层重要的信息：其一高句丽侯驺属于"貊人"，其二秽貊是一个大的联盟，其三"貊人"对侯驺被杀怀恨在心"愈犯边"。这显然一定程度上表明，高句丽就是貊人的一部分。貊即"貉"族群的名称，林沄先生在《说"貊"》一文中指出，汉代以后的文献中单称的"貊"，专指高句丽及其"别种"。《后汉书·东夷列传》在抄录《三国志》对高句丽的记述时，在"……沃沮、东秽皆属焉"后，插了一句"句骊一名貊耳（耳字可能是衍文）"，这可以使下一句"又有小水貊"更便于理解。① 林沄先生认为高句丽源自貊人的分析，将史料记载看似混乱的东西进行了梳理，同时也界定了一定的时间段。可以这样理解，高句丽人主要源自句骊蛮夷，而句骊蛮夷为貊人一支，在汉昭帝之时已经从貊人之中剥离出来，具有了自我鲜明的族群识别。此外，这里还提到了"夫余之属必有和者"，也表明当时夫余与秽貊之间的联盟关系，这就联系到了夫余王子建高句丽的记载，应该具有一定的信史意义，即便不是，那么高句丽侯驺也与夫余有着密切的关系，可能是攀附夫余的属国或者属地。这里就涉及该时期夫余的族源问题，应该就是学界讨论的秽，后来随着民族不断地融合，秽貊逐步交融在一起。

关于高句丽王族如何定位问题，首先要有一个明确的判断，王族是高句丽族源的组成部分之一，即便王族建立政权并不代表王族就是其族源。从时间看，王族出现时间较晚，政权建立之时才出现；从群体数量看，王族群体的人口数量并不代表大多数。所以说，王族并不是高句丽人严格意义上的族源，更不是主源，只能算是高句丽人形成过程中的重要流入群体。但是，王族作为政权的缔造者，对于高句丽族群的凝聚、壮大和最终形成有着不可磨灭的贡献。

三 高句丽政权建构造就高句丽族群的形成

一般而言，某一个政权出现是族群凝聚的结果，政权的建构本身就是族群凝聚的过程，同时政权又为族群更大的凝聚与拓展提供基础和可能。对于高句丽而言，大致也是如此，但还需要具体问题具体分析，高

---

① 林沄：《说"貊"》，《史学集刊》1999年第4期。

句丽族群的最终形成应该是高句丽政权建构与壮大的结果。一般学界多认为高句丽民族（高句丽族群）早已出现，笔者认为应该不是这样。从文献记载看，"句骊蛮夷"（或者"句骊胡"）最早出现，这一群体并不叫作"高句丽"，所以我们并不能将其想当然认定为是"高句丽族群"，这是缺乏依据的。在汉武帝元封年间设置四郡之时，称为高句丽的族群并没有出现，成书于西汉太始四年（前93）的《史记》在记载燕地和朝鲜区域的族群问题时，只出现了乌桓、夫余、秽貊、朝鲜、真番、临屯等族群名称，并无高句丽的任何信息，即便是"句骊"亦没有记载。至少表明在这一时期还没有具备较强族群识别的"句骊"群体。而到了《汉书》成书之时的东汉建初八年（83），则明确有高句丽县、高句丽侯驺等记载，表明在这一时期高句丽已然出现并成为地区极具代表的势力大族，这前后不到200年的时间。依据史料的零星记载，在这200年时间里，首先出现了称为"句骊蛮夷"的群体，这一群体出现的时间大致在高句丽设置之前，然后高句丽县设置，并管辖句骊蛮夷，并且从字面看高句丽县一名的来源显然与"句骊蛮夷"有着直接联系。大致在王莽时期，又有了高句丽侯驺的明确记载，可知此时的句骊蛮夷已然演变成高句丽，且实力和影响都比较大。有学者提出高句丽省称句丽说，笔者并不赞同（详见前文的分析）。并且这一时期的高句丽属于当时中原王朝的属国，朝廷有权征调其军队。到这一阶段我们可以发现，高句丽之名都还是行政单位的县名和属国政权名，并不是严格意义上的族名，其族名还应该是"句骊"或者"秽貊"。随着高句丽政权建构与发展壮大，区内多种类型和称呼的部族开始了一体化进程，最终行政和政权名称的高句丽逐步成为一个人群共同体的称呼，也就是高句丽族（高句丽族群）。根据笔者第二章的探讨，大致大武神王时期，高句丽族群完成了自我认同与被认同的过程，并最终形成。

四 "城邑"国性质是高句丽政权和族群壮大的根本

所谓"城邑"，司马迁在《史记·大宛列传》中有所记载，即"大宛在匈奴西南，在汉正西，去汉可万里。其俗土著，耕田，田稻麦。有蒲陶酒。多善马，马汗血，其先天马子也。有城郭屋室。其属邑大小七十余城，众可数十万"。"安息在大月氏西可数千里。其俗土著，耕田，田稻麦，蒲陶酒。城邑如大宛。其属小大数百城，地方数千里，最为大国。"这里所记的城邑指的是当时周边小国的一种存在形式，与"行国"相对应。同时在记载城邑国时有一个突出的特点，就是"其俗土著，耕田，田稻麦"，也就是说，城邑国的百姓是世代居住在这一地区，并且以耕田为生，从事农业。虽然在司马迁撰写《史记》之时高句丽政权尚未建立，但是作为东北地区稍晚出现的高句丽政权，似乎与司马迁所记的"城邑"国有着极强的相似性。首先，高句丽是一个城邑之国，这是毫无疑问的，高句丽自建国到灭亡经历数次迁都，都城众多，结构类型复杂。在高句丽建国初期即"营建城郭宫室"，后先后建设尉那岩城、丸都城、国内城、平壤城、长安城，以及数不胜数的山城，虽然高句丽早期都城不够发达，但是高句丽完全是一个善于筑城的民族。此外，高句丽虽然生活在大山深谷，无源泽、良田，但依然努力耕作储粮，属于典型的农耕形式的固定型民族。其次，在高句丽政权发展壮大过程中，继续将这种城邑国制度加以拓展，从史料中可以发现，自东明圣王开始对周边部落的兼并过程，基本都是以其地为"城邑"，这显然是将周边渔猎或游猎部族以固定化，这种对周边部族的兼并手段，对于高句丽政权的壮大与族群的凝聚作用重大。正是这种以城邑为中心的居住方式，以农耕为基础经济结构，决定了高句丽能够成为一个稳固和持续发展的政权。

附 录 一

改革开放以来高句丽研究评析

——以研究成果的数据统计和内容分析为中心

高句丽研究是汉唐东北史研究的重要内容，也是区域民族史、考古学的重要关注对象。改革开放以来的40多年，是高句丽研究快速发展的重要阶段。[1] 这一期间高句丽研究学科在成果发表、学科建设、队伍形成、人才培养等诸多方面都取得了长足进步，很有必要对这一期间的研究情况进行一次系统的梳理。对此，近年多有学者展开回顾，无论是整体研究综述，[2] 还是某一专题的学术史研究，[3] 均有成果发表，梳理和分析已经比较全面了。这里笔者摆脱传统的学术史或综述的书写方式，引入文献计量分析方法和工具，借助于主流数据库，对大数据进行提取，

---

[1] 马大正等将好太王碑发现以来百余年的高句丽研究分为初始期（19世纪80年代至1949年）、冷落期（1949年至20世纪70年代）和勃发期（20世纪80年代至今）三个阶段。（参见马大正等《古代中国高句丽历史丛论》，黑龙江教育出版社2001年版，第294—301页）本文探讨的改革开放以来的40多年，基本就是"勃发期"阶段。鉴于近五年的成果不具代表性，故截止时间选在了2018年。

[2] 参见孙进己《高句丽历史研究综述》，《社会科学战线》2001年第2期；王禹浪、程功、刘加明等《近十年来中国高句丽民族历史问题研究成果综述（2000—2012）》，《哈尔滨学院学报》2012年第12期；范恩实《2010年以来国内学界高句丽史研究综述》，邢广程主编《中国边疆学（第六辑）》，社会科学文献出版社2016年版，第348—381页。

[3] 韩忠富：《国内高句丽归属问题研究综述》，《社会科学战线》2001年第5期；何海波：《国内高句丽族源研究综述》，《长春师范学院学报》2008年第4期；孙炜冉：《高句丽王系问题研究综述》，《博物馆研究》2014年第3期；朱尖、柏松：《高句丽世界文化遗产旅游研究进展综述》，《资源开发与市场》2015年第1期；王天姿、王俊铮：《本世纪以来我国集安高句丽王城、王陵研究综述》，《哈尔滨学院学报》2015年第3期；郑春颖：《高句丽壁画墓的研究历程、反思与展望》，《社会科学战线》2017年第2期。

结合内容分析，利用全新视角对改革开放以来的高句丽研究文献进行量化分析，了解其现状、总结其特点、窥探其规律，进而提出思考与建议。①

一　数据来源与研究方法

依据相关研究原则②在中国知网（CNKI）上进行检索，选择"高级检索"，年限从"1979年到2018年"，来源类别"全选"，以"高句丽"为"主题词"进行检索，以"主题词"检索所涵盖的范围是最大的，进而采取人工手段进行逐年逐文筛选。为了防止漏选，再将"高句丽"之外"高丽""好太王碑""句丽""墓葬"等关键词，进行单独检索和并列检索验证，尽可能避免文献漏掉，同时也尽可能除去重复和非相关文献。通过以上原则本文共筛选研究样本文献1743篇。③需要说明的是，CNKI数据无法涵盖所有的发文情报源，尤其是一些学术机构自办刊物或内部期刊，以及一些会议论文集和个人论文集专著中论文无法收录，但是量比较少。这些数据虽未能精确反映目前高句丽研究的全貌，而基于此进行的统计分析基本能够反映目前的研究趋势。

本文将以文献计量学基本理论和方法为指导，以文献题录信息统计工具（SATI3.2）、社会网络分析工具（UCINET）相关分析软件为技术手段，借助于中国知网数据库（CNKI）、中国知网引文数据库（CCD）、中国社会科学引文索引数据库（CSSCI）等主流文献数据库，通过数据挖掘、信息处理、知识计量等手段和量化指标来表明改革开放以来我国高句丽研究文献量与变化趋势、研究热点问题、作者队伍与研究机构、文献来源和经典文献等状况。

---

① 笔者于2013年参编《高句丽研究文献目录1952—2012年》（耿铁华、李乐营主编，吉林大学出版社2013年版）时，对高句丽研究文献进行了系统的整理，并以此书数据进行过前期研究尝试，主要对1979—2012年的高句丽研究成果进行文献统计分析。本文的研究是在该文基础上依托网络资源数据的进一步深化，一方面增加近年更新的研究成果，并将学位论文收入进来，另一方面在具体数据筛选和内容分析上更加细化，并提出了一些思考。[参见《基于文献计量的高句丽研究述评（1979—2012）》，《现代情报》2013年第11期]

② 徐一方、许鑫、侯仕军：《我国商帮研究的文献计量分析：基于CNKI（2005—2012）数据》，《西南民族大学学报》2013年第5期。

③ 由于本文是主题检索，进而人工筛选，这一数据包括一定量的相关研究文献。

二 结果与分析

（一）文献量与变化趋势分析

按照上文统计标准，截至2017年年底高句丽研究文章发表量达到1743篇，其中期刊论文1547篇（包括辑刊）、会议论文61篇、报纸理论文章22篇、学位论文113篇。从图1的黑色柱状图可知，自2002年起高句丽研究文献开始有基金资助，至2017年共有资助文献158篇，基本呈逐年递增的趋势，其中国家社科基金资助最多，达到百余篇。

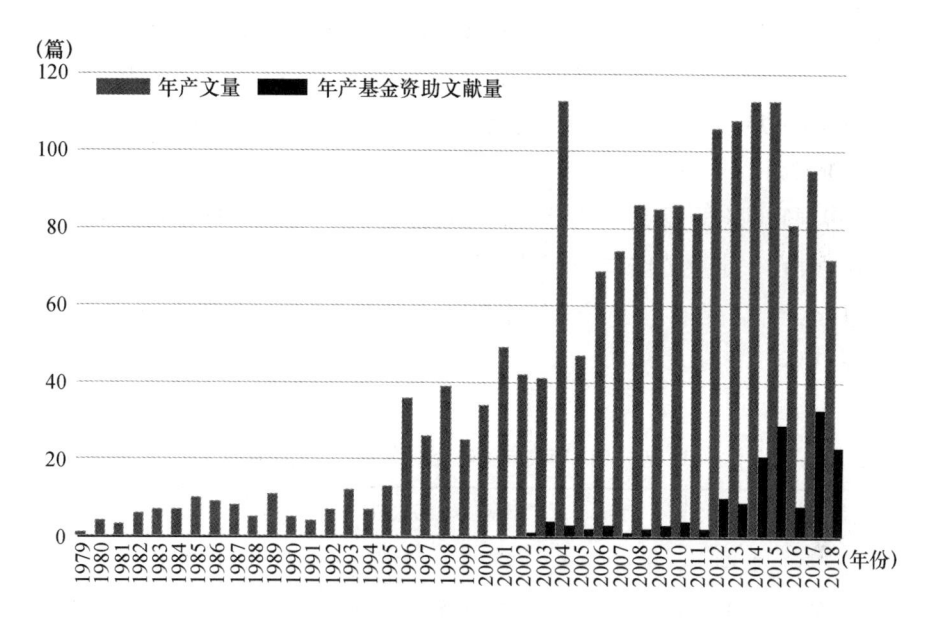

图1　1979—2018年高句丽研究产文量统计

40年间高句丽研究的文献量虽有很大幅度的波动，但整体上呈现增长的趋势。根据40年的年际变化图的柱状特点，以及高句丽研究过程中的关键时间点和重要事件，笔者将40年间高句丽研究历程初步分为四个阶段：1979—1995年为第一阶段，共17年，年均文献量多为个位数，这一阶段史学工作者开始展开高句丽的考古发掘和文献整理工作，相关研究逐步开展。1996—2001年为第二阶段，共6年，年均文献30篇左右，这一阶段随着高句丽学术会议的相继召开，集安市被评为历史文化名城，考古发掘的进一步进行，高句丽研究开始兴起。2002—2011年为第三阶段，这一阶段共 10 年时间，年均文献量 70 篇左右，该阶段"东北工程"项目①开启，尤为重要的是，在 2004 年高句丽申遗成功，都极大地促进了研究的开展与持续。2012—2018 年为第四阶段，共 7 年，年均文献量 90 篇左右，这一阶段文献量呈现出波动的倾向，整体上研究的广度和深度不断提高，研究队伍也不断扩大，但是 2016—2018 年三年似乎进入了一个"瓶颈期"。

（二）研究热点分析

通常在一篇文章当中，作者会使用关键词作为其研究的主要方向，这个词可以代表一篇文章的大致研究方向，因此，关键词如果在多篇文章中同时出现，而且与其他词出现的频率较高，我们就可以认为，这个词所代表的就是本领域的研究热点。② 本文的 1743 篇文献样本中，共有关键词 3381 个，存在一定量的文章，尤其是早期文章，没有关键词的情况，中国知网会根据文章内容自动匹配关键词，往往匹配的关键词数量较多，存在一定量的虚词。这里主要借助于文献题录信息统计分析工具（SATI 软件），提取出了本文样本中出现超过 10 次的关键词进行说明。（见表 1）

表 1　　　　1979—2018 年高句丽研究的高频关键词统计　　　　单位：次

关键词	频次	关键词	频次	关键词	频次	关键词	频次
高句丽	1006	高句丽壁画	25	都城	15	辽东地区	12
百济	100	辽东	22	墓葬（考古）	15	平壤城	11

---

① 东北边疆历史与现状系列研究工程，简称"东北工程"，是由中国社会科学院和东北三省相关学术机构及大学联合组织的大型学术项目，为时 5 年，于 2002 年正式启动，2006 年结束，是一项跨学科、跨地域、跨部门的大工程。"东北工程"的主要任务就是总结以往的研究成果，集中优势力量，深入研究东北边疆历史上的疑点问题、现实中的热点问题和理论上的难点问题，促成整体研究水平有一个较大提高，在此基础上，形成系列化、权威性的研究成果 。该项工程的课题分为研究类、翻译类和档案资料类三个系列。主要研究内容包括：古代中国疆域理论，东北边疆地方史，东北民族史，古朝鲜、高句丽、渤海国史，中朝关系史，中国东北边疆与俄国远东地区政治经济关系史。（参见李国强《"东北工程"与中国东北史的研究》，《中国边疆史地研究》2004 年第 4 期）

② 赵蓉英、李飞：《基于社会网络分析法的国内外信息计量比较研究》，《情报科学》2013 年第 2 期。

续表

关键词	频次	关键词	频次	关键词	频次	关键词	频次
集安	77	高句丽壁画墓	22	长寿王	15	古墓壁画	11
夫余	76	墓葬	22	北魏	15	东北地区	11
新罗	73	研究	22	鸭绿江	15	韩国	11
高丽	69	壁画墓	22	王陵	15	长川一号墓	11
句丽	54	政权	22	日本	14	平壤	11
山城	50	洞沟古墓群	21	朝贡	14	历史	11
好太王碑	49	玄菟郡	21	集安市	14	高句丽遗址	10
民族	49	壁画	20	遣使	14	莲花纹	10
高句丽国	48	影响	18	夫余国	14	建筑	10
朝鲜半岛	47	中华人民共和国	18	沃沮	13	中国	10
扶余	42	中原文化	18	族源	13	东夫余	10
《三国史记》	42	遗址	18	服饰	13	高句丽王城	10
朱蒙	42	封土石室墓	17	疆域	13	遗物	10
渤海	38	城墙	17	太王陵	13	高句丽碑	10
国内城	35	靺鞨	17	秽貊	13	好太王	10
丸都山城	33	墓室壁画	17	特点	12	五女山城	10
唐朝	32	文化	16	战争	12	新城	10
东北	30	朝鲜	16	邹牟	12	保护	10
积石墓	29	渤海国	16	将军坟	12	隋唐	10
佛教	29	中原王朝	16	瓦当	12	东北亚	10
高句丽县	27	舞俑墓	15	墓室	12	高句丽古墓壁画	10

表1中的92个高频关键词,是目前高句丽研究的主要关注点。通过对高频关键词的整合,可以将高句丽研究热点总结为六大主题。

第一,高句丽政治史研究。由于本文在样本筛选过程中主要以"主题"进行检索,所以选取了一定量的高句丽相关研究文章,其中高句丽政权发展、对外关系等方面的研究成果比较多，这也就使得高句丽政治史研究成为高句丽研究的最重要内容。这些内容涉及高句丽县，高句丽政权的"王"及其政治活动、疆域、官职，高句丽对外关系等方面的研究。比较有意思的是，高句丽政权创建者朱蒙（邹牟）、开创疆土最广者好太王、执政时间最长者长寿王是高句丽诸王中最受关注的国王，他们的确也是高句丽政权历史上最具代表性的三位国王。高句丽对外关系包括两个层面：其一是高句丽与中原王朝的关系，涉及玄菟郡、辽东、中原王朝、中原文化、遣使、朝贡、战争等关键词；其二是高句丽与周边的关系，涉及朝鲜半岛、百济、新罗、夫余、靺鞨、渤海（国）、[①] 沃沮等关键词。

第二，高句丽城址等遗址研究。高句丽城址和遗址研究涉及高句丽山城、都城（王城）、遗址关隘和文物考古发掘等方面的研究。此主题关注最多的是高句丽山城研究，包括山城的通论，在个案研究中丸都山城、新城和五女山城是最主要的关注对象。其次是都城（王城）研究，包括都城综论，在具体的个案研究中国内城、丸都山城（作为都城）、平壤城是主要的关注对象。此外，高句丽遗址综论、高句丽瓦当等文物专论也是重要的研究内容。

第三，高句丽碑刻研究。主要指的是高句丽好太王碑及其拓本，以及"集安高句丽碑"[②] 的研究。关于好太王碑的研究主要是其碑文内容、书法等方面，近年来随着不同版本好太王碑拓本的公布，关于拓本的研究呈上升趋势。对于集安高句丽碑的研究，主要是其性质、年代、碑文释读、定名、价值，以及相关史实的研究。

第四，高句丽墓葬研究。鉴于高句丽历史遗迹中王陵和贵族墓葬大量存在，故关于高句丽墓葬的研究一直是高句丽研究的重要内容。这些

---

① 渤海国与高句丽并非同时期，将二者相联系的研究较多。

② 该碑于2012年7月29日在集安市区西南3.5千米的麻线河右岸河滩上出土，目前关于此碑的定名存在争议，有"集安麻线高句丽碑""集安高句丽碑""中国集安高句丽碑"等多种称呼。耿铁华综合多种意见，对定名进行了探讨，最终定为"集安高句丽碑"。（参见耿铁华《集安高句丽碑研究》，吉林大学出版社2017年版，第139—148页）此碑出土之后的几年研究成果大量涌现。[参见拙文《集安新出土高句丽石碑国内外研究综述》，姜维东主编《东北亚研究论丛（七）》，东北师范大学出版社2014年版，第35—46页；耿黎《集安高句丽碑发现五周年研究成果评述》，《通化师范学院学报》2017年第4期］

内容包括洞沟古墓群、高句丽墓葬、积石墓（壁画墓）、王陵、封土石室墓、葬俗等方面的综合研究，也包括具体长川一号墓、舞俑墓等具体墓葬的探讨。需要特别指出的是，由于大量的封土墓绘有不同场景的精美壁画，高句丽古墓壁画研究一直是高句丽墓葬研究中最热点的内容，主要表现在对高句丽壁画、高句丽壁画墓、壁画墓、壁画、墓室壁画、古墓壁画、莲花纹、高句丽古墓壁画等方面的关注。

第五，高句丽民族史研究。鉴于高句丽这一名称不仅是县名、政权名，也是族群名称，且出现时间较早，所以很多文献从民族源流角度加以分析，探讨高句丽族群变迁史，这从句丽、民族、族源、秽貊等关键词可以看出。

第六，高句丽研究涉及时段和区域国家。该主题并非高句丽研究专题，而是其他专题研究涉及的内容，鉴于其突出和代表性，这里将其作为一个主题说明。从高句丽在史籍中出现到政权创建，再至灭亡消失，跨度涉及从汉至唐不同时段。但从高频关键词看，高句丽研究最为关注的时段集中在隋唐，尤其是唐代。高句丽研究涉及的古今中外区域国家主要是集安（市）、东北、辽东、玄菟郡、鸭绿江、东北亚、中国、日本和韩国等。

除了以上六大主题外，以《三国史记》和正史《高句丽传》为对象的高句丽文献研究，以及高句丽的宗教信仰（佛教）、服饰、建筑、绘画等方面也是比较热门的领域。

（三）作者队伍与研究机构分析

1. 整体作者队伍状况

本文样本的1743篇文章，共由862位作者（包括独撰、合作、单位署名、无署名四种作者类型，单位署名与人署名统计原则相同，无署名被确定为独撰类型中）共同完成。这表明40年中高句丽研究已经拥有了一支规模较大的作者群。其中仅完成1篇论文量的作者（包括合作文章出现一次的作者）有561位，占作者总数的65.08%，其余作者发文2—59篇不等（这里是将独撰与合作同等对待的结果），具体发文情况见表2。

表2　　　　　　　　　所有作者发文量情况统计①　　　　单位：篇，人（个）

发文量	1	2	3	4	5	6	7	8	9	10	11	12	13
作者数	561	131	57	24	20	7	10	7	7	7	1	3	1
发文量	14	15	16	17	20	21	22	25	26	28	31	40	59
作者数	2	3	4	1	4	2	2	1	1	1	1	1	1

根据洛特—加龙省卡定律（是指科学工作者人数与其所著论文之间的关系的定律，通常人们将其称为"倒平方定律"），其文字表述是："写2篇论文作者数量约为写1篇论文作者数量的1/4；写3篇论文作者数量约为写1篇论文作者数量的1/9；而写1篇论文作者数量约占所有作者数量的60%。"② 从表2可知，2篇论文作者与1篇论文作者比值约为0.23，低于洛特—加龙省卡定律的1/4标准，3篇论文作者与1篇论文作者比值约为0.10，与洛特—加龙省卡定律的1/9标准基本持平，1篇论文作者数量占所有作者数量的百分比为65.12%，略高于洛特—加龙省卡定律的60%标准。整体看，40年中高句丽研究队伍状况与洛特—加龙省卡定律基本吻合，表明其数量和分布是较为科学合理的。鉴于1篇论文作者占比略高于洛特—加龙省卡定律，表明存在一定量的作者未进行持续性研究。

2. 核心作者

这里的核心作者主要由两个指标加以彰显：其一，依据本文样本文献作者发文量多少确定，发文较多者可认为是核心作者；其二，鉴于发文量只是一个基本考察指标，可以从影响力角度进一步统计被引量较大的作者，这是衡量核心作者的另一项重要指标。

发文量核心作者确定可采取文献计量学中普赖斯定律加以确定。普赖斯定律认为在同一主题中，全部论文的一半，由该领域中全部作者的平方根的那些人所撰。推导数学公式为：$M \approx 0.749 (N_{max})^{1/2}$，（其中$M$为活跃作者最少的发文量，$N_{max}$是所有作者最多的发文量，0.749是

---

① 此表的发文量是合作和独立作者同等对待结果，存在一定程度的重复统计情况，所以发文量总数高于样本数。

② 丁东学：《文献计量学基础》，北京大学出版社1993年版，第204页。

常数)。① 据统计可知高句丽研究的 Nmax 是耿铁华,为 59 篇,进而可以求得 M≈5.75,近似于 6 篇,所以高句丽研究发文量达到 6 篇及以上者,便是其核心作者。

鉴于目前高句丽研究论文发表质量良莠不齐,期刊类型多样,"一刀切"的统计并不科学。这里笔者运用中文社会科学引文索引数据库,将发表在 CSSCI 检索刊物②上达到 4 篇及以上的作者(第一作者和独撰)认定为核心作者。③(见表 3 左侧)在发文量基础上,进一步借助于中国引文数据库(CCD),以主题"高句丽",对本文的作者群体进行引文量的检索统计,④ 去除部分自引数据,主要统计他引情况。将被引频次超过 50 次的核心作者进行统计如下。(见表 3 右侧)

表 3　　　　　　　　40 年高句丽研究核心作者情况⑤

发文量视角下的核心作者				影响力视角下的核心作者			
序	作者	生年	发文量	序	作者	生年	被引频次
1	耿铁华（范犁）	1947	15	1	耿铁华（范犁）	1947	766
2	魏存成	1945	13	2	魏存成	1945	424
3	杨军	1967	11	3	李殿福（甸甫）	1934	342

---

① 王崇德:《文献计量学引论》,广西师范大学出版社 1997 年版,第 162—164 页。

② "CSSCI"指的是"中文社会科学引文索引",英文全称为 Chinese Social Sciences Citation Index,缩写为 CSSCI。由南京大学中国社会科学研究评价中心开发研制的数据库,用来检索中文社会科学领域的论文收录和文献被引用情况,是我国人文社会科学评价领域的标志性工程,始于 1998 年。被 CSSCI 收录的期刊包括来源期刊、扩展版来源期刊和集刊,学界一般认为这三类刊物是较为重要的刊物。由于 CSSCI 目录不定期有所变化,并且有部分早期文章早于 CSSCI 目录之前,对此笔者将只要有一次入选过 CSSCI 目录的期刊,所有时期均认为是 CSSCI 核心期刊。

③ 当然这一认定也不是最为科学的,由于一些因素的影响,大量的高句丽研究文章并没有发表在核心以上刊物上,在非 CSSCI 检索刊物中高质量研究文章比比皆是。这里的标准只是一种相对简化、清晰的折中处理,可能有一些学者并没有被收录进来,故笔者进行了影响力视角下的核心作者统计,尽可能照顾到所有核心作者。

④ 这里的引文数据主要来自中国引文数据库,是以"高句丽"作为主题,并逐个对主要作者进行检索,包括作者署名完成的著作、论文、论文集等学术成果的被引之和,存在合著的则每个作者重复统计,并非精确数据。

⑤ 表 3 作者顺序按照相应的指标高低排序,相同指标的则以年长者在先,年龄相同则随机。检索时间为 2019 年 3 月 1 日。

续表

发文量视角下的核心作者				影响力视角下的核心作者			
序	作者	生年	发文量	序	作者	生年	被引频次
4	苗威	1968	11	4	刘子敏	1938	337
5	赵俊杰	1981	9	5	王绵厚	1945	298
6	张碧波	1930	7	6	杨军	1967	277
7	李德山	1964	7	7	马大正	1938	225
8	郑春颖	1971	7	8	王承礼	1928	223
9	李殿福（甸甫）	1934	6	9	王小甫①	1952	191
10	刘子敏	1938	6	10	苗威	1968	181
11	王禹浪	1956	6	11	方起东	1941	153
12	姜维公	1962	6	12	林至德	1932	140
13	李乐营（莹）	1962	6	13	孙仁杰	1950	133
14	拜根兴	1964	6	14	张福有	1950	129
15	祝立业	1977	6	15	张雪岩	1945	128
16	孙炜冉	1981	6	16	梁志龙	1954	124
17	张博泉	1926	5	17	李大龙	1964	121
18	方起东	1941	5	18	王禹浪	1956	118
19	王绵厚	1945	5	19	李新全	1963	118
20	朴灿奎	1963	5	20	李德山	1964	116
21	姜维东	1971	5	21	赵俊杰	1981	113
22	徐德源	1927	4	22	姜维东	1971	109
23	孙进己	1931	4	23	张碧波	1930	108
24	程尼娜	1953	4	24	李乐营（莹）	1962	100
25	梁志龙	1954	4	25	洪晴玉	1933	98
26	刘炬（矩）	1962	4	26	刘炬（矩）	1962	94
27	李新全	1963	4	27	郑春颖	1971	92
28	李大龙	1964	4	28	孙玉良（史长乐）	1936	86

---

① 王小甫被引成果并非严格意义上的高句丽专题研究，主要是涉及高句丽议题，比如其主编的《盛唐时代与东北亚政局》（上海辞书出版社2003年版）。由于表3中的被引数据来自中国引文数据库（CCD），是以主题"高句丽"进行的检索，所以个别影响较大的相关研究也会被统计进来。

续表

发文量视角下的核心作者				影响力视角下的核心作者			
序	作者	生年	发文量	序	作者	生年	被引频次
29	高福顺	1964	4	29	姜维公	1962	73
30	范恩实	1976	4	30	孙炜冉	1981	71
31	王飞峰	1981	4	31	拜根兴	1964	68

可以发现，表3中右侧影响力视角下的核心作者和左侧发文量视角下的核心作者顺序和构成均有所不同，表明部分虽发文较多但影响力较小，反之一些作者虽然发文不多，但是发文的影响力较大。不否认这其中存在一定量的较新发表成果，影响力还未能显现。显然，同时具备核心发文量多和被引频次高的作者可以认为是"高句丽"研究当之无愧的核心作者。这些核心作者多数为"40后""50后"和"60后"，也有少量"70后"，以及极少"20后"和"80后"，整体年龄结构稍偏老龄化。比较遗憾的是，多位核心作者已经故去，但相关研究依然发挥着重要的影响。随着部分年轻作者发文量和影响力逐步增长，"70后"已然成为中坚力量，"80后"也在快速成长，未来结构将趋于合理。需要注意的是，虽然"70后"和"80后"逐步发挥作用，但整体人数较少。

3. 研究机构

研究机构指的是作者在发文过程中署名的单位，通过研究机构的统计分析，可以一定程度上了解某一学科或领域研究力量的空间布局、研究平台名称类型、研究机构演变等具体情况。自清末好太王碑发现以来，高句丽研究经历了近一个半世纪的研究历程，近40多年则是高句丽研究发展最为快速的阶段。这一时期各大科研单位和高校，依托原有基础或成立专门研究平台展开高句丽的专题研究。由于数据生成的署名单位存在大量重复和同一二级单位不同时期称呼不同的情况，笔者通过人工进一步对相同署名单位进行整合，最终共有署名单位233个。现将发文量大于等于20篇的一级单位及其主要研究机构情况整理如表4。

表4　1979—2018年高句丽研究主要一级研究单位和机构情况①

序	一级研究单位	文量	主要的研究机构名称
1	通化师范学院	168	高句丽研究院、高句丽与东北民族研究中心、高句丽研究所、历史与地理学院、历史系、美术学院、中文系等
2	吉林大学	145	边疆考古研究中心、文学院、历史系、考古系、古籍研究所、高句丽渤海研究中心等
3	吉林省社会科学院	123	高句丽研究中心、《东北史地》编辑部（杂志社）、高句丽研究所、历史研究所、民族研究所等
4	东北师范大学	81	历史文化学院、古籍（整理）研究所、外国语学院、文学院等
5	延边大学	80	历史系、人文社会科学学院、渤海史研究所、朝鲜问题研究所、朝鲜半岛研究院、东北亚研究院、科研处、中朝韩日文化比较研究中心、师范学院等
6	长春师范大学	74	东北亚研究所、历史文化学院、东北民族历史与文化研究中心、历史系、历史学院、图书馆等
7	中国社会科学院	69	中国边疆史地研究中心、中国边疆研究所、考古研究所、世界历史研究所、历史研究所、民族学与人类学研究所等
8	吉林省文物考古研究所	57	吉林省文物考古研究所、吉林省考古研究所
9	黑龙江省社会科学院	31	历史研究所、文学研究所等
10	吉林省集安市博物馆	28	集安市博物馆、集安博物馆、集安市高句丽历史文化研究中心
11	大连大学	22	中国东北史研究中心、东北史研究中心等

① 此表中的作者单位包括学位论文的培养单位，主要研究机构基本顺序是发文多者靠前。研究机构是根据中国知网不同时期的作者署名所提取的，存在同一单位有时段不同称呼的情况，这里为了能够清楚发现高句丽研究机构的演变历程，笔者未做整合处理。

续表

序	一级研究单位	文量	主要的研究机构名称
12	沈阳建筑大学	22	建筑研究所、地域性建筑研究中心、建筑与城市规划学院等
13	辽宁省博物馆	21	辽宁省博物馆、博物馆历史考古部
14	辽宁省文物考古研究所	20	文物考古所、文物考古研究所
15	辽宁省本溪市博物馆	17	本溪市博物馆
16	陕西师范大学	16	历史文化学院
17	中央民族大学	15	历史文化学院、历史系、民族学系等
18	北京大学	12	中国古代史研究中心、历史学系、考古文博学院等
19	复旦大学	11	历史系、韩国研究中心、文史研究院
20	辽宁省社会科学院	10	历史所、历史研究所、《社会科学院辑刊》编辑部

以上20个单位，基本是1979—2018年的40年间我国高句丽研究的主要单位，很显然这些单位集中位于东北地区，这与高句丽历史分布有着密切的关系，也一定程度表明高句丽研究是区域性问题。这其中位于区域核心的高校通化师范学院成为高句丽研究发文量最多的单位，由于地缘关系，该校一直以来都将高句丽历史文化研究作为重要的研究特色，先后成立高句丽研究所、高句丽研究院、高句丽与东北民族研究中心、高句丽问题研究智库等研究机构，积极开展相关研究。吉林大学作为区域重要历史与考古教学与研究单位，拥有教育部重点研究基地"边疆考古研究中心"，该中心一直将高句丽考古研究作为最重要研究方向之一。此外，吉林大学文学院、古籍整理研究所，以及新成立的"高句丽渤海研究中心"也一直致力于高句丽的文献、历史等方面的研究，产出丰硕的成果，培养了大批人才。东北师范大学历史文化学院、文学院也是高句丽研究的重要教学与科研机构，历史文化学院特别自设研究生专业"东北民族民俗学"，专门从事高句丽等东北民族史的教学和科研工作，近年来在人才培养和科学研究方面做出了重要贡献；文学院古籍整理研究所则一直承担着高句丽传世文献的整理、东北民族史专题等方面的研

究和人才培养工作。延边大学作为区域特色民族院校，在语言、交流等方面有着独特优势，多年来一直将高句丽研究作为其历史研究的主攻方向，拥有朝鲜半岛研究院、东北亚研究院、中朝韩日文化比较研究中心等专门研究平台，在高句丽研究所涉及的中朝、中韩学术交流与合作方面做出了重要贡献。长春师范大学自2000年前后开始从事高句丽专题研究，近年来发展迅速，成立了东北民族与疆域研究中心，下设东北亚研究所专门从事相关研究，又获批"东北民族与边疆"专业方向的"服务国家特殊需求博士人才培养项目"，开展博士人才培养，作为高句丽研究的后起之秀发展迅速，影响逐步扩大。吉林省社会科学院作为兼具管理和研究职能的部门，一直以来在吉林省内对高句丽研究政策制定、学术阵地创建、平台建设、学术研究、成果评价等诸多方面作出积极努力，该单位所辖的"吉林省高句丽研究中心"一直以来在资金支持、队伍建设方面发挥重要的作用，《社会科学战线》和《东北史地》杂志则是高句丽研究的重要学术阵地，近年来又倡导成立了"高句丽渤海研究会"，进一步规范和指导高句丽研究良性发展。吉林省文物考古研究所和集安市博物馆，作为高句丽文物考古发掘和研究的主管部门和协作执行部门，一直在高句丽考古发掘、遗产保护等方面做出重要贡献，产出了一大批考古报告和专题研究成果。以上发文量排名靠前的8个单位均属于吉林省内，显然在高句丽研究中吉林省是当之无愧的核心地区。除了吉林省之外，辽宁省也是比较重要的研究中心，拥有大连大学、沈阳建筑大学、辽宁省博物馆、辽宁省文物考古研究所、辽宁省本溪市博物馆、辽宁省社会科学院等研究单位，这些单位有的是传统的文博部门，比如各级博物馆和考古所，这些机构一直有从事高句丽研究的传统；有的是新兴的研究机构，比如大连大学的中国东北史研究中心成立于2002年，从事相关研究十多年，而沈阳建筑大学从建筑学的角度从事高句丽研究只有不到10年的时间，但这些机构发展速度都比较快，影响也逐步显现。

当然，除了东北之外，中国社会科学院中国边疆研究所、考古研究所，中央民族大学、陕西师范大学、北京大学、复旦大学是地域性之外的高句丽研究重镇。其中，中国社会科学院中国边疆研究所作为一个管理指导机构，多年来在统筹、协调高句丽研究方面做出了重要贡献；同时作为研究机构，在其东北边疆研究中一直将高句丽研究作为重要的研究方向，成果突出。中国社会科学院考古研究所作为考古研究的指导和研究部门，部分学者一定程度涉足高句丽考古发掘和研究工作。中央民族大学、陕西师范大学、复旦大学等高校高句丽研究作为传统优势学科断代史或专门史研究的一部分，产出了一定量的高句丽专题研究文章。

需要特别说明的是，自2000年以来关于高句丽研究的学位论文开始出现，并且逐年呈上升趋势，这是我国高句丽研究梯队建设和队伍壮大的基本前提。就目前中国知网数据看，共有学位论文113篇，鉴于一些学生和一些高校的学位论文未被中国知网收录，实际数字应该稍高于此数字。目前的113篇学位论文，其中博士24篇，硕士89篇，硕士占比较大，来自10个培养单位，排名靠前的机构分别是延边大学26篇、吉林大学24篇、东北师范大学22篇、沈阳建筑大学11篇，学科背景主要为历史学、考古学、旅游学、民族学、建筑学、艺术学等。其中比较重要的研究生导师有吉林大学的魏存成（指导学位论文11篇，其中博士5篇①），东北师范大学苗威（指导学位论文9篇，其中博士3篇），延边大学的朴灿奎（指导学位论文7篇，其中博士4篇），东北师范大学的耿铁华（指导学位论文6篇，其中博士1篇②），东北师范大学的刘厚生（指导学位论文3篇，其中博士2篇），吉林大学的杨军（指导学位论文4篇，其中博士1篇）。显然，21世纪以来，高句丽研究在学科建设、人才培养方面取得了一定的进步，但与整体的文献量比较，这一进步显然不是太突出，力度不够。

（四）文献来源分析

文献来源分析主要分析样本中的1547篇期刊论文（包括辑刊）来源于哪些刊物，这些刊物的载文量情况、级别、类型、分布，通过对文献来源的分析能够清晰地掌握目前高句丽研究主要学术阵地及其演变和发展趋势。

本文样本中的1547篇期刊论文共刊载于274种不同类型的学术刊物中，存在同一刊物不同时期名称不同重复统计的情况，但数量不大。其中，共有182种期刊各载文1篇、37种期刊各载文2篇、25种期刊各载

---

① 真实数据应高于此，据笔者了解魏存成早期指导的部分高句丽考古研究的博士论文，未被中国知网收录。

② 与东北师范大学李德山共同指导。

文3篇、14种期刊各载文4篇、6种期刊各载文5篇、6种期刊各载文6篇、7种期刊各载文7篇、2种期刊各载文8篇、3种期刊各载文10篇、3种期刊各载文14篇，其余载文量为9、12、13、15、16、17、19、22、23、27、28、29、38、51、90、107、165、279的期刊各有1种。

为了进一步了解高句丽研究的主要学术阵地，可以确定其"核心刊物"。① 通常情况下，统计某一研究领域情报源的集中与离散主要采用布拉德福定律，即："对于某一主题而言，将科学期刊按照刊登相关论文减少的顺序排列时，可以划分出对该主题最有贡献的核心区，以及含有与区域论文数量相同的几个区，每个区域里的期刊数量呈1：n：n2……"② 依据此定律，运用EXcel将高句丽研究文献进行数字化处理，并尽可能进行等量分区。得到高句丽研究的核心刊物主要是前4种，即《东北史地》《通化师范学院学报》《北方文物》和《社会科学战线》，这主要是因为高句丽是一个区域性研究问题导致的。为了更为全面地说明高句丽研究载文主要刊物情况，笔者将载文量达到5篇及以上的主要刊物认定为"核心刊物"，进行了统计说明（见表5）。

表5　　　　　　　　1979—2018年高句丽研究"核心刊物"

序	刊物名称	载文量	所在地	刊物级别与类型③	主办单位
1	东北史地（学问）④	279	吉林长春	普通刊物	吉林省社会科学院
2	通化师范学院学报	165	吉林通化	普通刊物	通化师范学院
3	北方文物	107	黑龙江哈尔滨	北大核心刊物	北方文物杂志社
4	社会科学战线	90	吉林长春	双核心刊物	吉林省社会科学院

① 这里的核心刊物并非学术评价体系中的"核心刊物"，而是指某一领域研究文献发表的主要学术刊物。
② 王崇德：《文献计量学教程》，南开大学出版社1990年版，第116页。
③ 本表中的刊物级别，主要依据最新北大核心和南大CSSCI目录，同时具备二者的为"双核心"，其他则为"普通"。
④ 《东北史地（学问）》杂志于2017年停刊。

续表

序	刊物名称	载文量	所在地	刊物级别与类型	主办单位
5	边疆考古研究	51	吉林长春	CSSCI 来源集刊	吉林大学边疆考古研究中心
6	东北亚研究论丛	38	吉林长春	普通集刊	长春师范大学东北亚研究所
7	中国边疆史地研究	29	北京	双核心刊物	中国社会科学院中国边疆研究所
8	延边大学学报	28	吉林延吉	CSSCI 扩展版刊物	延边大学
9	博物馆研究①	27	吉林长春	普通刊物	吉林省博物馆学会
10	考古	23	北京	双核心刊物	中国社会科学院考古研究所
11	东疆学刊	22	吉林延吉	CSSCI 来源刊物	延边大学（中朝韩日文化比较研究中心）
12	黑龙江民族丛刊	19	黑龙江哈尔滨	双核心刊物	黑龙江省民族研究所
13	长春师范学院学报	17	吉林长春	普通刊物	长春师范大学
14	地域文化研究②	16	吉林长春	普通刊物	吉林省社会科学院
15	史学集刊	15	吉林长春	双核心刊物	吉林大学
16	文物	14	北京	双核心刊物	文物出版社
17	朝鲜·韩国历史研究	14	吉林延边	普通集刊	中国朝鲜史研究会
18	哈尔滨学院学报	14	黑龙江哈尔滨	普通刊物	哈尔滨学院
19	学习与探索	13	黑龙江哈尔滨	双核心刊物	黑龙江省社会科学院
20	辽宁省博物馆馆刊	12	辽宁沈阳	普通集刊	辽宁省博物馆
21	社会科学辑刊	10	辽宁沈阳	双核心刊物	辽宁省社会科学院
22	黑龙江史志	10	黑龙江哈尔滨	普通刊物	黑龙江省地方志办公室

① 《博物馆研究》早期刊载了大量的高句丽研究文章，但是中国知网只收录了 2006 年以来的载文，本表的载文数据以中国知网收录为准。

② 《地域文化研究》杂志于 2017 年创刊。

续表

序	刊物名称	载文量	所在地	刊物级别与类型	主办单位
23	兰台世界	10	辽宁沈阳	普通刊物	辽宁省档案局
24	古籍整理研究学刊	9	吉林长春	CSSCI扩展版刊物	东北师范大学（古籍整理研究所）
25	黑龙江社会科学	8	黑龙江哈尔滨	CSSCI扩展版刊物	黑龙江省社会科学院
26	黑河学刊	8	黑龙江黑河	普通刊物	黑河市社会科学界联合会
27	中国文物报	7	北京	报纸	国家文物局
28	中国文化遗产	7	北京	普通刊物	国家文物局
29	吉林大学社会科学学报	7	吉林长春	双核心刊物	吉林大学
30	大连大学学报	7	辽宁大连	普通刊物	大连大学
31	建筑与文化	7	北京	普通刊物	世界图书出版公司
32	辽宁大学学报	7	辽宁沈阳	CSSCI扩展版刊物	辽宁大学
33	中国边疆学	7	北京	普通集刊	中国社会科学院中国边疆研究所

从表5可知，"核心刊物"载文总量为1097篇，占样本论文总文献量的70.91%，表明40年中我国高句丽研究发文高度集中。这一特点从"核心刊物"主办单位和所在地区也能够体现，核心刊物基本分布在东北三省和北京两大地区，主办单位多为相关高校和研究机构，这与前文表4中高句丽主要研究机构分布规律相同。这进一步表明高句丽研究仅仅是一个区域性研究课题。从刊物级别和类型看，高句丽研究的"核心刊物"的级别相对较高，达到核心级别的占比近50%，但载文量较大的刊物多为普通刊物；这些刊物类型基本为人文社科类综合期刊、集刊或者历史和考古类专业期刊。

（五）经典文献分析

经典文献指的是在高句丽研究的历程中产生重要影响的高句丽专题研究，这些著述由作者先期完成，此后又对高句丽深入研究发挥了重要作用。这些文献的确定主要借助于中国引文数据库，以高句丽为主题进行检索，对被引次数较高的文献进行统计分析。这一检索结果主要是基于引文数据进行的，被检索对象并非1979—2018年，而是全时段。通过检索梳理，笔者将被引次数超过25次的经典文献作分析说明。

表6　　　　　　　　高句丽研究经典文献①

序	文献名称	作者	来源与时间	被引次数	类型
1	中国高句丽史	耿铁华	吉林人民出版社 2002	150	专著
2	高句丽历史研究	刘子敏	延边大学出版社 1996	132	专著
3	高句丽遗迹	魏存成	文物出版社 2002	124	专著
4	高句丽考古	魏存成	吉林大学出版社 1994	120	专著
5	高句丽古城研究	王绵厚	文物出版社 2002	117	专著
6	好太王碑研究	王健群	吉林人民出版社 1984	109	专著
7	关于冬寿墓的发现和研究	洪晴玉	考古 1959（01）	98	论文
8	古代中国高句丽历史续论	马大正等	中国社会科学出版社 2003	79	专著
9	集安高句丽墓研究	李殿福	考古学报 1980（02）	66	论文
10	好太王碑一千五百八十年祭	耿铁华	中国社会科学出版社 2003	55	专著
11	高句丽古墓壁画研究	耿铁华	吉林大学出版社 2008	55	专著
12	吉林集安的两座高句丽墓	——	考古 1977（02）	53	论文

① 本表被引次数的检索时间为2019年3月1日。

续表

序	文献名称	作者	来源与时间	被引次数	类型
13	高句丽渤海古城址研究汇编	王禹浪、王宏北	哈尔滨出版社1994	51	编著
14	朝鲜安岳所发现的冬寿墓	宿白	文物参考资料1952（01）	48	论文
15	古代中国高句丽历史丛论	马大正等	黑龙江教育出版社2001	42	专著
16	吉林辑安通沟第十二号高句丽壁画墓	王承礼、韩淑华	考古1964（02）	42	论文
17	五女山城	辽宁省文物考古研究所	文物出版社2004	40	编著
18	高句丽移民研究	苗威	吉林大学出版社2011	38	专著
19	吉林集安五盔坟四号墓	李殿福	考古学报1984（01）	37	论文
20	集安高句丽王陵	吉林省文物考古研究所、集安市博物馆	文物出版社2004	35	编著
21	高句丽历史与文化	耿铁华、倪军民	吉林文史出版社2000	34	主编
22	丸都山城	吉林省文物考古研究所、集安市博物馆	文物出版社2004	33	编著
23	高句丽壁画石墓	杨泓	文物参考资料1958（04）	33	论文
24	集安高句丽国内城址的调查与试掘	阎毅之、林志德	文物1984（01）	33	论文
25	集安出土的高句丽瓦当及其年代	林至德、耿铁华	考古1985（07）	33	论文
26	集安高句丽陶器的初步研究	耿铁华、林至德	文物1984（01）	33	论文

续表

序	文献名称	作者	来源与时间	被引次数	类型
27	集安高句丽壁画	吴广孝	山东画报出版社 2006	30	专著
28	集安县两座高句丽积石墓的清理	张雪岩	考古 1979（01）	30	论文
29	《三国史记·高句丽本纪》研究	李大龙	黑龙江教育出版社 2013	29	专著
30	唐朝对高句丽政策的形成、嬗变及其原因	李德山	中国边疆史地研究 2004（04）	29	论文
31	高句丽服饰研究	郑春颖	中国社会科学出版社 2015	29	专著
32	高句丽史论稿	耿铁华	吉林人民出版社	28	专著
33	高句丽壁画研究	尹国有	吉林大学出版社 2003	28	专著
34	国内城	吉林省文物考古研究所、集安市博物馆	文物出版社 2004	27	编著

从表 6 中可知，虽然检索对象为全时段，但就检索结果文献的发表时间看，基本集中于 1979—2018 年的 40 年中。这些文献时间跨度较长，有些虽然时间久远但依然产生重要的影响，一些文献已发表十余年乃至数十年，但文献的老化率并不明显，学术生命力持久；也有出版时间不久的学术成果，一经面世便表现出强劲的影响力。整体看，高句丽研究的经典文献以大部头著作为主，且学术专著占多数。从中我们能够了解高句丽研究的主要研究著作情况，这一定程度弥补了无法通过数据提取对高句丽研究著作进行分析的不足。可以看出高句丽研究通史性著作和考古通论是高句丽研究影响较大的研究文献，而以古城、好太王碑、壁画、墓葬、文献、移民、服饰为对象的专题论著影响也比较大。此外，辽宁和吉林二省文物考古研究所组织编写的《五女山城》《丸都山城》《国内城》《高句丽王陵》四部高句丽考古报告，已然成为高句丽研究必

不可少的工具书性质的著作。除去学术著作之外，以考古发掘报告和专题研究为主的高句丽考古学术论文，是高句丽经典文献的另一组成部分。这些研究主要是关于墓葬的通论和个案分析，以及瓦当和陶器等的文物研究。这一定程度表明考古发掘和研究成果，对于深化高句丽研究的重要作用与价值。

三 几点认识

第一，40多年以来，高句丽研究取得了较为快速的发展，成绩斐然。改革开放使国家在各个层面开始实行的对内改革、对外开放的政策，这为学术研究创造了良好的外部环境和氛围，相关研究者亦抓住机会，发挥聪明才智，积极投身研究的热潮中。这一情况在高句丽研究中亦能显现，可以说自改革开放至新世纪前后，高句丽研究从考古发掘、文献整理基础研究走向历史与考古的全方位研究，这为高句丽的深化研究奠定了坚实的基础。自21世纪以来，在相关学术活动的助推下，高句丽研究进入了高潮期。40多年来，尤其是新世纪以来的十余年在有关职能部门和学者们的共同努力下，高句丽研究在成果出版和发表、科研平台建设、队伍形成、人才培养、资金政策支持等方面均取得重要突破。上文五个方面的数据和分析均能说明这一问题，取得成就是值得肯定的。可以说，经过各方努力，高句丽研究的学科体系和学术体系正逐步形成，高句丽研究也已经从老一辈学者专业、专题研究走向了专业、专题研究与宏观体系构建的双向研究，① 这是我们的学术自觉和进步。

---

① 近年来多有学者开展关于东北史和高句丽史的宏观体系构建研究，针对相关研究和学科发展提出宏观指导和微观思考。比较具有代表性的成果有：东北史宏观角度：孙进己：《东北史研究中的若干理论问题（上、下）》，《东北史地》2012年第5、6期；魏国忠：《东北历史文化研究之我见》，《东北史地》2013年第1期；魏存成：《关于东北史研究的几个问题——读〈东北史研究中的若干理论问题〉》，《东北史地》2013年第1期；王绵厚：《立足地域文化研究前沿把握东北史研究的若干重大问题》，《东北史地》2013年第1期；李德山：《加强东北史研究中的信息收集和研究方法更新工作》，《东北史地》2013年第2期；姜维公：《东北史理论研究有所破才能有所立》，《东北史地》2013年第2期；苗威：《东亚视角与中国东北史释读》，《东北史地》2013年第2期；苗威：《"血统论"在东亚历史解释中的实践及其困局》，《东北师大学报》2017年第6期。高句丽史具体的微观角度：魏存成：《如何处理和确定高句丽的历史定位》，《吉林大学社会科学学报》2011年第4期；李大龙：《视角、资料与方法——对深化高句丽研究的几点认识》，《东北史地》2014年第4期。

第二,高句丽研究作者梯队建设层次和水准大大提高,但强度不够。作者梯队建设是开展研究的基本前提,也是持续研究的根本保障。40多年来高句丽研究形成了初具规模的作者群,核心作者数量也达到了一定程度。尤其近20年高句丽研究者们从自发性的爱好、热情研究,已经走向了有计划、有目标、成体系的专题研究,并且多数研究者拥有系统专业训练和学位教育背景,整个梯队的层次和水准大大提高,研究能力和发展潜力都比较强。但不得不承认的是,目前的作者群体中大量的学者并未进行持续性研究。而从事持续研究的核心作者群体,年龄结构存在一定的老龄化现象,一些老先生依然活跃在学术前沿,还有一些前辈已经故去。虽然存在一定量的"70后"中坚力量和"80后"学术新秀,但这一比例较少。未来,还应进一步强化人才培养的力度,并通过凝练研究方向整合部分研究者,进一步充实和扩大研究队伍,让学术梯队建设在保证层次和水准的同时,更为科学、有机和可持续。

第三,要更新研究方法,转变研究观念,加强各方合作,增进学术交流。高句丽研究发展到今天,一定程度到达了一个"瓶颈期",这从近几年学术成果发表量的减少可以看出。为了避免研究成果的同质化,要进一步交流合作,优化资源配置,信息共享,尽可能避免单干和重复劳动。具体要在史料的精耕细作、研究观念和视野的调整方面开展工作。一方面,要对史料进行更为细致的梳理分析,开展精耕细作式的研究,尽可能在史料的新发现和新解读方面寻找突破口,多做微观层面的扎实研究。另一方面,也要转变研究观念、拓宽研究视野,放弃一些现代理论和观念的束缚,更不能拘泥于高句丽研究本身,这样会大大限制我们的思路,应当在更为宏观的东亚区域视角下,客观地阐述其政权和族群的源流,进而揭示东亚地区政治格局和族群聚合由传统王朝时代向近现代主权国家阶段演变的历史。让那些已经消失在历史长河中的政权或族群的历史成为密切当代东亚各民族之间关系的纽带,[①] 而非障碍。

第四,高句丽研究的学科体系、学术体系、话语体系都需要进一步强化和完善。首先,高句丽研究是一个区域性历史问题,显然不能像断

[①] 参见李大龙《视角、资料与方法——对深化高句丽研究的几点认识》,《东北史地》2014年第4期。

代史那样被学界重视,其研究力量和影响仅是区域性的。其次,高句丽研究学科面比较窄,学科体系模糊。早在1936年金毓黻先生在完成《东北通史》(初稿)时(1941年出版),①就将高句丽历史纳入了东北史范畴加以探讨,直至今日高句丽研究学科依然属于东北史研究学科领域的一小部分,很多高校和研究机构基本将其笼统地设定为专门史,乃至世界史学科。再次,高句丽研究学术体系不完善。一方面高句丽研究群体和机构较少,能够进行持续性研究的人员不多,学者和机构之间存在一定的壁垒,未能形成自己的学术共同体;另一方面高句丽研究在理论构建和具体研究方面,推陈出新的速度较慢,一定程度出现了一些同质化的研究成果,未来在构建新理论、挖掘新材料、提出新观点方面还需努力。最后,高句丽研究的话语体系还需再强化。高句丽历史研究虽然是区域性历史问题,但是不同时期属于断代史的有机组成部分,历史文献和考古资料对此有一定程度的体现,且不断丰富,基本能够呈现出高句丽发展的面貌,历史资料已经完全彰显出高句丽历史研究的话语特征。我们应该在文献和考古资料基础上,以断代史和东亚宏观视角去分析高句丽这一个体的特点,总结规律。

以上是笔者对1979—2018年40年间高句丽研究情况作的梳理和分析,并提出了一些不成熟的看法。这仅是从一个侧面的分析,多少存在一些不足。必须承认的是,由于数据筛选和统计的复杂性,很多时候是笔者采取人工手段进行的。这就导致本文的个别数据可能与真实情况存在些许差别,但并不影响整体趋势。笔者的目的是想让读者能够清晰地了解40年间高句丽学科的整体情况和发展趋势,同时也希望本文的分析能够为深化学术研究和学科发展提供一些参考。此外,本文只是就高句丽研究这一较窄面的学科分析,使用的数据也都是公开发表,并且在主流数据库可以检索到的文献,所反映的仅仅是高句丽这一较小学科的情况,一些机构和学者从事高句丽研究的同时还有其他方面的研究,这里并不能彰显出来。鉴于笔者的愚钝和有限能力,存在的疏漏之处(尤其文章中涉及的学界同仁和前辈,以及研究机构和期刊的数据统计),还请学界先生们海涵并批评指正。

---

① 朱慈恩:《金毓黻与〈东北通史〉》,《兰州学刊》2008年第11期。

附录二

论严尤的民族观与边疆思想

如何处理与北方草原地区民族政权的关系是历代中原农耕政权面临的重大边疆民族问题。王莽新朝时期的大将军严尤将处理汉匈关系问题，放到了先秦至秦汉处理北部边疆民族问题的大背景下分析，提出了较为系统的认识，可称为"严尤之论"，对后世影响甚大。当前学界关于严尤的研究鲜有专门的著述，仅是在相关研究中有所涉及，[①] 而有关严尤民族观和边疆思想的专门探讨更是付诸阙如，只是在探讨两汉大一统时期民族关系史时有所涉及。[②] 本文尝试把严尤之论作为中国古代处理边疆民族关系代表性思想之一，将其放在古代边疆（尤其是北部边疆）治理的大背景下，总结其思想内涵，探讨后世对其思想的分析与实践，进而就新朝边疆局势和历代处理边疆民族关系方面，提出对严尤之论的评价和认识。不足之处，请方家批评指正。

一 严尤的民族观与边疆思想的提出

自西汉建立以来，处理边疆民族关系在不同阶段采取了不同的措施。汉匈关系是西汉边疆民族关系的核心问题，前期以和亲为主，汉武帝则

[①] 这些研究主要是关于高句丽侯驺被杀和昆阳之战中涉及严尤的讨论。参见陈有忠、邵泉《试论新汉昆阳之战》，《郑州大学学报》（哲学社会科学版）1981 年第 3 期；朴灿奎《王莽朝高句丽记事的诸史料辨析——王莽朝高句丽记事与高句丽侯驺考（上）》，《延边大学学报》（社会科学版）2000 年第 3 期；李大龙《关于高句丽侯驺的几个问题》，《学习与探索》2003 年第 5 期；耿铁华《王莽征高句丽兵伐胡史料与高句丽王系问题——兼评〈朱蒙之死新探〉》，《北方文物》2005 年第 2 期；刘炬、季天水《"高句丽侯驺"考辨》，《社会科学战线》2007 年第 4 期；等等。

[②] 参见崔明德《两汉民族关系思想史》，人民出版社 2007 年版，第 226—230 页。

展开征讨,汉宣帝时实现了对匈奴的臣服,采取羁縻统治,到了西汉末期边疆治理能力逐步弱化,叛乱不断。在当时,对于如何处理与匈奴之间的关系,引发了社会不同阶层的思考。史料明确记载汉武帝"自是始征伐四夷,师出三十余年,天下户口减半"①。汉武帝晚年时曾下诏"深陈既往之悔"。②汉昭帝时期,始元六年(前81),大司马大将军霍光令丞相车千秋、御史大夫桑弘羊"诏郡国举贤良文学士,问以民所疾苦,于是盐铁之议起焉"。③根据桓宽《盐铁论》的整理,可知其中"忧边""备胡""击之""结合""诛秦""伐功""西域""和亲"等众多内容涉及民族关系处理和边疆政策,大夫和贤良之间争论的核心是继续边疆征战还是与民休息。④西汉末年王莽代汉建新,试图扭转西汉后期内忧外患的局面,推行新政,对内进行了土地改革、币制改革、商业改革和官名县名改革等一系列改制,对外则对周边民族政权采取了一系列的压制措施。王莽强调"天无二日,土无二王,百王不易之道也",⑤遣五威将军对边疆四夷进行改王为侯,引发了北部匈奴叛乱、西域诸国反叛,以及东北与西南夷皆乱的后果。正是在王莽边疆经略的过程中,严尤系统阐述了处理边疆民族关系的建议,针对匈奴提出"无上策"和"五难",针对高句丽提出"慰安貉人",严尤的建议并未得到王莽采纳,在数谏不从的情况下,进一步撰写了《言边事》。

(一)"无上策"与"五难"

由于王莽改王为侯等因素导致了匈奴的叛乱,王莽欲向匈奴立威,封了十二部将帅,发动各郡县封国的勇士和武库精良兵器,向边疆地区转移,计划屯兵达到三十万规模,携带满足三百天粮草。然后分十道向匈奴发起进攻,并划分匈奴的地盘,立呼韩邪的十五个儿子为单于。在这一背景下,严尤总结了历史上征讨匈奴的重要战事,并结合新朝出击匈奴利弊分析,提出"无上策"和"五难"思想,暗指王莽朝出击匈奴意义不大,会面临重重困难。

---

① 《汉书》卷27中之下《五行志》。
② 《汉书》卷96下《西域传》。
③ 《汉书》卷66《车千秋传》。
④ 参见(东汉)桓宽《盐铁论》,陈桐生译注,中华书局2015年版。
⑤ 《汉书》卷99中《王莽传》。

附录二 论严尤的民族观与边疆思想

史载：

> 莽将严尤谏曰："臣闻匈奴为害，所从来久矣，未闻上世有必征之者也。后世三家周、秦、汉征之，然皆未有得上策者也。周得中策，汉得下策，秦无策焉。当周宣王时，猃狁内侵，至于泾阳，命将征之，尽境而还。其视戎狄之侵，譬犹蚊虻之螫，驱之而已。故天下称明，是为中策。汉武帝选将练兵，约赍轻粮，深入远戍，虽有克获之功，胡辄报之，兵连祸结三十余年，中国罢耗，匈奴亦创艾，而天下称武，是为下策。秦始皇不忍小耻而轻民力，筑长城之固，延袤万里，转输之行，起于负海，疆境既完，中国内竭，以丧社稷，是为无策。今天下遭阳九之厄，比年饥馑，西北边尤甚。发三十万众，具三百日粮，东援海代，南取江淮，然后乃备。计其道里，一年尚未集合，兵先至者聚居暴露，师老械弊，势不可用，此一难也。边既空虚，不能奉军粮，内调郡国，不相及属，此二难也。计一人三百日食，用粮十八斛，非牛力不能胜；牛又当自赍食，加二十斛，重矣。胡地沙卤，多乏水草，以往事揆之，军出未满百日，牛必物故且尽，余粮尚多，人不能负，此三难也。胡地秋冬甚寒，春夏甚风，多赍鬴镬薪炭，重不可胜，食粮饮水，以历四时，师有疾疫之忧，是故前世伐胡，不过百日，非不欲久，势力不能，此四难也。辎重自随，则轻锐者少，不得疾行，虏徐遁逃，势不能及，幸而逢虏，又累辎重，如遇险阻，衔尾相随，虏要遮前后，危殆不测，此五难也。大用民力，功不可必立，臣伏忧之。今既发兵，宜纵先至者，令臣尤等深入霆击，且以创艾胡虏。"莽不听尤言，转兵谷如故，天下骚动。①

从史料可知，严尤列举了后世三家周、秦、汉处理与匈奴的关系"皆未有得上策者"，故称"无上策"。严尤向王莽分析了之前历朝处理对匈关系的代表性事件，指出西周宣王时期，面对猃狁内侵，周宣王命将领士兵进行征讨，打到了边境，便收兵返回。周宣王的猃狁征讨被天下

---

① 《汉书》卷94下《匈奴传》。

人称为是明智的，之所以被称为明智，严尤解释原因是当时周宣王只是将猃允的内侵看作是蚊虫叮咬，将其驱赶走即可，评价周宣王对猃允入侵的征讨，只能算作中策。汉武帝深入匈奴内部，将其远驱，获得巨大胜利，但匈奴总是进行报复，三十多年兵连祸接，虽然对匈奴造成重创，但汉朝国力也随之耗尽，天下人只是称之为勇武而已，只能算作下策。秦始皇为了防备匈奴，征用百姓，修建万里长城，长城建完了，秦朝不但人力物力消耗殆尽，而且也因此丢掉了社稷江山，属于无策。

"五难"是严尤根据当时王莽征讨匈奴的计划，结合粮草、行军和匈奴的环境做出的分析。一难指的是，由于王莽要集结三十万大军于边境，带足三百天粮草，然后向匈奴发起进攻，严尤认为由于中原灾害，粮草要从海岱和江淮地区征缴，征缴完备再转移到边疆，一年时间都无法完成，而先转移的士兵集聚在边疆自然会暴露，时间长了军队疲惫，武器损坏，就失去了战斗力无法起到作用。二难指的是，由于匈奴反叛和对边境地区的进攻，此时边境已十分空虚，边境地区显然无法给士兵提供粮草，内调郡国无法满足。三难指的是，三十万大军三百天的粮草是巨额的数字，要用牛车运往边境，但牛也需要草料，这样总的粮草还要增加，匈奴所在之地多为沙地，缺乏水草，不足百天运送粮草的牛都会死掉，剩余的多数粮草，士兵是无法负担的。四难指的是，由于匈奴所在地区气候恶劣，秋冬寒冷、春夏大风，需携带大锅木炭设备煮食取暖才能应付，更进一步增加了行军的负担，如果士兵只吃干粮喝白水度过春夏秋冬的话，肯定会有染上疾病或瘟疫的危险。五难指的是，粮草辎重和军队一起行军，必然导致减少精锐部队数量，速度会很慢，这样匈奴很快就会逃走，我军很难追击，即便有机会与匈奴狭路相逢，又受到粮草辎重的拖累，如果匈奴遮前后从中间进攻，就很危险。严尤在五难分析后，提出出击匈奴"宜纵先至"建议，并自荐带兵"深入霆击"。

通过梳理可知，严尤对历史上对匈战争有着较为清晰的认识，并做出相对客观的判断。无论是对周宣王视猃允的侵扰为蚊虫叮咬，应驱赶，还是认为汉武帝征伐匈奴造成两败俱伤，以及秦始皇"不忍小耻"而劳民伤财修筑长城，都表现出严尤对历代对匈战争的清晰认识和客观判断。从五难论中无论是对粮草征集调运的分析，还是对匈奴环境的探讨，更是彰显了严尤对整个战争局势的把握能力。而"深入霆击，且以创艾胡虏"则表明严尤对匈奴作战策略的自我认识。

（二）"慰安貉人"

"慰安貉人"思想是严尤处理对匈奴战争关系讨论中的重要组成部分，该思想的提出，彰显了严尤对边疆民族内部关系的了解和整个北部边疆局势的宏观把握。貉人属于古代东北地区的重要族群。王莽分十二部将帅伐匈奴时专门有二将"诛貉将军阳俊、讨秽将军严尤出渔阳"①，二将军一并出渔阳表明貉与秽应都位于东北区域。严尤慰安貉人思想的提出，是伴随着王莽征伐匈奴向边境屯兵过程中形成的。貉人高句丽作为当时中原王朝的藩属，接受中原王朝的直接管理，《三国志》记载："汉时赐鼓吹技人，常从玄菟郡受朝服衣帻，高句丽令主其名籍。"② 这一定程度表明高句丽并非一般的藩属，其首领着汉朝服，其百姓被编入汉朝户籍成为编户齐民。始建国元年（9）秋王莽改王为侯的过程中，明确记载了"其东出者，至玄菟、乐浪、高句骊、夫余"③，表明高句丽依然属于新朝的行政管辖范围，并且高句丽也没有表示出不满。那么作为属民的高句丽自然也要承担来自朝廷的义务。

史载：

先是，莽发高句骊兵，当伐胡，不欲行，郡强迫之，皆亡出塞，因犯法为寇。辽西大尹田谭追击之，为所杀。州郡归咎于高句骊侯驺。严尤奏言："貉人犯法，不从驺起，正有它心，宜令州郡且慰安之。今猥被以大罪，恐其遂畔，夫余之属必有和者。匈奴未克，夫余、秽貉复起，此大忧也。"莽不慰安，秽貉遂反，诏尤击之。尤诱高句骊侯驺至而斩焉，传首长安。莽大说，下书曰："乃者，命遣猛将，共行天罚，诛灭虏知，分为十二部，或断其右臂，或斩其左腋，或溃其胸腹，或紬其两胁。今年刑在东方，诛貉之部先纵焉。捕斩虏驺，平定东域，虏知殄灭，在于漏刻。此乃天地群神社稷宗庙佑助之福，公卿大夫士民同心将率虎虎之力也。予甚嘉之。其更名高

---

① 《汉书》卷99中《王莽传》。
② 《三国志》卷30《高句丽传》。
③ 《汉书》卷99中《王莽传》。

句骊为下句骊，布告天下，令咸知焉。"于是貉人愈犯边，东北与西南夷皆乱云。①

这条史料显示，王莽下令藩属高句丽出兵征伐匈奴，高句丽却不情愿，在州郡的压力下虽出兵，但尚未与匈奴交战之前，便逃亡出塞沦为盗贼。这种情况为王莽所不容，于是命辽西郡大尹田谭追击这些逃亡为寇的高句丽兵，在追击过程中田谭被杀害，当时州郡将这一局面怪罪于高句丽侯驺。在这一背景下，严尤提出"慰安貉人"思想，指出貉人（即高句丽人）不服从管理，并不是从驺开始的，而是有其他的缘故，当前应该让州郡对高句丽进行安抚。一旦对他们加以重罪，恐怕他们会因此叛乱，而那些归属于夫余者，必然会有响应。匈奴尚未平定，而夫余、秽貉又起兵，这是大患。严尤的建议无疑是中肯的，但王莽并未采纳，结果导致东北的秽貉出现了反叛。王莽下令严尤反击，严尤只得执行命令，诱杀了高句丽侯驺，导致东北出现了更乱的局面。"慰安貉人"思想的提出，并非想当然，跟严尤本人有着密切关系。因为在王莽征匈奴的十二路将军中，严尤作为讨秽将军与诛貉将军阳俊一并出渔阳，说明严尤肯定是对东北的秽貊有一定的了解，通过"夫余之属必有和者。匈奴未克，夫余、秽貉复起"的判断清晰表明严尤对当时东北诸族之间的亲疏关系比较清楚。更能说明问题的是，在王莽没有慰安貉人，貉人反叛的情况下，严尤还能实现诱高句丽侯驺至，将其杀害。虽然是诱杀，但也表明高句丽侯驺依然听从严尤的命令。

严尤的一系列建议未得到王莽的采纳，甚至因谏言被贬官、边缘化。在数谏不从的情况下，严尤"著古名将乐毅、白起不用之意及言边事凡三篇，奏以风谏莽"②。《言边事》是严尤撰写的重要谏书，讽谏王莽的四夷征伐行径，尽管今已不存，但从撰写的背景和时间看，《言边事》应该是严尤对当时新莽政权边疆问题的综合讨论，也是其民族观和边疆思想的系统总结。

---

① 《汉书》卷99中《王莽传》。
② 《汉书》卷99下《王莽传》。

二　后世对严尤的民族观与边疆思想的分析与实践

严尤的民族观与边疆思想尽管未得到王莽的采纳，但在中国古代民族观和边疆治理思想中却颇为有名，主要原因在于严尤之论不仅"承上"，对新朝之前的汉匈关系作了总结，更重要是"启下"，对后世如何处理与边疆民族之间的关系产生了极为深远的影响。历代每当与边疆民族之间矛盾凸显时，多借严尤之论展开讨论，一些史家也多结合研究之论，对历史上的边疆民族关系处理展开评价。根据史书记载，班固在《汉书·匈奴列传》结尾"赞曰"、《后汉书·鲜卑传》蔡邕驳夏育伐鲜卑的言论、《宋书·何承天传》面对北魏南下的安边四条建议、崔浩关于北魏是否出兵柔然的辩论、《周书·异域下》结尾"史臣曰"的质疑、唐太宗"得上策"的自豪、刘蕡写给唐文宗《对贤良方正直言极谏策》中的直言、《新唐书·突厥传》开篇引唐人刘贶的论述、《续资治通鉴长编》中的北宋臣子钱若水备边之策、《读通鉴论》王夫之所论"偷安一时"等等，均是以"严尤之论"来探讨如何处理边疆民族关系的代表之作。这些讨论可以总结为后世对严尤民族观与边疆思想的分析与实践，主要体现在三大方面：其一是历朝的臣子关于严尤之论的分析与讨论，其二是历代史家关于严尤之论的评议，其三是部分统治者对严尤之论的突破尝试。

（一）历朝臣子关于严尤之论的分析与讨论

2世纪中后期，鲜卑在北部草原壮大，且南下对东汉造成威胁。东汉灵帝以来，鲜卑连年对幽、并、凉三州缘边诸郡侵扰寇边。熹平三年（174）鲜卑再次入北地，当时北地太守夏育率休屠各抵御了鲜卑进攻。熹平五年（176）、六年（177）鲜卑又相继寇幽州、寇三边。面对鲜卑的不断侵扰，熹平六年（177）秋，已是护乌桓校的尉夏育上书汉灵帝，指出："鲜卑寇边，自春以来，三十余发，请征幽州诸郡兵出塞击之，一冬二春，必能禽灭。"朝廷当时未许。"先是护羌校尉田晏坐事论刑被原，欲立功自效，乃请中常侍王甫求得为将，甫因此议遣兵与育并力讨贼。帝乃拜晏为破鲜卑中郎将。大臣多有不同，乃召百官议朝堂。"在百官廷议时议郎蔡邕援引严尤之论，表达了不宜对鲜卑出兵的看法。首先，蔡邕对先秦至秦汉以来边疆战争作了说明，尤其对汉武帝四夷边疆经略付出的重大代价作了分析评价，指出"夫以世宗神武，将相良猛，财赋充实，所拓广远，犹有悔焉"。进而针对汉灵帝当时情况分析指出"况今人财并乏，事劣昔时乎"，强调人力物力都不及汉武帝时期，没有出兵鲜卑的能力和胜算。其次，蔡邕对鲜卑的情况作了说明，指出鲜卑兵力、财力、战略能力各方面都很强大，甚至超过之前的匈奴，若征伐鲜卑将会耗竭诸夏。强调汉朝的矛盾在于内部而非边陲，内部郡县盗贼问题都无法解决，更难实现对边疆的征服。最后，蔡邕列举了淮南王安谏伐越、汉元帝罢珠崖郡来说明出兵鲜卑没有任何意义，强调："夫恤民救急，虽成郡列县，尚犹弃之，况障塞之外，未尝为民居者乎！"进而指出："守边之术，李牧善其略，保塞之论，严尤申其要，遗业犹在，文章具存，循二子之策，守先帝之规，臣曰可矣。"① 蔡邕先是对历史上对匈关系处理进行总结，再结合东汉和鲜卑各自局势进行分析，并进一步列举反面案例，提出不宜出兵鲜卑，分析思路与严尤相同，不但认同严尤处理边疆问题看法是"申其要"，而且关于郡县盗贼的讨论，与严尤所言"言匈奴可且以为后，先忧山东盗贼"② 也是相通的。

  南北朝时期，北魏与南朝刘宋并立，当时北部草原还有强大的柔然。在这一情况下，刘宋和北魏在处理边疆问题时，尽管二者均提及严尤之论，但认识却截然相反。刘宋北部边界在今山东、河南、陕西一带与北魏接壤。当时，北魏侵扰边境，刘宋太祖刘义隆向群臣征求威慑戎敌抵御入侵的策略，御史中丞何承天上表，亦系统分析了历朝处理汉匈关系的利弊，尤其对刘宋的北部边疆局势作了分析，"寇虽习战未久，又全据燕、赵，跨带秦、魏，山河之险，终古如一。……今遗黎习乱，志在偷安，非皆耻为左衽，远慕冠冕，徒以残害剥辱，视息无寄，故缱负归国，先后相寻。虏既不能校胜循理，攻城略地，而轻兵掩袭，急在驱残，是其所以速怨召祸，灭亡之日。今若遣军追讨，报其侵暴，大翦幽、冀，屠城破邑，则圣朝爱育黎元，方济之以道。若但欲抚其归附，伐罪吊民，则骏马奔走，不肯来征，徒兴巨费，无损于彼。复奇兵深入，杀敌破军，苟陵患未尽，则困兽思斗，报复之役，将遂无已。"在这一背景下，何承

---

① 本段关于夏育、蔡邕的言论皆引自《后汉书》卷90《鲜卑传》。
② 《汉书》卷99下《王莽传》。

天提出"安边固守,于计为长。臣以安边之计,备在史策,李牧言其端,严尤申其要,大略举矣。"指出历史上关于安边策略的阐述已经很清楚了,李牧道出了缘由,严尤则申明了要害。在李牧、严尤边疆思想的基础上,何承天将刘宋处理北疆问题的策略归纳为四点:"一曰移远就近,二曰浚复城隍,三曰纂偶车牛,四曰计丁课仗。"① 主要是建议将北部各州人口向刘宋疆域内部迁徙,修复城防增强防御的能力,并扩充武备、统计士兵数量。可以看出,何承天虽然建议处理边疆问题要从长计议,但主要强调的还是固守,属于传统的"夷夏之防"观念。

北魏太武帝拓跋焘时期,为摆脱柔然与刘宋腹背受敌的威胁,决意集中力量打击北部柔然。当时公卿大臣们担心刘宋军乘机北进,竭力劝阻,只有太常卿崔浩极力赞成。先是主张不出兵的太史令张渊、徐辩从天文历法的角度指出:"今兹己巳,三阴之岁,岁星袭月,太白在西方,不可举兵。北伐必败,虽克,不利于上。"当时群臣支持称赞说:"渊等少时尝谏苻坚南伐,坚不从而败,所言无不中,不可违也。"魏太武帝难以做出决定,于是诏崔浩与张渊等人展开辩论。崔浩指出:"阳为德,阴为刑;故日食修德,月食修刑。夫王者用刑,小则肆诸市朝,大则陈诸原野;今出兵以讨有罪,乃所以修刑也。臣窃观天文,比年以来,月行掩昴,至今犹然。其占,三年天子大破旄头之国。蠕蠕、高车,旄头之众也。愿陛下勿疑。"崔浩以其人之道,亦从天文历法的角度,指出应当出兵柔然,劝谏皇帝不要犹豫怀疑。张渊、徐辩再辩论指出:"蠕蠕,荒外无用之物,得其地不可耕而食,得其民不可臣而使,轻疾无常,难得而制;有何汲汲,而劳士马以伐之?"崔浩则强调:"渊、辩言天道,犹是其职,至于人事形势,尤非其所知。此乃汉世常谈,(胡注:自韩安国、主父偃至于严尤,其论皆如此。)施之于今,殊不合事宜。何则?蠕蠕本国家北边之臣,中间叛去。今诛其元恶,收其良民,令复旧役,非无用也。世人皆谓渊、辩通解数术,明决成败,臣请试问之:属者统万未亡之前,有无败征?若其不知,是无术也;知而不言,是不忠也。"② 崔浩强调严尤之论放在北魏当时,已经不合时宜。面对崔浩的辩论和质

---

① 本段关于何承天的言论皆引自《宋书》卷64《何承天传》。
② 本段关于崔浩与张渊、徐辩的辩论皆引自《资治通鉴》卷121文帝元嘉六年夏四月条。

问，张渊、徐辩惭不能对，魏太武帝拓跋焘极为高兴，决定出兵柔然，并给柔然以重创。

唐文宗大和二年（828），策试贤良，当时参与对策者有百余人，大多对策集中在日常事务，唯有刘蕡秉笔直书，"切论黄门太横，将危宗社"，撰写策书《对贤良方正直言极谏策》，其中提及严尤之论，指出："严尤所陈，无最上之策。元凯之所先，不若唐、虞之考绩；叔子之所务，不若重华之舞干。且俱非大德之中庸，未为上圣之龟鉴，何足以为陛下道之哉！"①亦强调严尤之论已不合时宜，不能"龟鉴"。北宋真宗咸平三年（1000）："上以手诏访知开封府钱若水备御边寇、翦灭蕃戎之策，若水上言曰：……夫备边之要有五，一曰择郡守，二曰募乡兵，三曰积刍粟，四曰革将帅，五曰明赏罚。……自五代以来，为将北征者，大则跋扈，小则丧师，皆布于旧史，陛下之所知，不可不慎之，不可不戒之。臣尝见严尤论自古御戎无得上策，臣窃笑之，以为王者守在四夷，常获静胜，此上策也。曷谓无哉？"②这里钱若水针对边疆问题的处理，依然是一种消极的防守思想，但对严尤的无上策提出商榷，认为守在四夷、常获静胜，即为上策。《类说》载："古人谓御戎无上策，未为正论，臣以忠信结之，为上策；择将守边，为次策；以兵攻之，为中策；以女妻之，为下策；玉帛结之，为无策；帝喜其奏，诏授中丞，俄而拜相敩谐辅理天子。"③该记载是针对严尤无上策思想进行商榷和辩论，提出自己的上、次、中、下、无策之论，用以表达治边主张。《万历疏钞》载："臣又闻之御戎无上策，狂战祸也，和亲辱也，赂遗耻也，今日贡则非和亲矣，曰市则非赂遗矣，既贡而市则无征战矣，夫虞周之世，诗书所称来，格咸宾之盛，臣不知其何，如诚使秦汉，而下得此机会而处之，则汉室何至于和亲，宋人何至于赂遗，武帝太宗何至劳师万里之外卫，霍之将何所立其勋名，而宋臣又何由争献纳哉，臣职任封疆，身承委托仰藉陛下神武，得效驱驰竭，其心力制伏强虏，保全边氓上纾宵旰之忧，

---

① 《旧唐书》卷190下《刘蕡传》。
② 《续资治通鉴长编》卷64真宗咸平三年三月春。
③ （宋）曾慥编：《类说》卷46《青琐高议》，清文渊阁四库全书本。

下息战争之祸，臣亦得免斧钺之诛，实云幸矣。"① 此则史料探讨的是通过与边疆民族开展"贡市"贸易行为可以改变以往针对边疆无上策的局面。

（二）历代史家关于严尤之论的评议

班固在《汉书·匈奴传》结尾的"赞曰"对历史上关于对匈关系的认知进行总结指出："人持所见，各有同异，然总其要，归两科而已。缙绅之儒则守和亲，介胄之士则言征伐，皆偏见一时之利害，而未究匈奴之终始也。"这里班固强调"缙绅之儒"和"介胄之士"在探讨处理汉匈关系时只是持一时利害的偏见，没有真正考虑匈奴的具体情况。进而班固在对董仲舒"故与之厚利以没其意，与盟于天以坚其约，质其爱子以累其心，匈奴虽欲展转，奈失重利何，奈欺上天何，奈杀爱子何"消极、短见认识批评之后，提出"夫规事建议，不图万世之固，而媮恃一时之事者，未可以经远也"。进一步强调指出处理汉匈关系，要从长远的眼光出发，不能基于一时的局势作判断，否则是不能长久的。在这一背景下，班固对严尤之论作出正面评价指出"若乃征伐之功，秦汉行事，严尤论之当矣"。显然，班固认为从武力征讨匈奴的角度看，严尤并非站在王莽朝一时角度去看问题，而是对先秦、秦汉以来的对匈战争总结之后，而提出自己对征讨匈奴的认识。班固在后文中进一步提出处理对匈关系的办法："是故圣王禽兽畜之，不与约誓，不就攻伐；约之则费赂而见欺，攻之则劳师而招寇。其地不可耕而食也，其民不可臣而畜也，是以外而不内，疏而不戚，政教不及其人，正朔不加其国；来则惩而御之，去则备而守之。其慕义而贡献，则接之以礼让，羁縻不绝，使曲在彼，盖圣王制御蛮夷之常道也。"可以看出班固的论述，是在严尤之论基础上就"夷夏之防"进行了更深度探讨，对匈奴极度蔑视和排斥，并强调匈奴人口和土地没有任何价值，征讨更无意义。

《周书·异域下》的结尾有"史臣曰"，相关评价则与班固完全不同。史臣质疑指出："四夷之为中国患也久矣，而北狄尤甚焉。昔严尤、班固咸以周及秦汉未有得其上策，虽通贤之宏议，而史臣尝以为疑。"关于这里的质疑，在该书下文中史臣给出了明确的解释："夫步骤之来，绵自今

---

① （明）吴亮辑：《万历疏钞》卷38《边防类》，明万历三十七年刻本。

古；浇淳之变，无隔华戎。是以反道德，弃仁义，凌替之风岁广；至泾阳，入北地，充斥之衅日深。爰自金行，逮乎水运，戎夏杂错，风俗混并。夷裔之情伪，中国毕知之矣；中国之得失，夷裔备闻之矣。若乃不与约誓，不就攻伐，来而御之，去而守之；夫然则敌有余力，我无宁岁，将士疲于奔命，疆场苦其交侵。欲使偃伯灵台，欧世仁寿，其可得乎。是知秩宗之雅旨，护军之诚说，寔有会于当时，而未允于后代也。"① 可以看出，史臣强调的是戎夏之间已经交错一起，风俗文化也不断混并，二者之间的融合是无法阻隔的，过去那种"来而御之，去而守之"的方法在当时可行，后世就不合时宜了。

　　《新唐书·突厥传》开篇，面对突厥、吐蕃、回鹘、云南的边疆问题如何处理时，刘昫对历史进行总结，提出"严尤辩而未详，班固详而未尽，权其至当，周得上策，秦得其中，汉无策"。指出："秦无策，谓攘狄而亡国也。秦亡，非攘狄也。汉得下策，谓伐胡而人病。人既病矣，又役人而奉之，无策也。故曰严尤辩而未详也。"② 强调周"惠此中夏，以绥四方"得上策；秦筑长城"不旬朔而获久逸"，得中策；汉未做到"富利归于我，危亡移于彼，无纳女之辱，无传送之劳"，故无策。

　　清代王夫之在《读通鉴论·王莽》中更是直接对严尤之论提出批评，指出："严尤之谏伐匈奴，为王莽谋之则得尔，而后世亟称之为定论，非也。莽之召乱，自伐匈奴始，欺天罔人，而疲敝中国，祸必于此而发。尤不敢言莽不可伐匈奴，而言匈奴不可伐，避莽之忌而讳之，岂果如蚊虻之幸不至前，无事求诸水草之薮以扑之哉。……兵者，毒天下者也，圣王所不忍用也。自非鳞介爪牙与我殊类，而干我藩垣，绝我人极，不容已于用也，则天下可以无兵。故莽之聚兵转饷以困匈奴，为久远计者，未尝非策。而严尤之欲深入霆击也，亦转计之谬焉者。莽非其人，莽之世非其时，故用莽之术而召天下之乱。自非莽也，尤之策，与赵普之弃燕、云也，均偷安一时，而祸在奕世矣。"③ 王夫之不认为严尤谏伐匈奴为定论，指出王莽向边境地区调兵围困征伐匈奴，是长远大计，王莽四

---

① 本文段史臣曰的内容皆引自《周书》卷50《异域下》。
② 《新唐书》卷140《突厥上》。
③ （清）王夫之：《读通鉴论》卷5《王莽》，清船山遗书本。

夷征伐导致天下大乱，错误不在王莽，只是时局不对而已。严尤的匈奴策略，类似于北宋赵普劝谏宋太祖放弃燕云十六州一样，并不是好的建议。王夫之进一步用"偷安一时、祸在奕世"对严尤之论提出批评。

（三）统治者对严尤之论的突破尝试

统治者为实现政治抱负，国家一统，一直在实践层面尝试突破严尤之论。从上引文献可知，东汉灵帝时，议郎蔡邕辩论不宜出兵鲜卑，蔡邕当时的建议，涉及对于东汉灵帝内部局势的分析，鲜卑力量的强大，强调人力物力方面都不具备优势，没有出兵鲜卑的能力和胜算。蔡邕的建议对于东汉局势而言还是比较中肯的，但灵帝并未采纳。史书记载："帝不从，遂遣夏育出高柳，田晏出云中，匈奴中郎将臧旻率南单于出雁门，各将万骑，三道出塞二千余里。檀石槐命三部大人各帅众逆战，育等大败，丧其节传辎重，各将数十骑奔还，死者十七八。"① 尽管汉灵帝出兵鲜卑失败，但这是在严尤无上策之论后的一次重要的突破实践。北魏太武帝时期，对于是否出兵柔然，当时群臣皆反对，仅有太常卿崔浩极力辩论赞成出兵，崔浩的辩论和质问有理有据，使得反对者张渊等惭不能对。对于崔浩的支持和辩论的成功，魏主太武帝极为高兴，这充分表达了魏主对于征服柔然的渴望，尤其崔浩辩论时特别强调了，严尤之论，施之于今，已经不合时宜，柔然本来就是国家北边之臣，同时还提及北魏不久前对匈奴大夏国统万城的成功攻破，这些言论自然会激发起统治者强烈的征服欲望，最终魏主决定出兵柔然，并重创柔然，这也反映了魏主在实践层面对严尤之论的突破。对于突破严尤之论表现最突出和最成功的当属唐太宗，《资治通鉴》贞观三年（629）十二月戊辰载："突利可汗入朝，上谓侍臣曰：'往者太上皇以百姓之故，称臣于突厥，朕常痛心。今单于稽颡，庶几可雪前耻。'壬午，靺鞨遣使入贡，上曰：'靺鞨远来，盖突厥已服之故也。昔人谓御戎无上策，朕今治安中国，而四夷自服，岂非上策乎！'"这条史料记载了唐太宗征服突厥，使其入朝称臣，同时东北边疆的靺鞨因突厥臣服，也向朝廷朝贡称臣的情况。太宗极为高兴，认为自己打破了古人（严尤）所谓的御戎无上策，实现了"治安中国，四夷自服"的局面，取得了上策，将突破严尤之论作为一种

---

① 《后汉书》卷90《鲜卑传》。

荣耀。

通过对后世关于严尤的民族观与边疆思想的分析与实践梳理总结后，可以发现臣子和史家对严尤之论的认识存在一个嬗变的过程，东汉至南北朝时期史家和谋士大都认可并推崇严尤的民族观与边疆思想，均结合汉匈关系历史背景以及当朝的具体情况，展开分析提出看法，进而援引严尤之论加以说明。南北朝之后，史家和谋士对严尤之论的评判发生了嬗变，开始质疑，并展开批判，既有对严尤民族观与边疆思想的整体质疑和批判，也有对具体无上策评判标准的商榷。在实践层面可以说统治者基本不认可严尤的无上策论，一直尝试突破，并在唐太宗时期一定程度上取得了成功。

三 关于严尤民族观与边疆思想的认识

通过上文对严尤民族观与边疆思想提出背景、主要内容的梳理，以及后世对严尤之论分析与实践的探讨，可以发现，严尤之论提出背景极为特殊，鉴于严尤对边疆局势和新朝内部情况的了解，故其建议有客观的一面。后世关于严尤之论的分析与实践随着时代背景发生深刻变化，表现出前期的认可和后期的质疑，而这一过程也基本勾画着历代王朝处理边疆民族关系的脉络。可以说，严尤之论影响了东汉以来整个中国北疆民族关系的处理。对于严尤民族观与边疆思想的认识，要基于当时的时空环境对其利弊进行客观评价；更要结合严尤之论所引发的如何处理边疆民族关系的讨论进行系统分析。

（一）对严尤民族观与边疆思想本身的认识

一方面，从新朝政权稳定的角度来看严尤的民族观与边疆思想是合乎时宜的。严尤之论虽然均未被王莽采纳，并不代表其思想没有价值。严尤作为一个军事家，官居大司马，提出的处理边疆问题的建议主要是从战争和军事战略角度展开。在严尤之论中无论是针对匈奴的"无上策"和"五难"，还是针对高句丽的"慰安貊人"，这些认识都是严尤对相关对象进行深入分析之后，并结合新朝内外局势，北疆和东北边疆局势而提出的针对性建议，具有客观性。后世在记载严尤之论时，一定程度给出了评价。上引文献中班固认为"严尤论之当矣"，东汉议郎蔡邕也称赞"保塞之论，严尤申其要"，这些评价已经表明，严尤之论的客观性和价值意义。

除了史料中的直接评价外,通过对相关历史背景的梳理和分析,亦能反观严尤之论的价值所在,及其对当时新朝稳定和发展的意义。在西汉末期,社会矛盾凸显,土地兼并严重,奴婢、流民的数量恶性膨胀,统治阶层奢侈挥霍,赋税劳役日益严重,汉哀帝时曾下诏:"制节谨度以防奢淫,为政所先,百王不易之道也。诸侯王、列侯、公主、吏二千石及豪富民多畜奴婢,田宅亡限,与民争利,百姓失职,重困不足其议限列"①,去限制王公贵族对土地的兼并和百姓盘剥。到汉平帝时更是天灾不断,频繁出现大旱、地震和蝗灾等灾害,平帝元始二年(2)秋,就有"蝗,遍天下"②的记载。有学者统计指出汉平帝在位时自然灾害发生频率排在西汉第一位。③葛承雍对西汉末社会情况总结指出:西汉末年的社会结构有了令人刮目的变化。国家的各种力量不断削弱,社会分裂趋势形成,动乱正被积累起来的各种离心力量所推动,不以人的意志为转移,西汉社会躯体病入膏肓,沉绮难挽。④在这种局面下王莽代汉建新,推行改制,力求缓和西汉末年日益加剧的社会矛盾。新朝建立初期,摆在王莽面前的主要矛盾显然应该是处理西汉末期严重的社会问题,而对非四夷用兵。虽然,在西汉后期存在边疆控制失衡的问题,但汉末王莽通过重金收买的方式获得了一定的边疆稳定局面,尤其是匈奴方面处于"边城晏闭,牛马布野,三世无犬吠之警,黎庶亡干戈之役"⑤的状况。对于新朝而言,主要矛盾在内部,而非边疆。

另外,从王莽的边疆策略来看,当时新朝的实力的确无法支撑其如此庞大的军事行为。史载:"莽新即位,怙府库之富欲立威,乃拜十二部将率,发郡国勇士,武库精兵,各有所屯守,转委输于边。议满三十万众,赍三百日粮,同时十道并出,穷追匈奴,内之于丁令,因分其地,

---

① 《汉书》卷11《哀帝传》。
② 《汉书》卷27中之下《五行志》。
③ 参见王文涛《秦汉社会保障研究——以灾害救助为中心的考察》,中华书局2007年版,第42页。
④ 参见葛承雍《西汉末年社会大动乱试论》,《西北大学学报》(哲学社会科学版)1983年第4期。
⑤ 《汉书》卷94下《匈奴传》。

立呼韩邪十五子。"① 这是王莽针对匈奴的一个庞大计划，先武力征讨，再内部肢解。问题是自新朝建立就开始向边疆地区屯兵，持续数年，但迟迟没有向匈奴出兵。直到后来北部边境地区出现"边民死亡系获，又十二部兵久屯而不出，吏士罢弊，数年之间，北边空虚，野有暴骨矣"②的情况。当时谏大夫如普巡视边境军队，向王莽报告说："军士久屯塞苦，边郡无以相赡。今单于新和，宜因是罢兵。"王莽采纳了如普建议，"征还诸将在边者。免陈钦等十八人，又罢四关填都尉诸屯兵"。后来"单于知侍子登前诛死，发兵寇边，莽复发军屯"。③ 从这些记载可知王莽的边疆屯兵，尤其是久屯不攻策略显然已经失败。在这一过程中，新朝为了维持边疆地区部队的物资需要，对内部进行了大肆的掠夺，使得"富者不得自保，贫者无以自存，起为盗贼……天下户口减半矣"。李大龙研究指出，王莽时期边疆管理体制的瓦解根本原因并不在于其边疆政策本身，更不在于王莽的"篡位"，而在于当时王莽新朝的国力不足以维持这些改革措施的推行。④ 从这个角度看，严尤关于匈奴的政策正是在王莽计划边疆屯兵之时提出的，其无上策论算得上是经世致用，五难劝谏一定程度上得以应验，慰安貉人更是符合实际。所以，严尤的边疆思想具有客观性，符合新朝政权建立初期的现实需要，有利于新朝的稳定与发展。

另一方面，从历代边疆经略的角度看，严尤的民族观和边疆思想具有一定的局限性。边疆经略是历代王朝对边疆地区的经营与谋划。自先秦商周以来历朝就开始对边疆进行管理，有相对明确的治边政策。商朝对王畿之外的异族居住地区实行爵服制度，有集中表现中央王朝边疆政策的"要服"和"荒服"，属于商朝对边疆民族方国在他们承认商朝宗主权的前提下，对其实行的一项羁縻政策。周朝则对边疆民族实行"五服制"，是对国内诸侯及边疆民族方国所规定的朝贡制度。⑤ 到了秦汉时期，我国统一多民族国家中央集权制形成并快速发展，开始经略边疆。西汉

---

① 《汉书》卷94下《匈奴传》。
② 《汉书》卷94下《匈奴传》。
③ 《汉书》卷99中《王莽传》。
④ 参见李大龙《汉代中国边疆史》，黑龙江教育出版社2014年版，第167页。
⑤ 参见马大正《中国边疆经略史》，中州古籍出版社2000年版，第14、23页。

时期"大一统"思想的盛行,并通过汉武帝得以实施,经昭、宣二帝的巩固,基本建立起了中原同周边各族新型的藩属关系。西汉后期,这种藩属关系出现了不稳定因素,在匈奴方面,竟宁元年(前33)匈奴呼韩邪单于请求"罢边备塞吏卒",① 当时郎中侯应提出"十条"反对。后绥和元年(前8)又有夏侯藩"求地"不成,成帝无奈讨好匈奴。在西域方面,成帝后期乌孙小昆弥末振将刺杀了朝廷支持的大昆弥雌栗靡,元延二年(前11)末振将在内乱中被杀,引起了其遗部的不满。② 车师王姑句、去胡来王唐兜出现了叛逃匈奴的情况。在南部地区,无奈放弃了珠崖郡。③ 王莽摄政期间,对西汉的局势是极为清楚的,但当时王莽努力的重心在于皇位,为了捞取政治资本,通过重金收买的手段积极营造了一个"四夷皆服"的边疆局面。当然这一局面并非王莽真实诉求,王莽建立新朝之后,边疆政策发生嬗变,马上推行改革,在边疆方面即"改王为侯",进而发动对匈奴的战争,诛杀边疆政权首领,镇压反叛。④ 政策嬗变的目的就是要改变西汉后期边疆控制弱化的问题,这也是为什么王莽没有采纳严尤建议的原因。从边疆经略意义上讲,王莽的边疆政策是顺应历史潮流的,有积极与合理的一面,虽冒进,但不能全盘否定。王莽边疆政策失败的原因在于没有使国力增强的情况下即想通过政治上的改制而达到加强中央王朝对周围各族地方政权的控制,无疑是行不通的,其失败是必然的。⑤ 严尤在当时所提出的边疆思想与王莽的边疆政策格格不入,未能顺应时代潮流,不利于中央集权和边疆管控。

(二)如何看待严尤之论所引发的处理边疆民族关系的讨论

严尤之论目的是如何处理眼前与匈奴之间的关系问题,所以严尤的建议有着极强的针对性,尽管严尤之论中没有直接关于夷夏之防的阐释,但基本政策是不与匈奴和高句丽展开直接对抗,其思想内涵依然是先秦时期的那种"夷夏之防"和"华夷之辩"观念的延续。后世之所以对严

---

① 《汉书》卷94下《匈奴传》。
② 参见《汉书》卷96下《西域传》。
③ 参见《汉书》卷64下《贾捐之传》。
④ 参见拙文《西汉末至新莽时期边疆政策的嬗变与思考》,《云南师范大学学报》(哲学社会科学版)2020年第6期。
⑤ 参见李大龙《论王莽的民族政策》,《民族研究》1992年第1期。

尤之论产生激烈的争论，并对其进行批评，一方面是严尤"无上策"和"五难"对后世起到了巨大的反向激励作用，后世的臣子、史家和帝王，都试图在理论和实践层面探寻上策之道；另一方面是后世在讨论将严尤之论时，在其思想基础上进一步深化"夷夏之防"观念，存在将严尤之论认定为"夷夏之防"代表观点的倾向，使得反对者直接将矛头指向严尤。

　　班固在《汉书》"赞曰"中，认可严尤之论的前提是从"征伐之功"的角度看秦汉的匈奴战争，但是在其进一步阐释自己的民族观和边疆思想时，明确指出"是故圣王禽兽畜之，不与约誓，不就攻伐；约之则费赂而见欺，攻之则劳师而招寇。其地不可耕而食也，其民不可臣而畜也，是以外而不内，疏而不戚，政教不及其人，正朔不加其国；来则惩而御之，去则备而守之"。这一认识，显然并非直接来自严尤，而是源自先秦时期"尊王攘夷"的观念。一方面蔑视夷狄，视其为禽兽；另一方面认为夷狄土地和人口没有价值，征伐毫无意义。班固的这一认识进一步产生影响，东汉灵帝熹平年间，议郎蔡邕指出孝元皇帝为了恤民救急，连已是郡县之列的珠崖郡都放弃了，何况长城之外并非汉朝子民的夷狄，指出攻伐夷狄没有价值。到南朝刘宋时期面对北魏的南下，何承天则提出"安边固守，于计为长"，强调防守的重要性。以班固为代表的一部分史家或谋士推崇严尤之论，为的是支持自己的边疆主张，极度强调"夷夏之防"，但是夷夏之防的观念仅仅是权宜之计，并不能解决根本问题，自然遭到后世的批评。

　　北魏时期，大臣们在结合严尤之论探讨处理边疆民族关系时已然发生了本质变化。当时有大臣依然受到"夷夏之防"思想的影响，强调"蠕蠕，荒外无用之物，得其地不可耕而食，得其民不可臣而使，轻疾无常，难得而制"。但是却有人辩论强调"蠕蠕本国家北边之臣，中间叛去。今诛其元恶，收其良民，令复旧役，非无用也"，明确指出了柔然属于国家的边臣，对其征讨是有价值的。《周书》"史臣曰"进一步指出"浇淳之变，无隔华戎"，强调华夏和戎狄二者之间的融合是无法阻隔的，过去那种"来而御之，去而守之"的方法在当时可行，放在后世就不合时宜了。后来更有史家严厉批评指出严尤之论"偷安一时，祸在奕世"。

　　导致后世对严尤之论从推崇到批判的原因在于统一多民族国家中国

的形成过程中，尽管经济和文化上占有主导地位的农耕族群依然将"华夷之辨"或"守在四夷"作为处理农耕族群与游牧族群之间关系的重要指导思想，但这一指导思想在具体的实践过程中，无论是农耕族群还是游牧族群，都在积极践行"大一统"思想，并没有把"夏"和"夷"割裂开来，反而是以一统为前提，逐步推进二者的一体化。

严尤之论之后，尽管"夷夏之防"观念依然盛行，但强调农耕族群和游牧族群（多族群）之间融合的探讨在十六国到南北朝时期已经比较明显了，随后各代则进一步深化。十六国前秦时，阳平公融上疏曰："东胡跨据六州，南面称帝，陛下劳师累年，然后得之，本非慕义而来。今陛下亲而幸之，使其父兄子弟森然满朝，执权履职，势倾勋旧。臣愚以为狼虎之心，终不可养，星变如此，愿少留意！"但是苻坚却指出："朕方混六合为一家，视夷狄为赤子，汝宜息虑，勿怀耿介。夫惟修德可以禳灾，苟能内求诸己，何惧外患乎！"① 强调要混六合为一家，把夷狄作为赤子对待，这是典型的大融合观念。上引文献中刘宋御史中丞何承天上表中指出"今遗黎习乱，志在偷安，非皆耻为左衽，远慕冠冕"，这也表明当时被北魏统治的各州郡百姓已经适应了北魏的统治。其实，在北魏不断南下，并不断与华夏文明交融的过程中，亦得到了汉人的认可。梁中大通元年（529），南梁大臣陈庆之出使北魏，"自魏还，特重北人。朱异怪而问之，庆之曰：'吾始以为大江以北皆戎狄之乡，比至洛阳，乃知衣冠人物尽在中原，非江东所及也，奈何轻之?'"② 陈庆之所强调"衣冠人物尽在中原"，足以表明北魏拓跋鲜卑与华夏之间的交融程度。

唐太宗时期，通过对突厥的征讨取得"治安中国，而四夷自服"的局面，太宗自称得上策。唐太宗晚年在总结自己的成功经验时，强调"自古皆贵中华，贱夷、狄，朕独爱之如一，故其种落皆依朕如父母"③。可以说，唐太宗心中，那种"夷夏之防"的观念已经逐步淡化了，更加注重的是华夏与四夷之间的大一统。尽管在这一过程中，也多有对蛮夷的蔑视观念，但都是以大一统为前提。再经五代十国和宋辽金分裂时期

---

① 《资治通鉴》卷103孝武帝宁康元年十一月。
② 《资治通鉴》卷153武帝中大通元年闰月。
③ 《资治通鉴》卷198太宗贞观二十一年五月庚辰。

的不断碰撞和融合,到了元代,元武宗颁布的诏书进一步强调:"仰惟祖宗应天抚运,肇启疆宇,华夏一统,罔不率从。"① 明朝建立过程中,朱元璋起兵为确立正统凝聚人心,尽管高呼"驱逐胡虏、恢复中华"②,但在实践层面却强调"华夷一家",尝试将华夷进行整合,朱元璋曾高度评价忽必烈曰:"昔元世祖东征西讨,混一华夏,是能勤于政事。"③ 最典型的是,在永乐皇帝朱棣给日本的诏书中出现了"中华人"④,虽然这一中华人没有明确其是否包括全部夷狄,但从华夏到"中华人"的变化,已经足以表明明朝对所辖人群整合的目的。清朝建立后,特意将"满洲"定义为"犹中国之有籍贯"。皇太极言"满汉之人,均属一体";⑤ 康熙皇帝言"朕视四海一家、中外一体";⑥ 雍正皇帝言"满洲、汉军、汉人,朕俱视为一体,并无彼此分别";⑦ 乾隆皇帝更是指出其一体观念是继承于先祖,并进一步强调指出:"夫人主君临天下,普天率土,均属一体。无论满洲、汉人未尝分别,即远而蒙古蕃夷亦并无歧视。本朝列圣以来,皇祖皇考,逮于朕躬均此公溥之心,毫无畛域之意,此四海臣民所共知共见者。盖满汉均为朕之臣工,则均为朕之股肱耳目,本属一体,休戚相关。至于用人之际,量能授职,惟酌其人地之相宜,更不宜存满汉之成见。边方提镇,亦惟朕所简用耳,无论满汉也。"⑧ 可以说,清朝统治者,作为边疆政权入主中原,更加强调"一体",消弭"华""夷"之间的界限。

从严尤之论所引发的如何处理农耕与游牧之间关系的讨论,可以清楚地发现,中国历史上处理民族关系和边疆问题观念的演变过程,即从"夷夏之防"到"华夷一体"。先秦时期,尽管根据安居、和味、宜服、

---

① 《元史》卷22《武宗一》。
② 《明太祖实录》卷36 吴元年冬十月丙寅条,台北:"中央研究院"历史语言研究所校勘本1962年版,第402页。
③ 《明太祖实录》卷208 洪武二十四年三月癸卯条,台北:"中央研究院"历史语言研究所校勘本1962年版,第3097页。
④ 《明史》卷322《日本传》。
⑤ 《清太宗实录》卷1 天命十一年八月丙子,中华书局1985年影印版,第26页。
⑥ 《清圣祖实录》卷112 康熙二十二年九月癸未,中华书局1985年影印版,第151页。
⑦ 《清世宗实录》卷72 雍正六年八月丁亥,中华书局1985年影印版,第1076页。
⑧ 《清高宗实录》卷8 雍正十三年十二月辛未,中华书局1985年影印版,第303页。

利用、备器等生产生活方式将中华大地上的人群划分为五方之民,但随着大一统思想的形成与发展,加之秦汉对大一统思想的实践,五方之民通过凝聚和整合,演化为"华""夷"关系,两千多年来,二者之间相互碰撞、融合,推动了中国历史的演进,造就了不同时期的统一和分裂,不同朝代的演变和更迭,最终在清代底定了统一多民族中国的族群和疆域。

四 结语

从先秦至秦汉,农耕与游牧之间在交往、交流和交融的千百年的时间里,冲突和矛盾时有发生,正是二者剧烈地碰撞、重组和交融,为我国历史上统一多民族国家的形成和发展提供了源源不断的动力。对于中原农耕族群而言,如何处理好与游牧之间的关系,一直是国家治理的重要内容,也是四夷边疆经略的核心要义。因此,这一问题也必然成为当时的统治者和仁人志士关注的焦点。严尤的民族观和边疆思想正是在两汉之际,处理农耕族群处理与游牧族群关系最具代表性的思想之一,因其思想内涵本身的"无上策""五难"等的特殊性,引发了后世臣子、史家和统治者对其思想激烈讨论,并在实践层面尝试突破。从王莽新朝当时局势看严尤之论具有一定客观性,有助于维护新朝局势稳定,但从边疆经略角度看严尤之论又存在很大的局限性。正是因为严尤之论的两面性,才导致了后世对其存在一个从推崇到批判的嬗变过程,这一嬗变过程正反映了历代关于如何处理边疆民族关系观念的变化,这种变化又侧面反映出统一多民族中国形成和发展的基本规律,即从"夷夏之防"到"华夷一体"。

主要参考文献

一 古代文献

（东汉）班固：《汉书》，中华书局1962年版。

（东汉）桓宽：《盐铁论》，陈桐生译注，中华书局2015年版。

（汉）许慎撰，（清）段玉裁注：《说文解字注》，上海古籍出版社1981年版。

（南朝宋）范晔：《后汉书》，中华书局1965年版。

（西晋）陈寿：《三国志》，中华书局1959年版。

（唐）姚思廉：《梁书》，中华书局1973年版。

（唐）姚思廉：《陈书》，中华书局1972年版。

（北齐）魏收：《魏书》，中华书局1974年版。

（唐）李百药：《北齐书》，中华书局1972年版。

（唐）魏征：《隋书》，中华书局1973年版。

（唐）李延寿：《北史》，中华书局1974年版。

（唐）李延寿：《南史》，中华书局1975年版。

（后晋）刘昫：《旧唐书》，中华书局1975年版。

（宋）欧阳修：《新唐书》，中华书局1975年版。

（宋）薛居正：《旧五代史》，中华书局1976年版。

（宋）欧阳修：《新五代史》，中华书局1974年版。

（唐）杜佑：《通典》，中华书局2016年版。

（宋）司马光：《资治通鉴》，中华书局1956年版。

（宋）王若钦：《册府元龟》，凤凰出版社2006年版。

（南朝梁）沈约：《宋书》，中华书局1974年版。

（唐）令狐德棻：《周书》，中华书局1971年版。

［日］太安万侣：《日本书纪》，日本古典文学大系新装版，岩波书店1994年版。

［高丽］金富轼撰，孙文范等校勘：《三国史记》，吉林文史出版社2003年版。

［高丽］一然撰，孙文范等校勘：《三国遗事》，吉林文史出版社2003年版。

［李氏朝鲜］徐居正：《东国通鉴》，松柏堂1883年版。

（宋）曾慥编：《类说》，清文渊阁四库全书本。

（明）吴亮辑：《万历疏钞》，明万历三十七年刻本。

（清）王夫之：《读通鉴论》，清船山遗书本。

《明实录》，台北："中央研究院"历史语言研究所1962年校勘本。

《清实录》，中华书局1985年影印版。

二 学术著作（按姓氏笔画排序）

马大正、杨保隆、李大龙、权赫秀、华立：《古代中国高句丽历史丛论》，黑龙江教育出版社2001年版。

马大正：《中国边疆经略史》，中州古籍出版社2000年版。

王文涛：《秦汉社会保障研究——以灾害救助为中心的考察》，中华书局2007年版。

王承礼：《中国东北的渤海国与东北亚》，吉林文史出版社2000年版。

王健群：《好太王碑研究》，吉林人民出版社1984年版。

王绵厚：《秦汉东北史》，辽宁人民出版社1994年版。

辽宁省文物考古研究所：《五女山城 1991—1999、2003年桓仁五女山城调查发掘报告》，文物出版社2004年版。

朴灿奎：《〈三国志·高句丽传〉研究》，吉林人民出版社2000年版。

刘子敏、苗威：《中国正史〈高句丽传〉详注及研究》，香港亚洲出版社2006年版。

刘子敏：《高句丽历史研究》，延边大学出版社1996年版。

刘矩、姜维东：《唐征高句丽史》，吉林人民出版社2006年版。

孙玉良、孙文范：《简明高句丽史》，吉林人民出版社2008年版。

孙进己、冯永谦、王绵厚：《东北历史地理》第一卷，黑龙江人民出版社1989年版。

孙进己：《东北民族史研究（一）》，中州古籍出版社1994年版。

孙进己：《东北民族源流》，黑龙江人民出版社1987年版。

李大龙：《〈三国史记·高句丽本纪〉研究》，黑龙江教育出版社2013年版。

李大龙：《汉代中国边疆史》，黑龙江教育出版社2014年版。

李大龙：《汉唐藩属体制研究》，中国社会科学出版社2006年版。

李殿福：《东北考古研究》，中州古籍出版社1995年版。

杨军：《4—6世纪朝鲜半岛研究》，吉林大学出版社2016年版。

杨军：《高句丽民族与国家的形成和演变》，中国社会科学出版社2006年版。

佟冬主编：《中国东北史》，吉林文史出版社1998年版。

张博泉：《东北地方史稿》，吉林大学出版社1985年版。

苗威：《乐浪研究》，高等教育出版社2016年版。

苗威：《高句丽移民研究》，吉林大学出版社2011年版。

范恩实：《夫余兴亡史》，社会科学文献出版社2013年版。

金毓黻：《东北通史》上编，社会科学战线杂志社1980年版。

金毓黻：《渤海国志长编》，千华山馆。

周绍良：《唐代墓志汇编》（上），上海古籍出版社1998年版。

姜维东、郑春颖、高娜：《正史高句丽传校注》，吉林人民出版社2006年版。

耿铁华：《中国高句丽史》，吉林人民出版社2002年版。

耿铁华：《好太王碑一千五百八十年祭》，中国社会科学出版社2003年版。

耿铁华：《好太王碑新考》，吉林人民出版社1994年版。

高福顺、姜维公、戚畅：《〈高丽记〉研究》，吉林文史出版社2003年版。

曹德全：《高句丽史探微》，中华国际出版社2002年版。

崔明德：《两汉民族关系思想史》，人民出版社2007年版。

傅朗云、杨旸：《东北民族史略》，吉林人民出版社1983年版。

薛虹、李澍田主编：《中国东北通史》，吉林文史出版社1991年版。

魏存成：《高句丽考古》，吉林大学出版社1994年版。

三 学术论文（包含学位论文，按姓氏笔画排序）

丁贵民、韩彩霞：《吉林长白朝鲜族自治县发现蔺相如铜戈》，《文物》1998 年第 5 期。

马一虹：《从唐墓志看入唐高句丽遗民归属意识的变化》，《北方文物》2006 年第 1 期。

马大正：《东北边疆历史研究的回顾与思考》，《北华大学学报》（社会科学版）2005 年第 1 期。

马文超、彭丹：《国内高句丽民族史研究综述》，耿铁华主编《高句丽与东北民族研究（2010）》，吉林文史出版社 2011 年版。

马文超：《公元 3 至 5 世纪初高句丽的民族融合》，硕士学位论文，东北师范大学，2012 年。

王从安、纪飞：《卒本城何在》，《东北史地》2004 年第 2 期。

王志敏：《通化江沿遗迹群调查》，《东北史地》2006 年第 6 期。

王连龙、丛思飞：《战争与命运：总章元年后高句丽人生存状态考察——基于高句丽移民南单德墓志的解读》，《社会科学战线》2017 年第 5 期。

王贵玉、王珺、王志敏：《通化江沿遗迹群所在地当即卒本夫余初居地》，《东北史地》2006 年第 6 期。

王健群：《玄菟郡的西迁和高句丽的发展》，《社会科学战线》1987 年第 2 期。

王健群：《南北国时代论"纠谬"》，《社会科学战线》1995 年第 2 期。

王健群：《高句丽族属探源》，《学习与探索》1987 年第 6 期。

王菁、王其祎：《平壤城南氏：入唐高句丽移民新史料——西安碑林新藏唐大历十一年〈南单德墓志〉》，《北方文物》2015 年第 1 期。

王绵厚：《〈汉书·王莽传〉中"高句丽侯驺"其人及其"沸流部"——关于高句丽早期历史文化的若干问题之七》，《东北史地》2009 年第 5 期。

王绵厚：《立足地域文化研究前沿把握东北史研究的若干重大问题》，《东北史地》2013 年第 1 期。

王绵厚：《试论桓仁"望江楼积石墓"与"卒本夫余"——兼论高句丽起源和早期文化的内涵与分布》，《东北史地》2009 年第 6 期。

王绵厚：《高句丽民族的起源及其考古学文化》，孙进己、孙海主编《高句丽渤海研究集成（卷一）》，哈尔滨出版社 1997 年版。

王绵厚：《高句丽建国初期的"卒本夫余"与"涓奴""桂娄"二部王族的兴衰递变——关于高句丽早期历史的若干问题之五》，《东北史地》2007 年第 5 期。

王绵厚：《高句丽起源的国内外代表观点解析——再论高句丽族源主体为辽东"二江"和"二河"上游"貊"部说》，《社会科学辑刊》2006 年第 1 期。

王绵厚：《高夷、濊貊与高句丽——再论高句丽族源主体为先秦之"高夷"即辽东"二江"流域"貊"部说》，《社会科学战线》2002 年第 5 期。

王巍：《中国古代铁器及冶铁技术对朝鲜半岛的传播》，《考古学报》1997 年第 3 期。

古兵：《吉林辑安历年出土的古代钱币》，《考古》1964 年第 2 期。

白玉梅：《日本高句丽研究史综述》，硕士学位论文，东北师范大学，2013 年。

冯永谦、孙进己：《高句丽国内城定点与建城时间论辩——兼考尉那岩、丸都城、平壤城与黄城诸城址》，《哈尔滨社会科学》2004 年第 2 期。

吉林省文物考古研究所、集安市博物馆：《集安国内城东、南城垣考古清理收获》，《边疆考古研究》第 11 辑，2012 年。

朴灿奎：《王莽朝高句丽记事的诸史料辨析——王莽朝高句丽记事与高句丽侯驺考（上）》，《延边大学学报》2000 年第 3 期。

朴灿奎：《高句丽侯驺考——王莽朝高句丽记事与高句丽侯驺考（下）》，《延边大学学报》2000 年第 4 期。

朴真奭：《关于高句丽存在山上王与否的问题——与杨通方同志商榷》，《世界历史》1989 年第 2 期。

朱尖：《西汉末至新莽时期边疆政策的嬗变与思考》，《云南师范大学学报》（哲学社会科学版）2020 年第 6 期。

朱尖：《高句丽都城变迁研究》，博士学位论文，东北师范大学，2017 年。

朱国忱、魏国忠：《再论渤海王国的族属问题》，《北方论丛》1983 年第 1 期。

刘子敏：《"高夷"考辨》，《延边大学学报》（哲学社会科学版）1996 年第 4 期。

刘子敏：《"崔氏乐浪"考辨》，《北方文物》2001 年第 2 期。

刘子敏：《也谈大武神王伐扶余》，《东北史地》2008 年第 3 期。

刘子敏：《朱蒙之死新探——兼说高句丽迁都"国内"》，《北方文物》2002 年第 4 期。

刘子敏：《关于高句丽历史研究的几个问题》，《东北史地》2004 年第 2 期。

刘子敏：《关于高句丽第一次迁都问题的探讨》，《东北史地》2006 年第 4 期。

刘子敏：《评高句丽源于"商人说"》，《博物馆研究》2010 年第 3 期。

刘子敏：《高句丽大武神王研究》，《北方文物》2009 年第 2 期。

刘子敏：《高句丽族源研究》，《社会科学战线》2002 年第 5 期。

刘子敏：《谈金富轼对王莽朝记事的篡改——兼与耿铁华先生商榷》，《北方文物》2007 年第 1 期。

刘子敏：《秽族考》，《北方民族》2000 年第 1 期。

刘炬、季天水：《"高句丽侯驺"考辨》，《社会科学战线》2007 年第 4 期。

刘洪峰：《唐史研究中所涉及高句丽史事研究综述》，《通化师范学院学报》（人文社会科学版）2010 年第 6 期。

许宪范：《"高句丽"名称由来及其民族形成》，《延边大学学报》（社会科学版）1985 年第 2 期。

孙玉良、李殿福：《高句丽同中原王朝的关系》，《博物馆研究》1990 年第 3 期。

孙进己、艾武生：《关于高句丽社会性质的几个问题》，《朝鲜史通讯》1982 年第 4 期。

孙进己：《东北史研究中的若干理论问题（上）》，《东北史地》2012 年第 5 期。

孙进己：《东北史研究中的若干理论问题（下）》，《东北史地》2012 年第 6 期。

孙进己：《高句丽历史研究综述》，《社会科学战线》2001 年第 2 期。

孙进己：《高句丽的起源及前高句丽文化研究》，《社会科学战线》2002

年第 2 期。

孙金花：《大朱留王史事考》，《高句丽历史与文化研究》，吉林文史出版社 1997 年版。

孙炜冉：《辽东公孙氏征伐高句丽的原因分析》，《通化师范学院学报》2015 年第 6 期。

孙炜冉：《高句丽人口中的汉族构成小考》，《博物馆研究》2011 年第 4 期。

孙炜冉：《高句丽诸王研究》，博士学位论文，东北师范大学，2016 年。

孙泓：《高句丽民族形成、发展及消亡》，《全国首届高句丽学术研讨会论文集》（内部资料），吉林省社会科学院高句丽研究中心、通化师范学院高句丽研究所 1999 年印。

杜文宝：《唐代泉氏家族研究》，《渭南师院学报》2002 年第 4 期。

李大龙：《由解明之死看高句丽五部的形成与变迁——以桂娄部为中心》，《东北史地》2009 年第 3 期。

李大龙：《关于高句丽早期历史的几个问题》，《东北史地》2006 年第 4 期。

李大龙：《关于高句丽侯驺的几个问题》，《学习与探索》2003 年第 5 期。

李大龙：《论王莽的民族政策》，《民族研究》1992 年第 1 期。

李大龙：《视角、资料与方法——对深化高句丽研究的几点认识》，《东北史地》2014 年第 4 期。

李大龙：《黄龙与高句丽早期历史——以〈好太王碑〉所载邹牟、儒留王事迹为中心》，《青海民族大学学报》2015 年第 1 期。

李乐营、孙炜冉：《也谈高句丽"侯驺"的相关问题》，《社会科学战线》2014 年第 2 期。

李乐营：《长白山：中国古代民族人口交融的锋面地区》，《学习与探索》2004 年第 5 期。

李宗勋、杨新亮：《百济族源与丽济交融过程之考察》，《清华大学学报》（哲学社会科学版）2018 年第 6 期。

李宗勋：《高句丽族源流略考》，金龟春主编《中朝韩日关系史研究论丛（1）》，延边大学出版社 1995 年版。

李莲：《辑安发现古钱》，《文物参考资料》1957 年第 8 期。

李健才：《关于高句丽中期都城几个问题的探讨》，《东北史地》2004 年第 1 期。

李健才：《唐代渤海王国的创建者大祚荣是白山靺鞨人》，《民族研究》2000 年第 6 期。

李爽：《高句丽掳掠人口问题研究》，《东北史地》2016 年第 3 期。

李淑英、耿铁华：《两汉时期高句丽的封国地位》，《中国边疆史地研究》2004 年第 4 期。

李淑英：《高句丽民族起源研究述要》，《通化师范学院学报》（人文社会科学版）2006 年第 3 期。

李殿福：《两汉时代的高句丽及其物质文化》，《辽海文物学刊》1986 年创刊号。

李殿福：《国内城始建于战国晚期燕国辽东郡塞外的一个据点之上》，《东北史地》2006 年第 3 期。

李殿福：《高句丽的都城》，《东北史地》2004 年第 1 期。

李德山：《加强东北史研究中的信息收集和研究方法更新工作》，《东北史地》2013 年第 2 期。

李德山：《再论高句丽民族的起源》，《东北史地》2006 年第 3 期。

李德山：《高句丽族人口去向考》，《社会科学辑刊》2006 年第 1 期。

李德山：《高句丽族称及其族属考辨》，《社会科学战线》1992 年第 1 期。

杨军：《从"别种"看高句丽族源》，《东疆学刊》2002 年第 1 期。

杨军：《高句丽人口问题研究》，《东北史地》2006 年第 5 期。

杨军：《高句丽五部研究》，《吉林大学社会科学学报》2001 年第 4 期。

杨军：《高句丽地方统治结构研究》，《史学集刊》2002 年第 1 期。

杨军：《高句丽族属溯源》，《社会科学战线》2002 年第 2 期。

杨保隆：《高句骊族族源与高句骊人流向》，《民族研究》1998 年第 4 期。

杨通方：《高句丽不存在山上王延优其人——论朝鲜〈三国史记〉有关高句丽君主世系问题》，《世界历史》1981 年第 3 期。

肖景全、郑辰：《抚顺地区高句丽考古的回顾》，《东北史地》2007 年第 2 期。

宋福娟：《高句丽与北方民族的融合》，《通化师范学院学报》2003 年第 1 期。

张甫白：《高句丽五部与统一的民族和国家》，《黑龙江社会科学》1996

年第 1 期。

张威威：《韩国对"高句丽史"问题评论综述》，《国际资料信息》2004年第 9 期。

张殿甲：《鸭绿江中上游高句丽、渤海遗址调查综述》，《北方文物》2000年第 2 期。

张碧波：《高句丽研究中的误区》，《中国边疆史地研究》1999 年第 3 期。

陈连庆：《西汉与新莽时期的少数民族士兵》，《史学集刊》1984 年第 4 期。

陈潘：《高句丽史研究综述》，《哈尔滨学院学报》2012 年第 2 期。

武玉环：《渤海与高句丽族属及归属问题探析》，《史学集刊》2004 年第 2 期。

武宏丽：《高句丽族源问题研究综述》，姜维东主编《东北亚研究论丛（五）》，东北师范大学出版社 2012 年版。

苗威：《"血统论"在东亚历史解释中的实践及其困局》，《东北师大学报》2017 年第 6 期。

苗威：《大祚荣族属新考》，《中国边疆史地研究》2013 年第 3 期。

苗威：《从高云家世看高句丽移民》，《博物馆研究》2009 年第 1 期。

苗威：《东亚视角与中国东北史释读》，《东北史地》2013 年第 2 期。

苗威：《高句丽移民后裔高仙芝史事考》，《通化师范学院学报》2010 年第 11 期。

苗威：《高肇家族的移民及其民族认同》，《民族学刊》2011 年第 5 期。

范恩实：《第一玄菟郡辖区侧证》，《北方论丛》2011 年第 1 期。

金岳：《东北貊族源流研究》，《辽海文物学刊》1994 年第 2 期。

周一良：《论宇文周之种族》，林幹编《匈奴史论文集》，中华书局 1983 年版。

赵俊杰：《乐浪、带方二郡的兴亡与带方郡故地汉人聚居区的形成》，《史学集刊》2012 年第 3 期。

赵俊杰：《乐浪、带方二郡覆亡前后当地汉人集团的动向与势力发展》，《吉林大学社会科学学报》2012 年第 1 期。

拜根兴：《高句丽遗民高足酉墓志铭考释》，《碑林集刊》第 9 辑，三秦出版社 2003 年版。

姜孟山：《试论高句丽族的源流及其早期国家》，《朝鲜史研究》1983年第5期。

姜孟山：《高句丽国家社会性质和五部》，朴灿奎《高句丽史研究》，黑龙江朝鲜民族出版社2003年版。

姜清波：《入唐三韩人研究》，博士学位论文，暨南大学，2005年。

姜维公：《历代汉族移民对高句丽经济的影响》，《东北史地》2004年第3期。

姜维公：《东北史理论研究有所破才能有所立》，《东北史地》2013年第2期。

姜维东：《乐浪国传说研究》，《北华大学学报》（社会科学版）2006年第6期。

祝立业：《论句骊胡、卒本扶余与高句丽的关系——以玄菟郡内迁为背景的考察》，《社会科学战线》2017年第12期。

祝立业：《流入高句丽的汉人群体的分期、分类考察》，《东北史地》2011年第3期。

祝立业：《略谈流入高句丽的汉人群体》，《北方文物》2011年第3期。

秦升阳、李乐莹、黄甲元：《高句丽人口问题研究》，《通化师院学报》1997年第4期。

秦升阳：《高句丽人口问题研究》，《中国边疆史地研究》2004年第4期。

耿铁华：《〈高句丽族属探源〉驳议》，孙进己、孙海主编《高句丽渤海研究集成（卷一）》，哈尔滨出版社1997年版。

耿铁华：《王莽征高句丽兵伐胡史料与高句丽王系问题——兼评〈朱蒙之死新探〉》，《北方文物》2005年第2期。

耿铁华：《高句丽民族起源与民族融合》，《社会科学辑刊》2006年第1期。

耿铁华：《高句丽迁都国内城及相关问题》，《东北史地》2004年第1期。

耿铁华：《高句丽省称句丽考》，马大正、金熙政主编《高句丽渤海历史问题研究论文集》，延边大学出版社2004年版。

耿铁华：《高句丽起源和建国问题探索》，《求是学刊》1986年第1期。

耿铁华：《高句丽族源论稿》（上）》，《通化师范学院学报》（人文社会科学版）1999年第1期。

耿铁华：《高句丽族源论稿》（下）》，《通化师范学院学报》（人文社会科学版）1999 年第 3 期。

顾铭学：《〈魏志·高句丽传〉考释》，《学术研究丛刊》1981 年第 1、2 期。

黄兆宏：《隋唐时期高丽人入遣河西问题考述》，《青海师范大学学报》2008 年第 3 期。

梁玉多：《关于"小高句丽国"的几个问题》，刘厚生、孙启林、王景泽主编《黑土地的古代文明——全国首届东北民族与疆域问题学术研讨会论文集》，远方出版社 2000 年版。

梁志龙：《沸流杂考》，《北方文物》1997 年第 4 期。

葛承雍：《西汉末年社会大动乱试论》，《西北大学学报》（哲学社会科学版）1983 年第 4 期。

韩忠富：《国内高句丽归属问题研究综述》，《社会科学战线》2001 年第 5 期。

集安县文物保管所：《吉林集安发现赵国青铜短剑》，《考古》1982 年第 6 期。

集安县文物保管所：《集安发现青铜短剑墓》，《考古》1981 年第 5 期。

集安县文物保管所：《集安高句丽国内城址的调查与试掘》，《文物》1984 年第 1 期。

曾昭藏、齐俊：《桓仁大甸子发现青铜短剑墓》，《辽宁文物》1981 年第 1 期。

楼正豪：《新见高句丽移民李隐之墓志铭考释》，《延边大学学报》（社会科学版）2017 年第 2 期。

薛海波：《试论高句丽初期的"那部体制"》，宋慧娟主编《东北亚研究论丛》第 1 辑，吉林大学出版社 2007 年版。

魏存成：《东北古代民族源流述略》，《中国边疆史地研究》2017 年第 4 期。

魏存成：《关于东北史研究的几个问题——读〈东北史研究中的若干理论问题〉》，《东北史地》2013 年第 1 期。

魏存成：《如何处理和确定高句丽的历史定位》，《吉林大学社会科学学报》2011 年第 4 期。

魏国泉：《试论新汉昆阳之战》，《郑州大学学报》（哲学社会科学版）1981年第3期。

魏国忠：《东北历史文化研究之我见》，《东北史地》2013年第1期。

四 国外研究著述（著作、论文）

［日］三品彰英：《关于高句丽的五部》，《朝鲜学报》1954年第6期。

［日］井上秀雄：《统一新罗と渤海》，《アジア历史研究入门》2，同朋舍1983年版。

［日］井上秀雄：《高句丽大武神王观的变迁》，《旗田巍古稀纪念·历史论文集》，龙溪书舍1979年版。

［日］日野开三郎：《小高句丽国の研究》，《日野开三郎东洋史学论集》8，三一书房1984年版。

［日］郑早苗：《关于〈汉书〉〈后汉书〉〈三国志〉中高句丽与句丽的名称问题》，何伟译，顾铭学校，《东北亚历史与考古信息》1986年第2期。

［日］河内良弘：《东北アジア》，《アジア历史研究入门》4，同朋舍1984年版。

［日］池内宏：《毌丘俭の高句丽征伐に关する三国史记の记事》，载《满鲜史研究》上世第一册，吉川弘文馆昭和三十八年（1963年）。

［韩］尹乃铉：《韩国古代史新论》，一志社1988年版。

［韩］尹乃铉：《汉四郡的乐浪郡和平城的乐浪》，顾铭学译，《历史与考古信息·东北亚》1990年第2期。

［韩］卢泰敦：《三国的政治与社会之一：高句丽的前言》，李慧竹译，《东北亚历史与考古信息》2000年第2期。

［韩］金贤淑：《高句丽崩溃后遗民的去留问题》，高句丽研究会《中国的高句丽史歪曲对策研究学术发表会论文集》，汉城2003年。

姜仁淑：《关于先行于高句丽的古代国家句丽》，文一介译，《东北亚历史与考古信息》1992年第1期。

［朝］孙永钟：《关于高句丽初期部分史实的年代问题》，刘宇摘译，《东北亚历史与考古信息》1987年第1期。

后　　记

　　这本小册子是本人承担国家社科金项目的一个阶段性成果，主要基于博士后期间研究的相关内容和研究报告汇总、删减、修改之后完成的。在前期写作过程有些想法还是不够成熟，同时材料不足的部分存在一定的推测，以上情况在汇总时有所删减，另外也补充了这几年新的想法。研究内容尽可能的照顾到了高句丽从起源到政权建立，再到政权灭亡以及群体消失的全过程。当然，回头看这本小册子依然存在很多的问题，原因尽管有高句丽历史材料不足的情况，但主要原因还在我本人研究能力问题，还希望学界同人多包涵、批评。

　　在完成这本书的过程中，我首先要感谢我的博士后合作导师李大龙先生。先生专长于高句丽问题研究，早在20世纪90年代就开始参与高句丽研究项目，进入21世纪相继单独出版或合作出版《古代中国高句丽历史丛论》（黑龙江教育出版社2003年）、《古代中国高句丽历史续论》（中国社会科学出版社2006年）、《〈三国史记·高句丽本纪〉研究》（黑龙江教育出版社2013年），并发表了数十篇高句丽专题研究文章，产生了重要影响。基于高句丽问题上升到疆域理论整体思考，是先生学术发展轨迹和学术理论形成的鲜明特点，并做出了重要贡献。先生对东亚传统"天下"政治体系做了重新诠释，明确提出"宗藩体系"或"朝贡贸易"等概念不能如实体现这一政治秩序的形成与发展，应该用"藩属体制"；对多民族国家中国疆域的形成与发展提出了相对完善的话语体系，即"自然凝聚，碰撞底定"；明确提出了中华民族共同体的"国民"属性，对于当前我国铸牢中华民族共同体意识具有重要意义。近年来先生对中国边疆学"三大体系"建设也提出了相对完整的设想，并对中国边

后　记

疆学基本理论问题做了相对系统的研究。本书前期很多研究和设想，尤其是"政权建构与族群凝聚"这一视角，都是在先生的指导下展开的。本书的序言也是先生撰写，那是一篇关于深化高句丽研究的理论思考，具有极强的指导意义。在此，对先生的指导和关怀深表感谢与感恩。如今，我也尝试着按照先生的学术成长轨迹，从高句丽与东北边疆民族史向国家疆域理论整体方向转变，尝试做一些系统性和规律性的研究，尽管已有的相关研究成果依然很不成熟，但也希望能够为中国自主的边疆学知识体系建构贡献微薄力量，可能这也是一种学术传承吧。

感谢我的工作单位中国社会科学院（中国历史研究院）中国边疆研究所，博士毕业之后，我非常幸运进入到中国社会科学院中国边疆研究所从事博士后研究，并在出站后留所工作。中国社会科学院对于人才成长建立了一套完善的培养体系，尤其把青年人才培养摆在人才队伍建设的突出位置，创新政策、完善机制、搭建平台、强化激励，制定了一系列有利于青年人才成长成才的政策和措施。本书的出版获得了院创新工程出版资助，这就是院支持人才成长的表现之一，当然院里还有很多其他重要的支持项目或政策。我所在的中国边疆研究所也不断完善各项制度、提供各种条件为青年人才成长保驾护航，在研究项目支持、学术平台搭建、调研活动开展、成果出版发表、人才评奖评优、岗位职级晋升、职称制度完善等各方面，都为青年人才成长提供充足的机会和空间。在此，我要对中国社会科学院和中国边疆研究所提供的学术平台深表感谢，尤其感谢院创新工程对拙著的资助。

本书的写作和出版，得到了中国边疆研究所所领导刘晖春书记、邢广程所长和范恩实副所长的关怀和指导，对此深表感谢。还要感谢在工作和学习过程中，所有老师、同事和学界前辈、同人给予的关怀和帮助。感谢本书的出版单位中国社会科学出版社，感谢李凯凯编辑的辛勤付出。

朱　尖
2024 年 12 月 28 日于北京